ちくま学芸文庫

基礎づけるとは何か

ジル・ドゥルーズ

國分功一郎 長門裕介 西川耕平 編訳

筑摩書房

【目次】基礎づけるとは何か

2　ルソー講義　1959-1960　ソルボンヌ　183

基礎づけるとは何か

1

基礎づけるとは何か

1956-1957　ルイ＝ル＝グラン校講義

凡例1

＊ジル・ドゥルーズ（Gilles Deleuze）は一九五六年から一九五七年、パリのルイ＝ル＝グラン校で高等師範学校準備学級向けに「基礎づけるとは何か」（Qu'est-ce que fonder?）と題された講義を行った。現在、この講義に出席したピエール・ルフェーブル（Pierre Lefebvre）のノートが、リシャール・ピナス（Richard Pinhas）の運営するインターネットサイト「Web deleuze」で公開されている（https://www.webdeleuze.com/textes/218）。本稿はこれを翻訳したものである。

＊読者の理解のために節分けを施した。また、読みやすさを考慮して段落の分け方を改めた箇所があるがいちいち断っていない。

＊ドゥルーズによる引用のうち、邦訳が入手できたものについてはそれを参照しているが、それに従わずに新たに訳出している場合もある。

＊原文で省略や誤記と思われる箇所については、訳者の判断で補足を加えるか修正を施した。なお、訳者によって補った語句は〔 〕で示した。

＊全篇にわたって詳細な訳注を付し、章末に収録した。

第一章　自然と理性

〔冒頭部分は欠落している。ドゥルーズは、オデュッセウスなど、神話において創設者の役割を果たした英雄に言及しながら話を説き起こした〕

……経験論者は間違っていない。我々が実現するのは諸々の自然の目的である。しかし、〔人間の〕振る舞いにはおそらく別の次元がある。おそらく、振る舞いの中には、実現されることで無意識化されてしまうような諸々の目的があるのだ。

人間は一方で諸々の自然の目的を実現することができる。だが同時に、人間であるが故に、彼のうちには何ごとかが生じるのではなかろうか？〔つまり〕人間は自然の目的を変形してしまうのだ。儀式やしきたりの機能とは何か？　しきたりは自然の目的とは区別されるものだ。ある社会集団、〔たとえば〕家族があるとしよう。家族はその儀式的側面において実に奇妙な仕方で行動する。自然は我々に様々な規定を課してくるわけだが、家族はそれらの規定を自然から引き剝がして、歴史の中の出来事、すなわち、食べること、愛すること、眠ること、死ぬことへと変えてしまう。家族の機能というのは、共同での食料調達および食事であり、性行為であり、睡眠であり、死である。死とは〔確かに〕自然によってもたらされる規定であろう。だが家族は死を記憶のなかに蓄えることで、それを歴史の中の出来事に変えてしまうのだ。しきたりがもつこのような作用は、儀式と呼ばれねばならない。同じように性行為もまた、たとえば同意という形式のもとで、精神の中の出来事になる。自然は儀式を通じて歴史の水準にまで引き上げられるわけだ。人間が自然の目的を変形するのと、間接的な手段によってこれを実現するのとは、同時に起こることである。

したがって、人間の振る舞いには三つの極があることになる。すなわち、自然の目的とは、変形された自然の目的であり、自然の目的は、それ自体としては儀式の外に存続する。人間はそれ故に自然の諸目的を実現している。だが、人間が自然の諸目的を実現していないとしても、それは自然の諸目的が存在しないということを意味しない。自然の目的は実現されるべきものとしては与えられない。なぜなら、自然の目的が文化の目的に変形されることによって、文化の目的は終わりなきものにされてしまうからだ。このことは字義通りに受け取られねばならない。我々がいつくしむ死者たちというのは、我々にとって、汲みつくすことのできないひとつの課題である。死者たちから疎遠になってしまうことは大した問題ではない。この課題が終わりなきものであることに変わりはないからだ。「君に対して欲情を抱いている〔je te désire〕」と言う代わりに「君を愛している〔je t'aime〕」と言うことは、終わりなき課題を自らに提示することである。したがって、この終わりなき課題は実現されるべきものとして現れるわけではない。それでは、この課題は何の役に立つのだろうか？　これらの課題はただ思惟され、感じられるだけだと言えるかもしれない。だとすると、神話が想像上のものであるのは、終わりなき課題が実現されるべきものではないからだということになろう。これらの終わりなき課題は、実現されるのとは別の仕方でわれわれを突き動かすのであり、神話はこのような終わりなき課題の実際の状態をわれわれに提示しているのである。

神々は自分たちのために用意された酒を飲んで時を過ごす。一つの象徴を体現しようと試みることによってこそ、その象徴の意味は見出されることになる。不死の神々は酒を飲んで時を過ごす。元々は、神々になるために戦う二つの超人のグループがあった。その闘争で賭けられていたのは不死をもたらす酒である。つまり、その酒を飲んでいるがゆえに神々は不死なのである。酒を飲むこと、それは自然の目的を終わりなき課題へと変容することである。もし神々が酒を飲むことをやめたなら、神々はもはや不死ではなくなるということになる。

諸々の終わりなき課題が何の役に立つかというと、それらの課題によってのみ人間は、もはや単に直接的ではない仕方で、自然の諸目的を実現することができるのである。そういうわけで、キュニコス派[1]は反哲学的であるのだ。キュニコス〔シニカルであること〕という言葉を文字通りに受け取らなければならない。〔彼らが陥った〕罠はどうやって可能になったのか？　キュニコス派が見つけた回り道によってである。それはまさしく、キュニコス派が、自然の目的の終わりなき目的への変形を否定しているということだ。

しかし、自然の目的はまだなお理性の目的[2]ではない。それらは感じられ、体験される価値や感情であるから。では何を理性と呼べばよいのだろうか？　自然の諸目的が実現されるべきものとして姿を現すのであれば、今度は、終わりなき課題こそが自らの実現を要求することになる。自然の諸目的は理性に固有の目的となる。この理性に固有の目的は、それ自身実現されるべきものとして与えられたとき、思惟となる。

したがって、今や四つの項目があることになる。

(1) 間接的手段
(2) 自然の諸目的
(3) 感じられるものとしての文化の諸目的
(4) 理性の対象としての文化の諸目的

それでは、実現されるべき終わりなき課題とは何だろうか？

カントとヘーゲルは、己自身に想いを巡らしたり、また絶対者にまで達したりするのは意志であると述べている。意志がそうするのは、それが自由意志であるときだ。この自由意志の中にこそ、終わりなき課題の実現をその本義とする理性的存在の活動がある。ヘーゲルにとっては、その実現は歴史のなかで行われるものだ。

それゆえに基礎づける者〔創設者〕とは、ある終わりなき課題を定立し、提示する者である。では、基礎づける者はどのようにして、またどんな順序で終わりなき課題を提示するのだろうか？　基礎づける〔創設する〕こと、それは自然を歴史や精神の水準にまで高めることである。我々に価値を提示する者はみな、何らかの基礎づけを引き合いに出す。それではいったい、基礎づけの問題が哲学的なものとなるのはどのようなときだろうか？それは基礎づける者が終わりなき課題を、他ならぬこの世界において実現されるべき何ごとかとして我々に提示するときからだ。こうなれば基礎づけの概念はよりはっきりとする。人間は最初、感覚する存在として自らを感じ取り、次いで理性的存在として自らを感じ取る。いずれにせよ基礎づけは自らを意識している。問題となっているのはもはや価値の水準で基礎づけることではなく、基礎づけるとは何かを問うことである。基礎づけそれ自体を基礎づけなければならない。

第一章の結論

基礎についての四つの特徴から、創設者〔基礎づける者〕なるものの多義的な特徴を引き出すことができる。創設者とは、基礎づけるというよりは、むしろ基礎を自らの拠り所として引き合いに出す者である。基礎づけるとは、文字通り、基礎を自らの拠り所として引き合いに出すことだ。例えばモーセは創設者であるが、それは彼が一つの宗教をもたらすとともに、その宗教はまがうことなく基礎づけられているとはっきり主張するからである。

基礎を自らの拠り所として引き合いに出すこの奇妙な存在がいったい何であるかを問わなければならない。「根拠がある、根拠がない」〔よく基礎づけられている、十分に基礎づけられていない〕といった〔法律上の〕表現もそこに由来するのだ。[3] こうして新たな探求が開かれることになる。すなわち、ひとはどのようなときに基礎を自らの拠り所として引き合いに出すのか？　人が自らの活動をもはやその原因には関連づけず、それとは別のものをもち出してくるのはどんなときなのか？

既に見た通り、[4] それこそが神話から哲学への移行であり、その際、諸々の行為に共通する一つの主題〔特徴〕が見出されることになるのだ。この共通の根こそ、終わりなき課題に他ならない。

我々は人間の振る舞いに四つの特徴があることを見てきた。

(1)　人間は自然の諸目的を追求する。

(2)　人間はその諸目的をまっすぐにではなく、斜めの道を通って追求し、また様々な手段を組み合わせる。

(3) このような回り道を可能にしているのは何か？ それは同時に、また他方で、自然の諸目的が想像力の中で鳴り響いているということだ。自然の諸目的は、人間に独特の諸価値あるいは諸目的へと変形される。終わりなき課題として姿を現すのは、まさしくこれら人間に独特の価値もしくは目的であるが、これらはそれ自体としては実現されるべきものではない。これらは経験されるべきものである。儀式やしきたりといった類の行動を規定していたのもこうしたものであった。自然の諸目的の間接的実現は、これら人間に独特の価値や目的によって可能になる。人間というのはそれだけでもう基礎づける者なのだ。「基礎づけは何の役に立つのか？」という問いにはそのように答えられよう。

(4) 人間に独特のこれらの目的はまだ理性の目的ではない。至上の目的としての理性の目的は、終わりなき課題それ自体が実現されるべきものになるという条件のもとでしか、姿を現すことはできないのだった。

価値というものは極めてあいまいな性格をもっている。思うに、価値については常に一種の欺瞞がある（価値哲学を参照のこと）[5]。価値の概念は『力の意志』[6]においてニーチェによって造り上げられた。ニーチェにとっては、真理などといったものは存在せず、諸々の価値評価があるだけだった。一切は価値であると断言すること、それは解体さるべき欺瞞を示すことだ。ここからニーチェの論戦が始まる。その反対に、価値の哲学者たちはこの欺瞞を拒絶する。だが、それでもその欺瞞はそこにしかと存在しているのだ。そうして、もはや何の話をしているのかが分からなくなってしまう。

キュニコス派が間違っているのは、価値とは自然の諸目的を間接的に規定するための規則であるのに、自然の目的だけで事足りると考えているからだ。価値は手段にすぎないという点では彼らは正しい。しかし、理性の法廷のもとにあっては、価値は理性的存在の目的になるのである。

人間を実現することには意味はない。それでは、どのようにしてその〔価値の理性的存在の目的への〕変換はなされるのだろうか? 価値としての終わりなき課題は意志〔volonté〕の内容物である。ここで問題とされていたのは、単なる欲望〔désir〕とは別のものだった。愛するとは、先ずは、欲しいと思うこと〔意志すること〕である。価値の水準での意志は、その意志に対して外的な、つまり〔カントの言うところの〕他律的な内容をもっていた。「飲みたい〔私は飲むことを意志している Je veux boire〕」は「私が飲むことを必要としている〔Je désire boire〕」とは別の事柄である。但し、意志もまた意志の内容に対して外部にある。

この変換は単純だ。実現されるべきこれらの価値はそれ独自の形象を失う。なぜなら、意志が自律的なものになるからである。自律的な意志とは、それ自身以外のものを意志しないような意志であり、それ自身の内容以外のものを意志しないような意志である。[7] 自律性は普遍性として提示される。これこそまさにカントの言う自律的意志である。それは自由意志（普遍的自由）である。カントの道徳理論（『実践理性批判』）の本質は、意志が自由を意志し、自由以外の何も意志しないときにこそまさしく意志の自由があるという点に存する。

価値の多様性は、価値が変形された自然の諸目的であるという点に由来していた。諸々の価値はいまだ自然の諸目的に結び付けられたままであった。しかし、意志がその自身の内容を規定するようになると、もはや価値の多様性はなくなっている。基礎はもはや、価値としての様相を呈していた終わりなき課題ではない。基礎づけは概念的なものになった。こうして神話から哲学への移行が行われるのだ。

第二章「基礎すなわち根拠の本質をなすもの」（ハイデガー[8]）

ハイデガーは基礎の基礎を探究しようとする。この探究は根拠の根拠となるものをもって停止するとハイデガーは考えている。「自由は基礎の基礎であり、根拠の根拠である[9]」。

既に見た通り、基礎づけるとは、基礎を自らの拠り所として引き合いに出すことであり、また、問いを既に基礎づけられたものとして提起することである。では、基礎を引き合いに出すのは誰か？　自身の行為が基礎づけられていることを必要とするのは誰か？

それは請求する者である。請求するとは何らかの権利の名の下に何ごとかを請求することである。そんな権利はでっち上げられたものだ、それは基礎づけられていない、と言われるかもしれない。人は結婚の承諾や権力を請求し[10]、ときにはその二つを同時に請求することもある（『オデュッセイア』を参照）。ここで権利とは何を意味しているだろうか？

いかなる請求も何らかの権利を前提にしている。機嫌のせいで人は嫌な性格になることがある。その人は若いのだ。老年に至っては嫌味な性格というのは権利の名のもとに発揮される。これが義憤である。この機嫌の悪さは権利を引き合いに出している。

空腹であることには二つの仕方がある。空腹はそれ自体としては、切迫した経験において事実として現れる欲求状態である。人は自身の空腹を満たそうと努める。〔この場合〕すべては力の関係である。但し、緊急事態はある一定の時間を意味し、また、規定され限定されたある一定の時間をそのままとどめておきたいという欲求をも意味する。欲求とは、時間のなかに存在することについて我々の有する最も深い経験だ。

空腹であることのもう一つの仕方は次のようなものである。人間は空腹のとき、自然のなかで食べ物を探すのではなく、その代わりに権利として何ごとかを要求することがあり得る。〔この場合には〕事実と力の関係がある。だが、これこそが基礎づけされた要求ではなかろうか?

基礎とはつまり、われわれに権利を与えたり、与えなかったりするものである。基礎は第三者として姿を現すことになる。基礎、すなわち第三者という基礎。請求すること、それは何ごとかを当然の権利として請求することである。請求するにあたって人は、自らに権利を与えうるもの、あるいは、自らの権利を確証しうるものの前に出頭することを切望する。それは苦難に身をゆだねるのを受け入れることだ。基礎とは第三者である。なぜなら基礎は、請求者でもなければ、請求者が請求する何かでもなく、請求されているものを請求者に対して従順にする審級であるからだ。

請求対象そのものが請求に服従するということは絶対にない。要求や請求は常にその対象に対して外部からやってくる。例えば、娘に結婚を申し込むとき、人は何を自らの拠り所として引き合いに出すだろうか?[11] 第三者、つまり基礎である父が裁定者として選ばれることになる。父はこう言ってくるかもしれない。「試練を課そうじゃないか。ドラゴンを殺してこい」と。この場合には、基礎づけるのはこの試練である。基礎に立ち向かうことは危険を伴う。請求者らには、ペネロペ[12]もいなければ権力もない。父はまた「それは娘次第だ」と言うかもしれない。それでもまだ第三者がいる。娘が抱く愛は、娘自身の存在そのものではなく、その存在を請求に対して従順なものへと変える原理である。常に第三者が存在しているのであり、それを探し求めなければならない。というのも、第三者として姿を現すものこそが基礎だからである。

ところで、第三者は三番目に来るから第三者なのだろうか？　もちろんそうではない。第三者とはまさに第一のものですらある。だがそれは、暗闇の中で、無意識の中で作用するが故に第三者なのだ。第三者は最初に来る。始まりにあるのが第三者なのだ。したがって、無意識についての探求がおそらく必要になるだろう。

ところで、なぜ人は何ごとかを権利として要求するのだろうか？　危険が伴うのだから、それは何かの役に立つのである。おそらく、その何かは新しい仕方で私に与えられる。その上、権利を拠り所にするというのは、時間を無駄にすることでもある。この損失は埋め合わされねばならない。しかし、この回り道によって、人は請求しているものを見失うおそれはないのだろうか？

なぜ哲学者たちは基礎について、基礎とは第三者であると述べているのだろうか？　より哲学的に定義すれば次のようになる。基礎とは要求や請求によって、あるいは要求や請求において引き合いに出される審級であり、物事をこの請求に従わせるために引き合いにだされる。

一つの問いを出そう。物事を請求に従わせるものに関心を寄せすぎたせいで、私がその物事や自分をいっぺんに見失うおそれはないだろうか？

第一節　ヒュームからカントへ　カントにおける超越論的なものについての観念の形成

基礎の問題は、権利として何ごとかを請求することに関連して提起されるという点について、カントも彼なりの立場を有していた。それこそが「超越論的」というカントの謎めいた概念に他ならない。これを理解するためには、歴史を遡ってヒュームから話を始める必要がある。カントはヒュームに多くを負うているのだが、ヒューム自身は経験論者である。カントはヒュームとは別の仕方で基礎づけの問題を提起しなければならないと気付くことになる（ヒュームは基礎づけの問題には気づいていなかったが、カントはヒュームのお陰で探究を続けられたのである）。

ヒュームによって新たにもたらされたのが、主体性の構造の分析である。これは偶然かもしれないが、ヒュームは「主体」という語をごく稀にしか用いない。いや、それはおそらく偶然ではないのだ。ヘーゲルもまた主体性を分析しているけれども、「主体」という語を口にすることはない。ハイデガーも同様だ。彼は更に進んで、「主体」という語は用いるべきでないとまで述べている。主体は探究によって見出された本質的な構造によって指し示されねばならないのである。主体は定義さえされてしまえば、もはや語られる必要はない。

ハイデガーもヘーゲルも、主体とは自らを展開することだと言っている。ヘーゲルは弁証法的に主体を分析する。自らを展開すること、それは自らを変化させていくことである、といったように。そこでは本質的なのは媒介だ。ハイデガーが言うには主体性の本質とは超越である。ここには新たな意味が込められている。以前にはそれは超越している何ごとかの状態を意味していたが、ハイデガーにおいてそれは自らを超越する運動を意味する。それは自らを超越しているものへと向かう運動の存在様態のことだ。ヒュームは「認識するとは何か？」と問うている。彼はこの問いに、認識するとは所与を超え出ることだと応えた。認識は超出として定義される。三人の著者たち〔ヘーゲル、ハイデガー、ヒューム〕には類似点が見られるわけだ。[13]

認識するとは超出である。なぜならば、認識するとは与えられたもの以上のことを述べることであるからだ。私は「明日、太陽が昇るだろう」という。これは真であるものとして定立された判断である。この判断は、与えられていない何ごとかについての言明を含んでいるように思われる。与えられていないものとは、たとえば、「いつも」とか「明日」のことだ。私に与えられているのは、太陽がこれまで幾度となく昇ったということだ。私はこれまで変わらず太陽が昇り続けてきたことを知っている。ところが私は、「これまで絶えず太陽は昇った」とではなく、「明日、太陽は昇るだろう」と述べるのである（水は〔いつも〕百度で沸騰することについても同様だ）。

ヒュームは基礎の問題を予感していた。「いかなる権利において」という問い（権利問題）を提起しているのだ。ヒュームは『人間本性論』で次のように述べている。「私は事実に対して異議を唱えはしない。私は懐疑論者ではない。明日、太陽は昇るだろうといわなければならない」[14]。ヒュームにはこの点について確信があった。だが、ヒュームにとって問題であったのは、その根拠は何に由来するのかということだ。これは帰納法の基礎づけの問題である。ヒュームは、「水は〔いつも〕百度で沸騰する」と述べることの根拠は人間本性のなかにあると確信していた。だが人はいかなる権利をもってそれを述べるのだろうか？　いかなる権利をもって、過去から未来を推論しているのだろうか？　判断を下す際、私は与えられたものを超え出ている。だが、与えられたものによっては、人が与えられたものを超え出ていることを説明はできない。

ヒュームは途方もない問題に直面していたのだ。ヒュームは次のように問うている。認識するとは確かに（先に我々が要請や要求と呼んだものを）超出することだけれども、そのことはいったい何に由来するのだろうか？

これは、認識を基礎づけているのは何かと問うことである。そして、ヒュームによれば、それは主体にかかわる原理でしかありえない。客体ではなく主体が基礎を見出すのを可能にするのだ。主体こそが超出するのであり、主体こそが基礎についての問題を呼び起こす。したがって、認識を基礎づけるものを、認識される客体の側に探し求めることはできない。

ヒュームの答えは途方もなく期待外れだと思われるかもしれない。その答えは、途方もない仕方でこの問題を提起した際の彼の天才に由来する。ヒュームの答えとは、人間本性の原理こそが、存在するものを超え出ることを可能にするというものだ。この原理とは習慣のことを指している。ヒュームは何が言いたいのだろうか？　この原理は、人間のもつ、諸々の習慣を身につける可能性のことだ。ヒュームによれば習慣は類似の事例の反復を含んでおり、経験によって習慣は生み出される（「千回、私は太陽が昇るのを見た」）。経験は類似する事例の反復をもたらす。反復は対象それ自体においては何ごとも変化させない。[15]論理的には一つ一つの事例は互いに独立している。それゆえに人間本性〔の原理すなわち連合原理〕が、その〔習慣形成という〕任を担わねばならない。こうして奇妙にも、ヒュームにおいては根拠と習慣が同一視されることになる。ヒュームは広い意味で問題を提起したのだが、それに答えることはなかった。ヒュームにはその原理は心理学的なものだと思われた。この意味で、ヒュームなしには、カントがその考えを引き受けて基礎の正統性を考え抜くことはありえなかったと言うことができる。

　カントはこの問題に対する探究を限界まで推し進め、その心理学的な解釈を乗り越えることになる。カントにとって基礎は主観的な原理でなければならないが、心理学的なものではありえない。その原理が超越論的な主観性ということになるだろう。

　カントは次のような注目すべき点について語っている。不思議な事実がある。主体は確かに所与を超出するわけだが、それだけではなく、所与もまたその超出に従っているという事実だ。確かに水は人間の判断に従い、ちょうど百度で沸騰する。だが所与の個々の事例は超出を受け入れているわけではない。カントはこう結論づけた。ヒュームはこのことを説明していない。ある理由からヒュームはそれを説明できなかった。カントによればここで問題になっているものこそ人間本性に他ならない。

人間本性は自然の所与を超出するが、自然の方もまたそうした超出に従うのだとカントは述べている。では自然が人間本性に従うということをどう説明すればよいだろうか？ヒュームはこのことについて考え、「それは、自然の諸原理と人間本性との間に調和があるからだ」[16]と述べていた。この調和について彼は極めて慎重であって多くを述べていない。彼が言うには、人は神を引き合いに出したいかもしれないが、それが答えではない。但しヒュームが神を引き合いに出すことはほとんどない。彼が神を引き合いに出すのは、原因を説明する必要が生じたときである。つまり彼は確かに神を必要とはしていた。[17] こんな風に考える人もいるかもしれない。調和があることのどこが驚きであるのか、と。だがこの時点ではまだ、人間本性の原理と自然の原理とが一致すると言うことはできない。というのも、〔ヒュームはそこまで考えてはいなかったが〕人間本性の原理というのは、まさにそれによって私が人間本性を超出する原理であるからだ。人間本性に対する自然の従属がなければならないはずなのだ。ヒュームの答えは首尾一貫したものではあったが、神の観念を論難する側の思想家にとっては教えるところがほとんどなく、不安の残るものであった。

それでは、カントの説はどのようなものになるのだろうか？　彼にとっては選択の余地はない。所与それ自体（すなわち自然）が、人間本性が従っているのと同じ種類の諸原理に従わなければならないのであって、その逆ではない。所与としての太陽は、「明日、太陽は昇るだろう」と口にするときに、私の太陽についての意識が依拠しているのと同じ種類の原理に従わなくてはならないのである。

したがって、基礎はもはや心理学的なものではありえない。カントによれば、いまや原理は所与のものの認識に対する従属の原理でなければならない。認識を可能にする原理、認識を基礎づける原理は、同時に、所与がこの当の認識へと従属することを必然的なものにしなければならない。したがって、この原理はもはや心理学的なものではない。というのも、この原理が心理学的なものであったのは、それが認識の原理に留まっていたからだ。カントの主張する逆説はここに由来する。すなわち、基礎は主観的なものだが、「あなた」とか「わたし」とかはもはや問題にはならない。主体は自然ではないのだ。

カントが超越論的主体と呼ぶことになるのは、経験的な主体性からも心理学的な主観性からも区別される主体である。というのも、それは、私の行う超出に所与のものが従属することを説明するような主体であるからだ。認識を可能にするものは、まさにこの認識への所与の従属を必然としなければならない。

カントのやり方では、このことはどのような帰結をもたらしているだろうか？　最終的にその帰結が見出されることになるのが『純粋理性批判』なのだが、但し、それは同書の第一版に限っての話であって、それは第二版では削除されている。あまりにもはっきりと書かれていたため、読者を誤りへと引きずり込むかもしれないというのが削除の理由であった。問題となるのは、三つの総合について述べた箇所である（第二節「経験の可能性に対する超越論的理由について」）。そこで述べられる多様なものの総合作用には、次の三つの様相がある。

(1)　直観における把捉の総合

(2)　構想力における再生の総合

(3)　概念における再認の総合

所与が認識を可能とする原理と同じ種類の原理に従っていなかったならば、「われわれの経験的構想力〔つまりわれわれの認識能力のこと、この引用箇所によれば、或る規則に従って一つの表象から別の表象へと移行する能力〕は、その能力に合致したことを何らなしえないだろうし、その結果として、われわれ自身に知られず、死せる能力として心性の底に埋められたままになるであろう[18]」。

第二節　『純粋理性批判』における基礎の諸特徴

カントの主著は、認識の基礎論である『純粋理性批判』、道徳論である『実践理性批判』、有機体論と芸術論である『判断力批判』の三つである。超越論的主観性は第一批判〔純粋理性批判〕の段階では一つの論理的な要請に留まっている。認識は事実であるとカントは言う。数学や物理学が存在しているというのは一つの事実であって、認識なるものは実際に成功している。カントが提起するのは「いかなる条件において認識は可能であるか？」という問いである。

それにしても可能性の条件とはどのようなものであろうか？　その権利はどうなっているのか〔quid juris〕？　これは実に独創的な見解である。我々が物事を認識しているというのは一つの事実なのだから、我々は認識を規定している原理と同様の原理に諸対象もまた従属しているという考えを免れることはできない。超越論的主観性という考えはつまり一つの事実から導き出されねばならない。超越論的主観性という考えが必要不可欠であるということは、何か一つの存在を与えるということではないのだ（第二批判と第三批判がこの超越論的主観性の豊かさをより詳しく説明している）。

カントにおいて、基礎は三つの特徴をもっている。すなわち、条件、局在化、限界づけ、の三つである。

(1) 基礎は条件である

条件というのは何かを可能にするものである。したがって、それは奇妙な概念である。というのも問題となっているのは認識であるからだ。認識を可能にする原理が存在する。可能性についての古典的な問題はその意味を完全に変えている。すなわち、ここで言う可能性とは可能性の条件のことなのだ。古典主義時代の学者たちにとっては、可能的なものというのは無矛盾なもののことだった。例えば「四角い円」は不可能であるといった具合だ。矛盾を「含まない」もの、それが可能なものである。矛盾を含んでいないにもかかわらず現実には存在していないものが数多くある。可能なものとはしたがって論理的な概念であり、矛盾を含まない限りにおいての存在のことだった。無矛盾なものが可能なものの存在そのものを構成していた。実在についての問題は、可能的なものから現実的なものへの移行として提起されていたのである。神の知性のなかにはあらゆる可能なものの体系があり、神は意志的な行為によって幾つかの可能的なものを現実的なものへと移行させる(マルブランシュ、ライプニッツを参照[19])。

〔ところがカントとともに〕可能なものは存在それ自体の可能性となる。可能なものが存在それ自体を条件づける。ところで、可能的なものと現実的なものとの間には、カントにとって疑う余地のない断絶がある。百フランの観念はつねに可能なものとしての観念である。[20]観念は対象を実在しうるものとして定立する。或るものの観念は、つねに実在しうるものとしてあるのであって、その実在は観念に何も付け加えはしない。実在するものは常に観念の外側にある。つまり、ここでは可能なものから現実的なものへの移行はない。実在は概念のうちには与えられていないのであり、概念に対して実在が与えられるのは空間と時間のなかにおいてである。空間と時間は実在する場である。

カントは現実に存在している存在の可能性の諸条件について問う。文字通り、存在しているものについてのある種の論理が問題となっているのだ。基礎とは何かを可能にする原理に他ならない。こういうわけでカントは形式論理学に超越論的論理学を対置する。形式論理学は無矛盾なものについての研究である。矛盾とは無のことだ。だがカントは矛盾を含まないものを論理学的な仕方で考察する代わりに、可能性の諸条件に基づく論理学を作り上げる。基礎は何ごとかを可能にするわけだが、それは別の何ごとかがその同じ認識に従属するのを必然たらしめることによってである。そのような機能をもつのが第三項である。カントは「経験の条件は同時に経験の諸対象の条件である」[21]と述べている。

カントの言う現象《フェノメノン》とは断じて仮象ではない。現象はしばしば、仮象と存在の間の妥協の産物として解釈されてしまう。それでは何も理解できない。というのもカントは仮象と存在という対立を乗り越えようとしているからである。現象とは存在を包み隠す仮象ではなく、現れている限りでの存在なのである。「可想体《ヌーメノン》」というのは純粋な思惟されたものであり、これは仮象や実在として現象から区別されるのではなく、現れ出る存在として、純粋に思惟される存在として現象から区別されるのだ。基礎が基礎づけを行うのは、何ごとかを可能にすることによってである。基礎は存在を認識に従属させることによって何ごとかを可能にするのであり、そのことがこの〔現象と可想体の〕対立の中に現れているのである。

(2) 基礎は局在化を行う

基礎は自らを展開する。基礎によって基礎づけられるものは、基礎によって一つの所与のうちに、一つの場の中に置かれる。認識はまさしくこの場の中にあり、それが認識するもののほぼ中央にある。ところで認識が認識するのは諸々の現象である。基礎は認識を可能にしつつ、認識を現象の領野に位置づける。認識とはつまり現象についての認識のことであろう。認識として存在しているのは、現象に関わる認識だけである。可想体《ヌーメノン》、すなわち純粋に思惟されるだけの存在は認識の対象ではない。基礎づけられるもの、つまり認識は、それと本質的に関連づけられていたもの〔現象〕によって厳密に規定された場に位置づけられる。以上のことから、「認識は経験をもってしか始まらないが、しかし経験から生じるものではない」という驚くべき定式が導き出される。[22] こうしてカントは、経験論者と合理主義者を乗り越える。あるいは、彼らを乗り越えたと主張するのである。経験論者にとって、意識は経験をもってしか始まらないものである。カントは彼らの正しさを認めている（私は経験なくしては、太陽が粘土を固めたり、蠟を溶かしたりすると言うことはできない）[23]。だが、経験論者たちは認識が経験からは生じてこないことを忘れていた。経験のうちで基礎づけを行うのは我々が経験のうちで認識するものではない。認識を可能にするものは経験のうちには与えられない。そういうわけでそれらの条件は超越論的であるのだ。私はいかなる対象をもアプリオリには認識しない。私が認識するためには経験が必要である。だが、それでもやはり私が対象について何がしかをアプリオリに知っているということに変わりはない。私は対象が空間と時間のなかにあり、そして、その対象が認識の条件であり且つ認識の対象の条件でもある諸々の条件を満たしていることをアプリオリに知っているのだ。

結論すれば、私はあらゆる対象について、それが因果性に従っており、一であったり多であったりすることを知っている。では、これらの条件とはどのようなものだろうか？一、多、因果性とはカテゴリーである。カントはカテゴリー表を作ったが、そこには十二のカテゴリーがある（但し、時間と空間はこの中に入っていない）。これらは述語である。すなわち、可能なるすべての対象に付与される普遍的な属性だ。私はいかなる対象もアプリオリには知らない。しかし、いかなる対象もそれに必然的に従う、そのような条件をアプリオリに知っているのである。基礎は認識を、現象の認識に作り替えなければならない。

(3) 基礎は限界づける

基礎は認識に一つの限界を課す。私が何事かを経験なしにアプリオリに主張する場合、私はそのことによってまた、認識の諸々の限界を乗り越えてしまっている。このような主張がなされるのはどのようなときだろうか？ それは私が形而上学を作り上げるときである。すなわち、カテゴリーは現象の諸条件ではなく、私に対象それ自体を認識させるものだと考えてしまうときである。形而上学は「いかなる対象も因果性に従う」とは言わない。そうではなくて、因果性の原理こそが我々に、魂や世界や神といったものを経験から独立して認識させるのだと考える。

形而上学の批判という『純粋理性批判』の名高いテーマはここに由来する。これはカントが（科学者たちのように）形而上学の代わりに科学を置こうとするからではなく、形而上学の代わりに超越論的論理学を置こうとしているからである。科学としての哲学の代わりに、科学の可能性についての反省を置こうとしているのだ。科学という観念は科学的ではない。哲学的分析のみがこの観念、認識の基礎を正当化しうる。哲学的分析はこの観念には乗り越えることのできない諸々の基礎をこの観念に与えることによって、この正当化の作業を行う。

認識の敵はもはや錯誤だけではない。カントによれば認識は自らに固有の限界を超え出ようとする傾向や錯覚によって内側から脅かされている。それゆえにカントは『純粋理性批判』の最後の部分で、我々が世界等々について問いかける諸々の問いというのは偽の問題であることを示そうと努めているのだ。

これら三つの方向性は、なるほどカントを拠り所とするのももっともなことと思われる一人の著者のもとで再び見出されることになる。ハイデガーのことだ。彼の著書、『カントと形而上学の問題』を参照されたい。ハイデガーにとって世界とは人間存在の構造である。したがって世界概念はもはや人間の存在様式から切り離すことができない。人間の存在様式とは超越であり、あるいはまた超出である。「超越的」という語はもはや世界の外部や世界の上位にある存在を意味しない。それが意味するのは一つの行為である。人間存在は超越するものとして実存している。ハイデガーは我々が超出するものと、我々がそこに向かって超出していくものとを区別する。超越は主体性の本質であり、ハイデガーは主体性という語に代えて超越という語を用いることすらしている。

我々が超出するものとは何か？　人間は身体等々をもっている限りでは、他の諸々の存在者のうちの一つである。だが人間はこの超出する能力をもっているという点で、他の存在者とは異なっている。そして超出されるものとは、存在者それ自身、被造物のことである。

では存在者は何に向かって超出していくのだろうか？　世界に向かってである。ただし、この「何かに向かって」は超越という行為から独立しては存在しない。超出されるのはたしかに被造物の全体であるが、我々がそこへと向かって超出していくものとは、主体性の構造としての世界に他ならない。

　ここで我々は存在者と存在者の存在というハイデガーにとっての根本的な区別を見出す。カントを別とすれば、哲学者はみな存在を、存在している何かとして扱っていた。ハイデガーは彼らを非難して、存在を存在者として扱うのが形而上学にとって本質的なことであり、形而上学の歴史とは存在忘却の歴史であるとまで言う。存在者の存在はいかなる現実存在にも、神にすらも帰せられることはない。それは、現れるものの存在そのものであり、そのような現れの全体そのものがその中で基礎づけられているようなもののことである。人間の特性とはまさしく存在者を越え出ることであり、存在との関係のなかに自らを置くことである。人間は存在の牧人である。[24] にもかかわらず、人間は存在者の只中にいる。

　ハイデガーの師であったのはフッサールだが、彼にあっては意識という概念は新たな意味を獲得している。意識はもはや内面性としては定義されない。フッサールにとって、意識とは超出として定義されるものだ。「意識とはすべて、何ものかについての意識である」。これが志向性の概念だ。

　フッサールが意識の観念を保持できたのは、彼が主観性の観念を刷新したからだろうか？　ハイデガーは間違っていたのだろうか？

いずれにせよ、ハイデガーが世界の概念化を試みるのは、フッサールのもたらした主観性の新たな考え方から出発してのことである。

基礎の三重の概念が明らかになる。

(1)　人間存在は超出することによって世界を到来させる。人間存在は世界を創立する。

(2)　人間という実在〔現存在〕を基盤とみなすこと。人間は世界を到来させると同時に、世界のなかに存在している。人間は世界の只中にあり、またそれだけでなく、人間は存在者によって囲まれている。というのも、「存在者を乗り越えるためには、存在者の調子に合わせなければならない」からである。

(3)　基礎づけることは動機づけることを意味する。ハイデガーはあらゆる動機づけはその根源を超越のなかに見出すという主題を論じている。存在者について問いを提起することとは超越の行為を前提としている。

ここから、超越と自由との同一視が生じる。自由とは基礎それ自体を基礎づけるものである。自由とは基礎づける自由である。それは根拠の根拠なのだ。

カントの説とハイデガーの説にはどのような違いがあるだろうか？

我々はこれまで共通点を見てきたが、その違いは奇異なものである。ハイデガーに対するカントの影響は明らかだが、それにもかかわらずそこには語調の変化がある。ハイデガーがいるおかげで、我々はカント哲学を誤解せずに済む。カントの言う「現象」とは明らかに存在者のことである。それは現れるものであり、仮象ではない。それではなぜカントは現象と可想体《ヌーメノン》を対置するのだろうか。それはカントこそ、存在者と存在者の存在とを混同しなかった最初の人であるからだ。

この二つの主観性の関係をどう理解すればよいだろうか?

ハイデガーとともに、超越論的なものは経験的主観性の構造そのものとなる。ただ超越論的なものだけが本質的な構造になるのだ。超越論的なものは超越ないし超出へと還元される。そうするとおそらく、超越論的主観性はその重要性を失ってしまう。カントにおいては超越論的主観性が認識を可能にしていた。というのも、それこそが感性的諸対象を人間の認識に従属させていたのだから。だが超越論的な主体とは、現象をこの超出の作用に必然的に従属させることによって、超越を可能にするもののことである。超越論的な主体とは、超越そのものがそれに内在していたもののことである。反対に、ハイデガーにおいて消滅してしまったのは超越性と超越論的なものとの間の区別である。ハイデガーにおいては両者は同一視され、その結果、基礎づけるものと基礎づけられるものも区別されない。そういうわけで、あらゆる基礎の根源は自由であるという定式が出てくるのである。

第二章の結論

我々はいかなる意味で基礎が第三項であるのかを示そうと努めた。

我々が述べてきたのは、基礎づけられるものはそれだけでは基礎との関係のうちには入らないということだった。基礎が何ごとかを基礎づけるのは、その何ごとかに何か別のものを与えることによってである。問題は、この別のものの性質がいかなるものかということだ。哲学者たちのもとでは、ひとたび基礎が見出されても事態には何の変化ももたらされないように思われる。カントは数学、自然学〔物理学〕を基礎づけているのに、それでも「それは事実だ〔それらの科学は事実として成立している〕」と述べる。数学や自然学は、基礎づけられた後も同じものにとどまるのだ。ただ、にもかかわらず基礎が基礎づけるものをそのままにしておくのなら、それはいったい何の役に立つのかと問うことができるだろう。逆に、もし基礎づけることが何ごとかを変化させているのなら、基礎づけがいったい何の役に立っているかが見えてくる。

基礎というものはことごとく予期せぬ驚きをもたらすのではなかったか？　基礎は予期されていなかった何ごとかをもたらすのではなかったか？　カントにおいても事態に変化がないように見えたとしても、それはおそらく、一見したところそうであるにすぎない。

デカルトについてのアルキエの著書を参照しよう。[25] アルキエによれば、デカルトには思想の大きな発展がある。デカルトは、認識を基礎づけるには数学的な方法では十分ではなく、形而上学的な真の基礎が必要であると、少しずつ気づいていったというのだ。だが、アルキエが言うには、デカルトはこれによって自らが科学について抱いていた考えを完全に覆す方向へと導かれていく。基礎の探究はつまり、予期していなかったものを我々にもたらすのである。そうしたもののことを、驚きとか失望と呼ぶことができるだろう。

問われるべきことがまだ残っている。我々は哲学者たちから、基礎の探究は確かに必要であるものの、それでも基礎によっては何らの変化ももたらされないという印象を受けるのだが、それはなぜなのか? これこそはカントに見出される問題である。だが、まさしくカントにおいてはひとつの分離がある。基礎づけの作用は、基礎づけの作用がもたらす変化から切り離されているのだ。

基礎にはカントやハイデガーも認める諸々の特徴があるとしたら、基礎づけられるものは、「基礎づけるとは何か?」という問いに答えることを可能にするような変化や変容を、それ自身の性質のなかでいかにして表示することになるのだろうか?

第三章　基礎と問い

基礎とは第三項である。この事実ゆえに、基礎づけられたものは別の形象をとる。基礎づけられたものはどのようにしてその状態を変化させるのだろうか？　この第三項は基礎づけるものにも、始点にも帰着することはない。第三項とは何だろうか？　基礎づけられたものは、いかなる驚きをわれわれにもたらすのだろうか？

ここに至って、哲学の原動力とは何かを問うことができる。ある人々にとっては、哲学の原動力とは驚きのことであった[26]。また、ある人々にとっては、不安こそが哲学の原動力であった。私たちはふたたび現れるもの、ただし神話のかたちをとって現れるものについて検討した。これは宇宙的な次元の話であり、つまり反復や永劫回帰のことだ（ニーチェにとっての重要テーマである）。

結果として次のようになる。基礎を必要とする者は要求する。基礎を必要とするものは自らを、権利を備えたものとして提示するのだ。そこで要請された何ものかこそ、基礎づけられたものである。これこそ人間を動物に対立させるものに他ならない。人間は権利を口にするという形で根拠〔理由〕を見いだすのだ。

私たちはカントとハイデガーにおける基礎の三つの意味を区別した。

(1) 基礎づけるとは、あるもののあるものへの従属を必然的なものとすることである。基礎はまさしく三番目の項であり、第三項〔第三者〕である。

(2) 基礎とは一つの領野ないし領土を割り当てることである。

(3) 要求にはそれが有効であるための条件がある。領野には限界がある。

ここで同種の二つの問題が再び見出される。但し、それらは一つの哲学的な平面の上にあるものだ。基礎と基礎を引き合いに出す者がそれだが、両者の関係は曖昧である。基礎づけを行う原理は基礎づける者に何を教えるのだろうか？　この原理はあらかじめ存在しているのだろうか？　この原理が教えるのは一つの回答なのだろうか？　基礎という考え方そのもののなかに、基礎づける者と、基礎づけられたものの新たな形象という二項の間の関係があるに違いない。基礎が露わにするのは、回答であるというより問いではないだろうか？

スフィンクスは問いを定式化する。基礎を引き合いに出す者は、基礎から問いを受け取る。神話学の用語でそれと等しいことを言い表すならば、それは神託や預言である。基礎はわれわれに何が問題になっているのかを述べるのだ。このことは、基礎に訴えかけなければその問いが何であるかは我々には分からないということが前提になっている。このとき、基礎と基礎づける者との関係は、基礎が与えるのが回答ではなく問いであるが故に、よりいっそう複雑なものとなる。そうすると、基礎に直面することによってこそ、私たちは基礎づける者〔創設者〕となり、問いを手中にするということになる。

基礎づけられたものそれ自体が獲得する新たな形象を発見しなければならないだろう。だが、この「問い」なるものとはいったい何なのだろうか？　われわれは常日頃、はっきりと規定すべきは諸々の解決策の方だと思っている。われわれにとって、質問するという行為は、その問いを消去するような規定を受け取るということだ。ところで、そのことが示唆しているのは、問いそのものも一つの構造をもっているということである。基礎と基礎づける者、そして基礎づけられたものの変化、これら三つを結合する問いとはいかなるものだろうか？

哲学者に固有のスタイルというものがある。哲学者に固有の問いがあるのであって、それは物事を声なきままにしておく問いである。ハイデガーはある試みの末に、われわれを失望させかねないある問いに達する。ハイデガーは「なぜ存在者があるのであって、むしろ無があるのではないのか」[27]という問いに達する。ハイデガーがこの問いを繰り返すのは、経験的な質問に対しては経験的なタイプの回答しか期待できないということを示唆したいからだ。おそらく哲学的なレベルでは、回答というものは問いの中に含まれているのだ。

ライプニッツは「なぜ何かがあるのであって、無ではないのか」「なぜこうであって、別様ではないのか」[28]と問う。この問い以降、すべては覆されてしまう。基底がわれわれに問いを教え、そしてただ問いのみが問題を解明しうる。

いかなる仮説が立てられるだろうか？　哲学的な問いについては、それがいかなるものであろうとも次の三つの仮説を立てることができる。

(1)　それは答えがないことを自ら望んだ問いであるかもしれない。この問いの目的は答えを沈黙させることであろう。これはキルケゴールやシェストフの逆説の哲学に見られるものだ。この風変わりなロシア人、シェストフは一九三〇年ごろ死んだ。歴史的に見れば、彼はかなり晩年になるまでキルケゴールを知らなかったので、彼らの哲学がその表現に至るまで類似していることは驚くべき巡り合せの一例である。シェストフは注釈者の語調で執筆したのだが、その語調は並外れたものである。彼はトルストイとドストエフスキーを相手取っている。入手が難しいが、シェイクスピアについての論文もある。

彼らは躓きの哲学者、挑発の哲学者とも呼ばれている。なぜなら〔彼らにとって〕考えることとは理性に反して考えることであるからだ。ソクラテスとともに、腐敗、裏切りが始まる。この二人の著作家がソクラテスと道を違える様を後に検討しよう。その後、シェストフには、人間と、その人間の発する不条理な問いが残る。キルケゴールに残るのは信仰である。アブラハムの子はアブラハムに再び返されるのだが、それは不条理の領野においてのことだ。

(2)　問いとは、その問いのうちに、ありうる答えのすべての規則が何らかの仕方で含まれている、そのようなものである。その問いはわれわれに、あらゆる問いの解決に役立つ原理をもたらす。ライプニッツは方法は普遍的でなければならないと考える。それが普遍記号法であり、この記号法の原理は、あらゆる問題の構造のなかに見出されるものだ。四つの原理、すなわち(a)同一律、(b)充足理由律、(c)不可識別者同一律、(d)連続律がある。

(3)　問いとは、真の問題と偽の問題とを判別するための規則をわれわれに与えてくれるものである。基礎づけを行うものに期待するべきはまさにこれだ。これこそカントが採用する方向性である。カントにとって典型的な錯覚というのは、ライプニッツによって提起された「なぜこうであって別様ではないのか」などの問題だった。この意味でよりカント的と言っていい思想家がいる。[29]ベルクソンである。

基礎についての非合理的な見方が第一の仮説であり、これは、「基礎は基底に結び付けられている」というものだ。この考えには実に難解な点がある。すなわち、基礎づけを行うものに訴えかけるとは、不条理にまで行き着くことを辞さないということではないかという考えがそれだ。

第二の仮説は、「基礎とは理性的に知られうる」というものだ。ライプニッツのいうような充足理由という観念は存在するのだろうか？　ライプニッツは、事物の根源的な起源について語っている。

第三の仮説は、「基礎というものがあるとすれば、それは批判的な概念であろう」というものだ。ここでもまた、基底における妥当性と非妥当性の区別といった側面があるのではなかろうか？

歴史的に見て言えるのは、ひとりの偉大な哲学者が問いを扱ったということである。それがソクラテスである。基礎と問いの間には本質的な関係がある。

ソクラテスと問い

ソクラテスは問いと応答によって進んでいく。しかし、応答するにあたってソクラテスは、「私はそれについて何も知らない」と言う。ソクラテスは、「私は問いであり、あるいは愛であり、あるいは愛知者〔哲学者〕である」と言う。ここで問われているものは弁証法〔問答法〕である。弁証法はパルメニデス、ゼノンから始まり、ソクラテスやプラトン、ストア哲学やアリストテレスにおいて再び見出され、カントやヘーゲル、そしてマルクスにおいて見出されるものである。これらすべての哲学者がそれぞれ違った仕方で弁証法を援用している。

語源的には、弁証法は対話と配分である。弁証法においてこの二つの概念はどのように組織されるのだろうか？　会話が弁証法となるように、会話のなかでは何が配分されているのだろうか?

配分されているのは問いと応答である。ソクラテスの哲学の巨大な困難がここにある。ソクラテスは、アテナイの都市国家に固有であると彼に思われたその現状に腹を立てている。政治の場ですべての人々が、何も知らずに延々としゃべり続けているのだ（だからこそ、ソクラテスはスポーツをよくしたのである）。民主制とは、誰もが自分の言いたいことが言えるということだ。ソクラテスはこのことに抗しているのである。

短い対話篇においてソクラテスが発する問いは、対話相手の裏をかき、矛盾へと陥らせることにその本質がある。その結果、対話相手には怒りというただ一つの出口しかないことになる。ソクラテスは相手を矛盾へと陥らせる。

一見したところ弁証法の本質は、それぞれの人物に応じて問いと応答を配分することに存する。けれども、ソクラテスが問いを提起したことなど一度として無かった。ひとは彼に対して「君はシビレエイだ」と言う。[30] だが重要なのは別のことだ。〔対話篇では〕二人の人物はそれぞれが自らを消滅させる。対話相手は矛盾に陥るという意味で消滅させられる。彼はロゴスの水準で死ぬのだ。ソクラテス自身もまた、「私はそれについて何も知らない」と言い、自らを消し去っているように思われる。以上のことから、ソクラテスの死は象徴的に重要なものになる。ソクラテスもまたロゴスのなかで死ぬのだ。一見したところでは配分が問題になっているのだが、よく見てみると弁証法とは二重の消滅なのである。

まずは人々に沈黙するよう強いなければならなかった。これが問いの第一の側面である。シェストフはこれを極めて好意的にみている。というのも、本質的な目的は答えを沈黙させることであるのだから、問いに留まり、自らの答えである問いこそをできるだけ遠くまで押し進める必要があるとシェストフは考えたからである。

ソクラテスは何に対して腹を立てているのだろうか？　ドクサ、すなわち臆見が気に入らないのだろうか？　ドクサという状態が気に入らないのだろうか？　ドクサには本質的な主題がある。「一方ではこうだが、他方ではこうだ」というのがそれだ。ドクサは部分的な真理を主張し、それをそれとして肯定する。ドクサが自らの天分に、ということは当然ながら自らが真理に触れているとき、それが絶対的なものとして定立するのは部分的真理である。「一方ではこうだが、他方ではこうだ」という論法は臆見という最悪の敵である。ドクサは了見が広いというわけだ。

マルクスは、『哲学の貧困』において見事な筆致で「プルードンの哲学は小《プチ》ブルの哲学である」と述べている。なぜならプルードンは弁証法というものを「一方ではこうだが、他方ではこうだ」であると考えているからだ。[31]　マルクスが言うには、このような段階に留まっている思考は小《プチ》ブル的な臆見の思考である。臆見は自らにとって重要なテーマをこの水準に割り振る。臆見の構造は我有化の構造の上に建っているのである。哲学が腹を立てているのはこの状況に対してである。良識《ボンサンス》こそが哲学の標的なのだ。自らを哲学であると自称する良識の思い上がりを哲学は告発する。良識は真理を諸部分に割り振ってしまう。良識は割り振るだけでなく、不当に奪い去ろうとする悪魔的な傲慢さを有している。なぜなら、良識は部分的な真理であるからだ。

「良識はこの世で最も公平に配分されているものである」[32]というデカルトの言葉には、わざとかと思えるほどに喜劇的な側面がある。良識はその本質からして、配分と割り振りを行う。このテクスト〔『方法序説』〕には内的なごまかしがあるのだ。デカルトはこれらの言葉を十分だろう。誰も「私は愚鈍である」とは言わない。しかし、デカルトはこれらの言葉を字義通りに受け取ろうと言う。それは非常に厄介なだけではなく、非常に危険でもある。哲学にとっては奇妙な道のりだ。デカルトが言うには、事実上、愚かな人というのはいるが、権利上は決していないのである。愚かさの問題は個人の心理に回収されてしまう。この解釈が唯一信頼できるものなのだが、議論の余地はあろう。デカルトは思考の理論的な問題から愚かさを消去し、それによって思考の問題は真偽に還元されることになったのである。だからこそ良識の本質的規則は割り振りであるのだ。

このことは次のようにして確認できる。ヘーゲルは『フィヒテとシェリングの哲学体系の差異』において、良識と哲学の対立を巡る驚くべき一節を書き残している[33]。ヘーゲルが言うには、良識やドクサの水準では、絶対的なものはもはや感情以外の何ものでもなく、真理は単なる部分的真理のようなものに陥ってしまう。だがヘーゲルは、部分的真理を絶対的なもののなかに差し出すことによって、この部分的真理を真理の基底として提示するのである。そしてヘーゲルは（プルードンに対するマルクスと同じように）この段階を乗り越えようとする。絶対的なものは感情の対象ではありえない。真理は部分的真理ではありえない。それがヘーゲルの言う概念である。

　ソクラテスのイロニーの秘密は、対話が割り振りによって進んでいくということである。ソクラテスの考えでは、それぞれの部分的真理は相反する真理によって進行する。ソクラテスは多くのドクサを正確に解釈し、その上でそれに反論を加えるのである。部分的真理は部分的真理に対立し、そして矛盾に陥る。一見したところ、これは対話を上手に整えているように見えるが、実際にはこれは対話の消去、それも内側からの消去である。ドクサには怒りというたった一つの解決策しか残されていない。ドクサは自身が絶対であるという感情が揺らぐのを感ずる。臆見というものはすべて順応主義的であって、パラドクス的ではない。パラドクスは、それらの割り振りが相矛盾する領野を見つけることに努める。古代の人々もソクラテスもパラドクスの愛好家だった。芸術の観念について、野蛮な意地悪どもが作り出した現代のパラドクスを参照されたい[34]。数学はまさしくパラドクスを解消するためにある。〔例えばある島があったとして〕その島にある規則がある。よそ者は「なにかある言葉を言え。その言葉が正しかったらお前は吊るし首にされる。その言葉が間違っていたらお前は銃殺だ」と言われる。よそ者が「私は銃殺されるだろう」と口にする日まで〔その規則は続く〕。そして、もはや彼を銃殺することはできなくなる。

論理学者はパラドクスの問題に強い関心を寄せた。カントールは数学の集合論を作り上げたが、ある奇妙なパラドクスを発見した。それ自身を要素として含まないあらゆる集合を通常の集合と呼ぶ。これでは内部を汲み尽くしたことにならない。〔そこで〕あらゆる普通の集合の集合をEと呼ぶことにする。すると論理的矛盾がすぐに現れる。パラドクスだ。これは或る要素を次のような仕方で構成したものである。すなわち、その要素が一部を成すような集合があるとして、それが自己矛盾に陥るよう、つまり要素として自己矛盾に陥るように追い込み、かつ強制するべく本質的に構成するということだ。[35]「私は嘘をつく」が無意味《ナンセンス》なのは、それが、「嘘をつく」という命題によって満たされた事柄の規定以外の何ものでもないからである。

もっぱら論理的で形式的でさえある観点から、パスカルの見地を分析しなければならないだろう。賭けは神それ自体にかかわるのではなく、神が実在しているとする人間の実存、そして、神は実在しないとする人間の実存にかかわるのである。神が実在しないとする人は、賭けをしなければならないと知っているならば、そのときには自身の〔神が実在しないという〕実存の様式を選ばないだろうとパスカルは言う。形式的な観点からは、この選択のテーマは論理的に矛盾する二つの規定を保証しているのである。

ここに良識に対する真の攻撃がある。パラドクスは部分的真理自体の矛盾的性格を見せてくれるのだ。パラドクスはその要素が一部をなす集合内で割り振ることの不可能な要素を提示する。なぜなら、パラドクスは自身を一つの要素として含むよう、集合を引きずり込んでいくからである。

問いはソクラテスに戻って来る。良識と哲学とは敵同士である（真の闘牛術）。ソクラテスはその闘いによって死んだ。アニュトスはアテナイの中産階級の代弁者である。アニュトスは、正しい代表の要求という中産階級的イデオロギーを体現している。『プロタゴラス』の神話において、[36]プラトンはソフィストを重要視していない。この神話は、技術《テクネー》は不均等に割り振られているが、政治意識は均等に割り振られているという、割り振りについての神話である。この割り振りのなかに言語、ロゴスがあった。だが、良識が言うには、哲学などいかほどのものでもないのだ。

ところで哲学の起源は何だろうか？　なぜ哲学はあらゆる文明に属しているわけではないのか？　哲学はその本質においてギリシャ的なものである。他の文化、どんな文化の中にも哲学を探し当てようなどとすべきではない。

哲学を作り上げた国はどこだろう？　哲学はまずギリシャのものであったが、それに次いで十九世紀から今日に至るまではフランス哲学に、イギリス哲学に、ドイツ哲学になった。フランス革命が考察の対象となったのはフランスではなくてドイツにおいてである。

スペインやイタリアについては、それらの国の哲学者の名前を挙げることはできるけれども、哲学の潮流を創設する者は生み出さなかった。このことはどのように説明すべきだろうか？

次のような仮説を立ててみよう。もしかすると哲学は、その敵の実在そのもののうちに、すなわち、中産階級のうちにその起源が見出されるのではないだろうか？　ローマの場合には、中産階級が早くに消失したという大きな問題がある。つまりこの仮説は、スペインには当てはまるが、イタリアには当てはまらない。ソクラテスの事例に関して言えば、これは完全に当てはまる。ソクラテスの哲学はドクサに対抗して作り上げられる。イソクラテスにとってはドクサが唯一の哲学である。それは割り振りから生じる思考の方式である。ギリシャで哲学が生まれたのは、その場所に哲学の存在の否定的な条件が整えられていたということに依るのである。

ソクラテスの方法それ自体については次のように結論づけられる。ソクラテスは言語を信頼するに足るものとする規則を打ち立てているように思われる。疑いを生じさせるもの、それはソクラテスのイロニーである。実際には、ソクラテス的な対話など存在しない。ソクラテスは対話を消滅させるために対話を借用する。対話それ自体が消え去ることを望んでいるのだ。対話には一つの魅力がある。それがこのソクラテスのイロニーである。ソクラテスは質問をなすごとに部分的真理を消し去っていき、最終的には、彼に反論する者が提出する反論の死が訪れる。

ソクラテスにはこれとは別の考えもある。この対話の破壊の間に何が起こっているのだろうか？　ソクラテスは対話が自分にとってどうでもいいものであることを分かっている。ソフィストは長い弁論を嫌っていたのだが、それは、そうした長い弁論が誰か特定の人物の弁論であったからだ。ソクラテスが斥けるのは弁論そのものではない。弁論がもはや誰か特定の人物の弁論ではなくなっているということをソクラテスは拒むのである。[37]ソクラテスが望むのは、弁論についての学が、弁論と事物との同一性に由来するものとなることだ。この同一性とはイデアである。ソクラテスはロゴスが現実そのものの表現であることを求める。もはや魂と魂との間にではなく、魂とイデアとの間に関係が見出される。ソクラテスが想起と呼ぶものがそれである。これは、イデアがすでにそこにあったものとして姿を現すということだ。魂がイデアとの接触へと入っていくのは常に二回目である。〔想起説で問題となる〕忘却はしかしながら根源的である。それはメタ心理的だ。忘却が魂とイデアのあいだの根源的な関係となるのだ。忘却という否定的な語はいかにしてこのような役割を担えるだろうか？　受肉した魂は諸々の外的な対象の前にいて、それらの対象が魂に何ごとかを告げてくる。それゆえに、我々のうちでイデアが再び思い起こされるよう喚起してくる様々な出会いが起こるのは、この感覚的世界においてであるのだ。根源的な忘却は世界の内部でなされる様々な出会いにおいて表現される。忘却はすでにそこにあったものとして定立されるのであり、ここから前世の存在という主題そのものが現れるのだ。かくしてソクラテスはかの奴隷に数学の問題を解かせるのである。[38]

かくして問いは、問題解決の諸規則として役立つ真の基礎に関わっている何かでなければならなかった。問いが問題解決に役立つ諸原理との関係の内に入るのは、問いがイデアにまで達することによってである。

感覚的事物はどのようにしてイデアを分有するのか？　プラトン哲学の最も深いものとは、どのようにして感覚的事物のなかにイデアが存在しているかを知ることである。ここで問題となるのは、叡智的なものとの関係（比）を考えることである。これが弁証法の最も根底的な目的となるだろう。それに固有の問いは、規則そのものを構成することを可能にする規則に関わっているのだ。

第一節　沈黙させる問い（キルケゴール、シェストフ）

最も叙情的な者と最も慎ましい者。キルケゴールとシェストフの二人はソクラテスに対して両義的な態度をとっている。彼らはソクラテスを嫌悪しているのだが、それでもソクラテスは彼らの頭から離れない。彼らはソクラテスとヨブを対立させる。ソクラテスにおいて彼らの関心を引いたもの、それはソクラテスの問いの第一の側面、すなわちイロニーである（キルケゴール『イロニーの概念』を参照せよ）。しかしながら、ソクラテスはその先に進むことで沈黙させる問いを歪めてしまう。キルケゴールとシェストフにとって、ヨブは私的な思想家であり、裏切らないための術を心得ていた人である。ソクラテスはというと、彼は公の教師に変節した。ヨブは説明を求めた人であり、その説明が直接的であることを求めていた。ところで、ドクサはその本質からして、間接的な回答に甘んじるものである。だがキルケゴールとシェストフにとっては、理性こそ間接的な回答に甘んじるものだ。理性はひとが服従し、法を承認することを求める。思惟の問題は特異な方法で提起されることになる。理性は精神上の罪を法律上の罪と呼ぶ。だが、シェストフが言うには、理性はソクラテスが殺されるまさにその時その場所で、彼の殺害を言語道断だと断じたりはしなかったのである。

ソクラテスの裏切りとは、彼がまさに間接的な説明を求めて出発していたということである。ヨブはというと、彼は問いに留まり、間接的な回答では満足しない。ヨブは一対一で話し合おうとして神を脇へ呼び寄せるのであり、彼は直接の回答を要求するのである。もっとも、そのような回答は存在しないのかもしれないのだが。

こうした理性の拒否は重要である。いわゆる非合理主義の哲学においてこのような拒否が再び見出されることになるからだ。その種の哲学は思惟とは別の力を特権視する。だが、キルケゴールとシェストフはより根底的に、私たちは理性に抗って思惟することができると考えているのだ。だがなぜそう考えるのか? なぜなら、理性は常に一般性の下に従い、それに従属するよう我々を仕向けるからである。例えば、キルケゴールは自らの人生において息が詰まるほどの秘密、「肉体のなかにある棘」を抱えていた。キルケゴールと自らの父との関係である。キルケゴールに起こったのは、ある一つの出来事である。それは非常に重要なこと、つまり自らの婚約である(私は結婚することができるのか?)[39]。婚約と結婚の問題は倫理の水準においてのみ意味をもつ。カフカの問題もこれに類似していた[40]。キルケゴールの婚約者であるレギーネはひとつの真の哲学的な概念だった(『誘惑者の日記』を参照。「私にとり、私の恋人は私がそこに住まわっている大好きな妹のようなものである」)。『あれかこれか』ではキルケゴールは、結婚の意味について自問している。婚約から結婚へは真の質的な跳躍があるのだ。解消された婚約の観念は何を意味しているのだろうか? それは特異な出来事である。

シェストフは不条理についての『悲劇の哲学』を作り出した(『シーシュポスの神話』を参照)。シェストフが、理性批判を初めて行なった人物として引き合いに出すのはカントではなくドストエフスキーである。「神がいなければ、すべては許される」とはドストエフスキーの言葉であり、これは(ニーチェの)『力の意志』にも見られる。それが意味するのは、命令しなければならないということである。シェストフとドストエフスキーは「善悪の彼岸」というニーチェ的な主題を引き合いに出すのだが、シェストフはそこに「真偽の彼岸」を付け加える。パスカルの賭けという主題はまさにこの系譜の中に収まる。倫理《エティク》をもって道徳《モラル》と置き換えねばならない。

道徳は常にわれわれをして義務と法について考えさせる。ただし、道徳は義務が第一のものであるとも告げる。義務の基礎は、我々に与えられていると想定される完全性のうちにあるのだが、それもわれわれ人間が理性的存在であると想定されている限りでのことである。こうして問題は「我々は何をなすことを義務づけられているのか?」となる。だが、社会から疎まれる思想家の一群が存在する。彼らが問うのは「我々は何をなすことができるか?」だ。そこでは義務は第一のものではない。彼らにとって問題となるのは、為しうることの極限にまで到達することだ。義務や法が第一のものであるというのが真でないとしたら、そこではまさに力が具現化されなければならないのである。

何を為しうるかという考えの起源は法に関わっている。十六世紀ごろに一つの方向転換が起こったのだが、そのことは今日では見過ごされているかもしれない。それは、パラドクスの使い手であったホッブズによる自然状態と市民状態の理論である。このホッブズの自然状態と市民状態の理論は古典的理論になったが、それはこの理論を、この理論が反対していた当の理論、すなわち、我々人間の本性を理性的存在として表現する自然法の旧来の理論と混同することによってであった。ホッブズは説明を求め始める。自然法が意味をもつのは、それが人間の動因や情念の現実的で具体的な秩序に関係づけられる場合だとホッブズは考えている。このとき、第一のものであり無条件であるのは力〔権力〕と権利である。ホッブズにおいては、法が力を制限しなければならないという考えはその次に現れる（それでもなお、力は第一のものであることに変わりはない）。ところで、法に関わるこの主題は、法を批判するあらゆる思想家に見出されるものだ。

倫理の問題は力の問題である。それは既に『ゴルギアス』におけるカリクレスの主題でもあった。カリクレスは、自身が為しうることから自身を引き離す法は打ち砕いてもよいと考えている。倫理は常に法と衝突する。スピノザが自らの著作を『エチカ』と呼ぶのはそのためである。スピノザにとっては、庇護してくれるであろう法などというものは一つの欺瞞である。道徳法則というのは結局のところ誤解された自然法則にすぎない（アダムとりんご、消化不良を参照[41]）。スピノザにとって義務は見せかけの形式である。その合理主義的考えにもかかわらず、スピノザは常々、人間はただその人が為しうることからずれてしまっているだけだと言っている。徳とは、その人自身の力能を実現することなのだ。真の力を表現するのであれば、犯罪も徳である。スピノザが最終的には合理主義者であるのは、犯罪が力の減少であると論証することに努める点においてである。

したがって、〔何を為しうるかを考察の中心においた思想家〕全員にとって、問題は、自らに固有の本質を実現するように命ずることなのだ。キルケゴールにおいては、この種の哲学は真の不条理の哲学と呼ばれ得るだろう。彼にとっては、ある種の平面、つまり非合理的な平面の上に回答があるのだが、そこに回答が見出されるのは人間が極限に至ったときである。これだけでもうこの哲学は実存哲学と呼ばれうるものだ。人間には二つの存在の様式があり、選択の概念は次のように理解される。非本来的な様式で存在している人々がいる。彼らは従属している人たちであり、彼らは何が問いであるのかを知らない。〔他方〕本来的な様式で存在している人がいて、彼らは問いとは自らが為しうることの限界にまで行くことであると知っている。したがって道徳の問いは問うこととは別の事柄に関わり、その一方で、倫理の問いは問うこと以外の何ものをも対象にしないのだ。限界まで至るというこの主題は思考を定義することになる。思考もまた思考の限界にまで行かなければならない。それでは何を考えると言うのか？　思考不可能なことを、とキルケゴールは言う。このような思考が生と和解するのだ。「私に肉体を与えたまえ」とキルケゴールは要求する。生と思考との関係、つまり統一性の要求である。ところで、ソクラテス哲学においては生の方が思考に従属しなければならない。つまり生は理性的、哲学的でなければならない。キルケゴールにおいては反対に、生は自身に譲歩することはできないし、理性の命令に従属することもできない。このパラドクスは生と思考の離婚を表している。それゆえ、思考の方が生のカテゴリーに従属するのだ。思考不可能なものを考えることが重要になるのはそのためである（『哲学的断片』、つまり「哲学的くず」を参照）[42]。「パラドクスというこの思考の情熱のことを悪く考えてはならない。パラドクスを欠いた思想家はまるで情熱をもたぬ恋人、つまりお粗末な相手のようなものである。しかし、あらゆる情熱の極致はいつも情熱それ自体の喪失を欲することである。そして衝撃を探し求めることもまた、等しく知性の至上の情熱である。その衝撃は何らかの仕方で知性を破滅へと導くものであるのだが。思考自身には思考できないものを探し当てようと欲することこそ、思考の至上のパラドクスである」[43]。

この本のなかでキルケゴールは自らの方法とソクラテスの方法を対置させている(『メノン』においては学ぶとは想起することであった)。ソクラテスは問いはどのようにして可能であるかと自問する。ソクラテスにとって問うという行為は知と無知を含んでいる。このとき問いの基礎はまさしく回想と想起のうちにあるのだ。

キルケゴールにとってこのことは何を意味しているだろうか?

(1) プラトンにとってあらゆる探求は記憶から来るにすぎない。真理は魂の外からやって来るのではない。だから無知なる人が自分は実は物事を知っているのだと自覚するために必要なのは、記憶に助けを求めることだけである。

(2) 真理は内側にあるようなものだとしたら、ソクラテスという教師は弟子にとって再び思い出すことのきっかけにすぎない。(産婆術)

(3) 忘却された知は常に既にそこにあったのである。したがって、瞬間それ自体にはいかなる中身もない。時間的な出発点というのは重要ではない。瞬間は非本質的なものに陥る。

キルケゴールは、彼にとりキリスト教が真にもたらしたものをこれと対置する。キルケゴールにとって、教師とはきっかけではなくキリストである。このとき瞬間は何か本質的なものであり、このことはまた、キリストの歴史性ならびに最初の人間の歴史性という主題と関係するのである（「初めてのもの」の役割については『初恋』を参照せよ）。ギリシャにおいては「初めて」というものはない（循環的な時間観を参照せよ）。それゆえ、弟子は自分自身の内に真理を再発見することはできない。「弟子自身が真理」でなければならないのだ。したがって、教師は弟子に真理を理解するための条件をもたらすのである。弟子が非真理であるということは、単に彼が真理の外部にいることだけを意味しているのではなく、贖い主たるキリストによって示された真理に反していることをも意味している。弟子は自らの過失によってその条件を失ったのである。この段階では本質的な概念は罪の概念である。教師はもはやきっかけではなく、瞬間が決定的になる。キルケゴールは、「ギリシャ的思考の情熱は全て記憶に集中しているが、われわれの思考の情熱はすべて瞬間に集中している」と言うことができるのである。

ところで、瞬間とは何を意味しているのだろうか？　瞬間はキルケゴールの最初のテーマ、すなわち思考不可能なものと切り離すことができない。キリスト教とはパラドクスである。瞬間は純然たる存在者と切り離すことができないのだ。こうした存在は、人がそれに背を向けたとたん、そのときにだけ、突如として姿を現す。絶対的に異なるものとは何だろうか？　キルケゴールが言うには、それはあるときには純然と存在せしめられた者、純然たる存在者であり、またあるときには瞬間であり、またあるときには信仰の根本的なカテゴリーたる罪であり、そして最後には反復である。

これら全てに共通するものが何かあるだろうか。合理主義に対する闘いにおいて、キルケゴールは合理主義の伝統的な主題に挑んでいる。この伝統のなかには奇妙にも混ざり合っている二つの主題があった。ひとつは本質と存在の関係であり、もう一つは質と量の関係である。

本質と存在の関係という主題について言えば、存在論的証明は存在に関する合理主義者の立場を定義しているように思える。存在論的証明はあらゆる形式で姿をみせるが、聖アンセルムスとともに現れてきたものである。聖アンセルムスは神の存在、すなわち存在そのものを証明しようとする。聖アンセルムスは「愚か者は心のなかで《神は存在しない》と言う」[44]という旧約聖書の言葉を文字通りに受け取る。かくして、神は存在しないと言う者は自己矛盾に陥る。そのため、神の存在を公準化することなく神を定義しなければならない。聖アンセルムスが言うには、神はそれより大きなものを何も考えることができないような存在である。ところで、そのような存在が存在しないとすると、われわれは矛盾の只中にいることになる。なぜなら、われわれはこのときに、存在しうるより大きなある存在を考えることができるからである。したがって、神の観念の対象が存在するものとして提示されることなくしては、私は神の観念を考えることはできないのである。以上のことから、存在論的思考の真っ只中で存在は本質から演繹されるのである。神の本質はその存在を包み込んでいる。ここにはパラドクスがあるのだが、それというのは、あきらかに神はそのように存在する唯一の事例だからだ。テーブルの観念はその可能的な存在を定立するのであって、その事物の現実の存在を定立するのではない。神はその唯一の事例である。なぜならば神は無限であるからだ。

したがって現実存在は完全性なのである〔デカルトを参照〕。奇妙に思われるのは、一見したところ、その証明が有効なのは存在を特性として扱うことを認めた場合のことでしかないということである。存在を完全性として、すなわち、つまるところそれを一つの属性として扱うことはできるのだろうか？　一見したところではそれは不可能である。現実存在とは、判断主体の存在において定立されるものである。現実存在は定立に関わるのであり、属性に関わるのではない。中世以来、存在論的証明に反対する二つの批判〔二つの潮流〕が展開されている。一方の人々にとっては、神が可能なものでしかないとしても、神は必然的に存在する。もう一方の人々にとっては、神が存在するならば、神は必然的に存在するのである。前者はライプニッツへと、後者はカントへと至ることになる。

〔デカルトの著書〕『省察』には、〔付録として〕いくつかの反駁が付されている。第五省察においてデカルトは存在論的証明を展開しているが、それに対しては二つの反駁が〔それら付録の中に〕見出される。

カントに通ずる反駁。それによればこの証明は、神の存在をその可能性から引き出している。その証明は存在をひとつの特性として扱っている。ところで、存在は特性に還元不可能であり、それだけでは事物が存在しているかは分からない。カントがこの批判を引き継ぐことになるのは『純粋理性批判』の第三部[45]においてである。

ライプニッツに通ずる反駁は〔一つ目のものとは〕大きく異なっているように思える。可能的なものから存在を引き出せるのは、神が可能的である場合に限るというのがこの反駁の要点である。ある観念が可能であるのは、私が私の精神のなかでその観念を形成するからではない〔明晰判明、可能な観念を語るデカルトとの断絶がここに見られる〕[46]。そのうえでライプニッツは、このこと〔可能的なものから存在を引き出すこと〕は実行できると考えており、単にそれをやらなかったという理由でデカルトを非難するのだが、実際にはデカルトはそれを行っているのである。

だがこれらの反駁は本当に存在論的証明の信奉者らが言っていたことに関わっていたのだろうか？　彼らは存在を特性として扱っていただろうか？

第一に、彼らはこの証明は神にとってのみ有効であることを強調していた。さらに、この証明は演繹ではなく直観だったのであり、私たちは本質のうちに存在を見るのである。

実存主義を、存在者は本質に還元することができないという教説として定義するのは馬鹿げている。なぜならこうした主張をする実存主義者らに先立って、このことははっきりと言われていたからである。存在論的証明の支持者たちはこの還元不可能性を知らなかったわけではない。

存在論的証明は合理的自然学と数学的自然学の典型例であった。デカルトは特性についての真の批判を行い、それに代えて量と関係の観念を置いている。二つの物体の間では、差異は単に延長、運動、そして位置である。その他の差異は生命に関連してあるにすぎない。全ては運動の差異なのである。存在と本質は形而上学的な主題であり、量と質は自然学の主題である。

キルケゴールは、これらの主題を不可分のものとして扱うことになるが、それと同時に存在者の権利そして質の権利を要求している。彼が言うには、神の実在は証明を捨て去り、それに背を向けたとたんに顕わになる。それはまったくもって量と質〔の関係〕のようなものだとキルケゴールは言っている。問題は、ある特定の時点で、量的に連続するものが新たな質へと変容するのはなぜかということだ。量として測れる温度は連続する仕方で下がっていき、水は氷になるのだが、その氷は新たな質として突如現れる。量として測れるものの連続性は突如として新たな質をもたらすのだ。では、なぜその時点であってそれとは別の時点ではないのか？　キルケゴールにとって、存在者とは質である。それは跳躍、質的飛躍である。量が質を引き起こすことはありえない。これは重要なテーマである。[47] なぜなら、物理学には過飽和という興味深い経験、そして、あらゆる種類の変形があるからだ。積極的な手法を用いることで、質〔の変化〕が現れる通常の時点を超えても、質〔の変化〕が現れないようにすることができる。更に、特殊な物体のおかげで、新たな質を出現させることができる。キルケゴールにおいては、二つの主題が混ざり合っているのだが、それというのは、ある観点からすると、存在が意識の背後に出現するのと、質が漸進的にではなく突如として現れるのは同じ仕方であるからだ。キルケゴールはここでは独創的ではない。キルケゴールにおいては、存在者の権利、質の権利、瞬間、質的飛躍、存在者、そして質は、もはや瞬間と切り離せないものでしかないのだ（科学主義の大いなる過ち）。

最後のポイントは、罪についてもキルケゴールはこれと似た事柄を語っているということである。そこではキルケゴールははるかに独創的である。これら最初の三つのテーマが罪についての真の哲学において再び取り上げられる。キルケゴールはキリスト教哲学をギリシャ哲学と対置する。それはアブラハムとヨブをソクラテスに対置するということだ。罪は陥罪性（罪を犯してしまうという人間の本性上の特性）からは生み出されえないとキルケゴールは考える。ひとは人間の本質的な不完全性から罪の虚無を結論づける。したがって、悪についての合理主義者の考えは、あたかも本質についての合理主義者の考えの転写刷りなのである。するとキルケゴールの主題は次のようなものであろう。すなわち、私たちは絶対に罪を陥罪性から結論づけることはできない。この主題は質的飛躍もまた含んでいる。罪とは新たな質の不意をつく出現なのだ。そうであるからこそ、罪を考えなくてはならず、また罪を不安と関連づけなくてはならない。ここで不安とは、絶対的に異なるものと意識との関係のことだ。思考のカテゴリーの一つである不安の概念は、ここに由来するのであり、キルケゴールはこの概念が人間本性の不完全性という古い概念に取って代わることを望んでいるのである。

思考はその対象を同一的なものとして扱う。ギリシャ哲学には知性の単一性といったものがあった。そこから思考に新たな課題を与えること、それこそが新しかった。故に思考はパラドクスのなかにあるのだ。

私たちは実存主義の定義に近づいている。すなわち、本質ならびに存在〔実存〕の還元不可能性、そして本質に対する実存の優位というその定義である。

この規定は申し分のないものだろうか？　サルトルの実存主義にはそうかもしれないが、キルケゴールの場合は全く異なっている。キルケゴールは実存主義を「罪意識の心理学的探求」[48]と呼んでいる。シェストフはそれを「酷熱と極寒の波」と呼ぶ。実存はいかなる題目も特権視しない。彼らは人間の実存を思考の新たな対象にしようとするのである。思考は自らとは本質的に異なるものを手に入れなければならないのであって、この場合、最も大きな錯誤とは、この異なるものを、同一的なものから出発して扱うということだ。「不安は思考と心理についての優れた概念である」[49]。心理状態としての不安はその全体が、心理学には還元できない何かへと向けられている。心理学者自身もまた、心理学者のものとは別の領域へと差し向けられるのだ。不安とは罪に対応する心的状態であり、そして罪は一つの実存的な次元へと生成するのである。不安は心的意識には還元できない対象へと向けられた心的意識である。不安は確かに思考であるが、それは思考が自らの対象との間にある自らの還元不可能な差異を把握する場合に限ってのことである。

カテゴリーが実存的なものになるのは思考が何かを考えるときであるが、それは思考とその何かとの差異そのものである。思考の真の機能は他なるものであって、同一的なものではない（この点はヘーゲル哲学に結びつけることができよう）。生と和解せねばならない。不安に固有のものとは罪を非心理的なものとして把握することである。こうして哲学は理性に反して考えることが可能になる。「身体をもつことができるだろうか？」「結婚することができるだろうか？」「キリスト者であることが可能だろうか？」という三つの問いは同じ一つのものに帰着する。この三つの問いが意味しているのは、「思考を生と和解させることはできるだろうか？」という問いなのだ。これこそがわれわれを実存についての一つの哲学へと導く。このとき、実存についての根本的なカテゴリーは反復として姿を現す。「私は信仰の詩人である」とキルケゴールは言う。キリスト者であることは不可能なのだが、にもかかわらずキルケゴールはキリスト者である。キリスト者であること、結婚すること、身体をもつことは、己の対象を不可能なものとして定立するという思考のこの新たな機能と切り離すことができない。つまりここにあるのはパラドクスである。思考の新たな対象とは不条理《アブスュルド》である。キリスト者であることはばかげて《アブスュルド》いる。キルケゴールは、もはや問いではなく問いへの回答であるような反復を告げ知らせる。シェストフはここでキルケゴールが問いを保持しなかったと非難している。不条理に由来する回答、それが反復である。それは現代哲学において比類なきものだ。全く異なる地平から、何の影響関係もなく、反復についての独創的かつ逆説的《パラドクサル》な概念を構築する〔二人の著者の〕企ては、ここまでのところは試みにとどまっているとはいえ、それはいかにしてなされたのだろうか？キルケゴールとシェストフという二人の著作家は互いに見ず知らずである。反復についての自らの著作の冒頭で、キルケゴールは自らが取り上げる反復は自然における反復のことではないと述べている。キルケゴールはそれよりも一層深い反復の概念を作り上げようとしている。物理的な反復は心理的なものの格下げ版にすぎないと見なされるような、そのような反復の概念である。ヘーゲルは自らの哲学を作るために矛盾の概念を利用している、とキルケゴールは言う。ところでキルケゴールは、この〔矛盾の〕概念はドイツ的だとユーモアをもってそう述べている。キルケゴール本人はここでまさに、自身に属する、母国に特有の概念を欲する。つまり、デンマーク的な生の単調さ《モノトーン》であるような、（そして当然ながら人間的な）反復の概念である。彼はまさしくデンマーク人である。

長年、人々から忘れ去られていた社会学者、タルドはアメリカ人によって再発見される。デュルケームは政治的な理由から――彼は反動的な人物だった――教育科目に関して権力を行使し、タルドを抹殺した。タルドは『普遍的対立』という奇妙な本を書いているが、これは否定についての最もよい理論の一つである。そこでタルドは真剣に、「否定の観念はドイツ的観念である」と述べた上で、フランス的概念を求めている。彼の説の本質は、対立や矛盾は反復の特殊な事例にすぎないことを示している点にある。

ニーチェは確かに信仰の詩人ではないが、にもかかわらずソクラテスに対するキルケゴールのように、ニーチェもまたソクラテス以前への回帰を望んでいる。ツァラトゥストラは秘密をもっており、彼はその秘密を吐き出すのであるが、それは永劫回帰であるところの一匹の蛇である。まさにこの瞬間が回帰するのであり、そしてまたこの思考も回帰する。ニーチェははっきりと（『この人を見よ』において）、これは物理的な反復のことではないと言っている[50]。彼が言うには、世界の中で生じるあらゆる回帰は永劫回帰を前提としている。この永劫回帰こそが物理的な反復を説明するのであり、その逆ではない。永劫回帰は反復についての独創的な概念である。フロイトは人類が快原理という神聖不可侵な概念の下で生きていることを我々に教えた最初の人物である。我々は生まれつき、自らに快をもたらすものを追求している。ところがフロイトはしだいに、それとは反対の事態を引き起こしていると思われる心理的事実を発見する。たとえば、過去の失敗を繰り返し思い出してしまうのだが、それがこの失敗を克服するために行われていないという事実である。[51] フロイト自身、ためらっている[52]（『快原理の彼岸』を参照せよ）。快が複雑化するという現象があったとしたら、人はこの快を享受できなくなってしまうのではないかとフロイトは問う。彼が考えるには、生のなかにはより根本的な原理、すなわち反復の原理がある。だが彼は哲学者ではない。それでためらってしまうのだ。フロイトというのはあるときには我々を非理性的なものへの回帰の方に引き連れていく人物である。名高いテーゼ、死の本能のパラドクスがそれだ。自己保存本能はまさに死の本能である。つまり、私は自分のものではないあらゆる死を拒否するということだ。しかしフロイトは別のテクストでは心的な反復の独創的な形式を作り上げようとしており、そこでは心的反復は超自我との関連で語られている。

これらの思想家だけで満足しておくとしたら、いまだ概念を作り出せていないこれらの試みにどんな意味があるだろうか？　キルケゴールの『おそれとおののき』では次のように言われる。「私にとって問題なのは反復から変化を抜き出すことではなく、反復を何か内面的なもの、自由の対象そのもの、その至高の関心へと変化させることなのである」。『不安の概念』[53]においては次のように言われる。「習慣は、永遠が反復から消失するやいなや成立する」。重要なのは、心的な反復でもなければ心的現象の機械的な形式（習慣）でもない。より根本的な反復、すなわち、自由に反するのでもなければ心的な生を疎外するのでもない、そのような根本的反復である。この反復は自由と切り離せない。ここで実存主義者との関係が出てくる。心的な状態は何ものかへと向けられている。フッサールについてのサルトルの論文を参照して欲しい。「あらゆる意識は何ものかについての意識である」[54]。意識はもはや内面性としては定義されない。意識は自らを越え出るその時点での超越なのだ。不安はまさしく、他の何ものかに対して向けられた心理的状態であり、その何ものかとは罪に他ならず、この罪もまた単なる心理学的な一状態ではないのである。

真剣さとは、それによって意識が実存の構造へと導かれるような運動のことである。それは心理学を何か別のものと引き合わせる試みである。キルケゴールはこのことをプラトン的な再認に帰着させる。キリスト教哲学は再認との関係を断ち切らなければならないと彼は考えるのである。そこで出てくるのが不連続性である。諸事例は独立している。物理的な反復は対象を理念的には何一つ変えない。物理的な反復は宇宙論的なものとなる。キルケゴールはまさしく心的な反復の概念へと向かう。ニーチェは永劫回帰とともに宇宙論的な解釈に向かって行く。誰もが、弁証法とは異なったやり方、それも彼らに言わせればより具体的な、弁証法に取って代わる方法の可能性をそこに見ていたのである。

キルケゴールは、審美的段階、倫理的段階、宗教的段階の三つに実存の段階を区別する。最初の段階は誘惑の段階であり、モーツァルトのドン・ジョバンニの段階である。耽美主義的な生は反復によってしか姿を現さない。〔ルソーの〕『新エロイーズ』を参照してほしいのだが、作中でサン＝プルーは自らの過去を反復している。ただし、それは物理的な平面で行われている。これは不可能な試みであり、失敗を余儀なくされる。

二つ目の段階は一般性の段階である。われわれは法の領野のなかに足を踏み入れていく。中心的な状況は結婚ということになる。倫理的な反復は未来へと向けられ、諸々の同一の課題が反復され、諸々の同一の美徳が求められる。この段階の失敗を確かなものとしているもの、それが罪である。罪は倫理的段階の只中での単独性と一般性の葛藤を示している。

三つ目の段階は反復がその真の意味を獲得する段階である。この段階ではアブラハムとその息子の犠牲が引き合いに出される。神はアブラハムに不条理なことを要求する。アブラハムは、すべてを再び見出すためにすべてを失わなければならない。弁証法は否定的なものに訴えていた。反復の概念も否定的なものに訴えるのだが、それは別の平面でのことである。キルケゴールが言うには、それは取り戻しの概念、すなわち、心的になった反復の概念であり、もはや反復は自由と切り離すことができない。この概念は何に適用されるだろうか？　反復とは生の真剣さである。

それでは基礎づけは何の役に立つのだろうか？　基礎を規定することが何の役にも立たないとしたら、何故それをこしらえるのだろうか？　基礎を規定することは新たなものをもたらさねばならず、それが反復なのである。心的反復の真理を我々が真面目に受け取るとしたら、これらのことは奇妙に思えるかもしれないが。ニーチェにとっては、基礎を規定することは我々に何か新しいものを届ける。それが永劫回帰である。

ニーチェにおける永劫回帰

ニーチェにおける永劫回帰は極めて多くのものを詰め込まれた概念である。キルケゴールはその反復〔の概念〕をプラトンに抗して鍛え上げていた。キルケゴールは反復をプラトンの想起に対置していた。ソクラテスというのは一度取り憑かれるとなかなか頭から離れない人物である。ニーチェはソクラテス以前の哲学へと回帰することによって、またその回帰のうちで、哲学を乗り越えることを考える。ニーチェはツァラトゥストラに止めどなく語らせ続ける。そして彼の動物たちは永劫回帰について知っている。55 回帰するのは一切であるのだろうか? 一切が回帰するのであり、そして、一切が回帰するという思想もまた回帰するのである。不意に生ずるのは一切が回帰するという知らせである。新しい人の責務とはまさしく、最も古いものを探索することに他ならない。超人とは何が重要なものであるかを知っており、基礎それ自体に敢然と立ち向かった者のことである。

ソクラテス以前の哲学者らにおける永劫回帰は、天文学的、宇宙論的、自然学的という三つの特徴をもっていた。だが、ニーチェは永劫回帰を独自の方法で解釈した。

天文学的な意味。入れ子構造になったひとそろいの天球がある。〔いちばん外側に〕複数の恒星球が、その内側に、互いに他の天球と関係している天球がある〔としよう〕。〔すると〕恒星と関連して天体が再び同一の位置に並ぶ瞬間が存在する。これこそ、ギリシャ人が大年と呼ぶもので、すべての〔天球の〕周期の最小公倍数のことである。この大年は局所的な運動をもとにしている。

　では、自然学的で、宇宙論的な意味の方は、この天文学的な意味と同等であろうか？　こちらの意味は、質に関する真の交互の入れ替わりをもとにしており、世界はこれに沿って、生成と腐敗、誕生と破壊、破局、水、火を経ていく。これが世界の収縮と拡大、そして再開の周期に他ならない。

　エンペドクレス以来、優勢になるのは天文学的な意味の方である。いずれにせよ、プラトンとアリストテレスにはもう既に、われわれが永劫回帰の意味を理解するのを妨げるような一種の合理化があるのではないだろうか？　ニーチェは永劫回帰が真に意味するところを再発見する術を心得ていた。アリストテレスにおいては、永劫回帰はまずは天文学、つまり、入れ子構造になった諸々の天球の運動に結び付けられている。収縮と弛緩の交互の入れ替わりは月下世界[56]に関してしか有効ではない。したがって局所的運動の様式が天体でさえ規則づけるのである。永劫回帰においては、まさにその局所的運動の原理そのものが宇宙論的な原理に従う。ニーチェの驚くべき結論は、一切が回帰するという考えは毒気が抜かれているというものだ。回帰するもの、反復されるものは、その種について言えば類似している（エンペドクレスは既にこの考えに到達している）。ストア派とともに、その本来の真正な内容が取り戻される。永劫回帰とは、ストア派によれば、天体それ自体が質的変化や腐敗に従うことである。その意味するところが天文学的なものになるのは、大分後になってのことだ。この天文学的な意味の方はとても残念な出来である。というのも、機械論的な見方になってしまっているからだ。質についての意味、宇宙論的な意味にこそ優位性がある。永劫回帰を循環と混同してはならないとニーチェは言う。彼はストア派と同じ問題、すなわち機械論に直面していた。彼は、機械論にとってなくてはならぬ観念に抗して戦う。永劫回帰を単純に自然学的な反復に帰着させることはできない。永劫回帰には二つの意味がある。一つは心的な意味、すなわち回帰であり、もう一つは宇宙論的な意味、すなわち我々が回帰の意味そのものを理解するにあたっての出発点となる原理のことだ。

ニーチェにおいては、ツァラトゥストラは実存の関係のなかに入っており、デュオニュソスが生成の秘密である。これは明確に述べることができる関係だ。ニーチェのいくつかの主題には一貫するものがある。力の意志、そして万物は生成であるという主題は価値の概念を伴っている。ニーチェが最初に取り上げたのは生成の肯定である。万物は生成するという考えは、存在という概念の儚さを示している。そこで価値という概念が現れる。我々が安定したものとして捉えているのは、生成から取り出された諸々の切り口であり、諸々の瞬間である。ニーチェにとって価値の理論は、その理論がもたらす価値や欺瞞に対するある種の批判から決して切り離せない。それは論戦的な概念であり、〔価値や欺瞞を〕告発するのである。だが、続いて、価値の概念はその爆発的な性格を失うこととなった。価値の概念は何らかの秩序を問いに付すのではなく、その秩序を保証するのに役立つこととなった。

道徳的、倫理的な問題を超え出るものがある。その超え出るものは力として姿を現す。問題は人間が何を為しうるかを問うことだ。ニーチェには、法や義務は、人間を人間自身のある種の次元から切り離すものと思われた。〔ニーチェによって〕道徳的ヴィジョンが再び導入されることになるわけだが、それはもはや法や義務に基づく道徳的ヴィジョンではない。諸々の実存の様態が同じ価値をもたなくなるのだ（これは一つの可能なる解決策であろう）。

さて、ニーチェの第一の主題は存在と生成の対立であった。価値の概念は生成と力のあいだの関係である。ニーチェの中にはいつも、強者と弱者という考えがある。弱者も力能によって定義されることになるが、弱者もまた極限にまで至ることが求められるのだ。したがって、弱者にとっての価値の度合いがあることになる。『力の意志』で取り上げられるのは柔軟さと精神性である。[57]

意志することの根源が生成の本質と一体をなしているようには思えない。つまり、より根源的な平面があるのだ。問題は生成に特有の存在とは何かを問うことである。この生成の固有の存在とは何だろうか？　それが、ツァラトゥストラとの関係のうちにある永劫回帰に他ならない。ニーチェは生成と生成済みのものを混同してはならないと言う。生成は生成済みのいかなるものにも帰着させることはできない。循環、たとえば季節は生成済みのものだ。このことはつまり、生成の存在があるということである。生成とは、生成の結果としてもたらされるもののことではない。生成とは生成するものの回帰であり、回帰するもののことなのだ。

ここで再び導入されるのが、存在についての理論である。生成のこの真の存在を意味することになるのは最終的には反復である。これこそは生成の結果としてもたらされるものから生成を区別する最良のやり方である。

生成と生成の結果としてもたらされるものとを近づけることはドイツ哲学では恒常的に行われており、それによって何かが失われてしまったというのがキルケゴールの考えである。このキルケゴールの考えは存在の理論の否定というよりも、極めて独創的な創造である。ディオニュソスはこの意味ではツァラトゥストラほど根源的ではない。ツァラトゥストラの秘密は次のように理解できるだろう。すなわち、一切が回帰するが、そこに思考も含まれる、と。この思考によって、我々は反復についての新しい概念を作り上げるよう誘われるのだ。永劫回帰は単なる物理的な反復には帰着しない。思考もまた回帰する。それは心的な反復（意志と義務の和解）であり、宇宙論的な反復（生成するものの回帰が生成の存在である以上、回帰し、繰り返されるものは自然学的なものである）である。

宇宙論的な意味との関係における自然学的〔物理的〕な反復は、永劫回帰の原理との関連によってのみ理解される。それは独創的な概念を作り上げるためのひとつの試みである。

ニーチェにおける弱者と強者の差異はファシストたちが見ていた差異ではない。弱者とは力能が劣っている者のことではない、というのがニーチェの考えだ。身体的な弱者はそれを精神的な力、策略、柔軟さによって埋め合わせることができる。弱者とは、その定義によれば、自身の力能の極限にまで向かわない者のことだ。弱者はあえてそうする勇気がなく、またとりわけ、極限まで行かなければならないということを知らないが故に弱者なのである。こうしたことは理論的な知〔の問題〕ではない。人間としての人間にとって問題となるのは何なのか？　これがニーチェの問いだ。弱者は、絶えず自身の力から切り離されているようなものだ。弱者は法の名の下にそこから切り離されてしまっている。法とは何ごとかをその力から切り離すものだが、それというのも、法は私に、私自身の根本的な可能性を示すと同時に、それを禁じもするからである。たとえば、神と〔知恵の〕木がそうだ。『ツァラトゥストラ』においてニーチェは、ルター派の賛美歌である「神は死んだ」を文字通りに受け取る。我々が反道徳性のなかに投げこまれてしまっているということなのだろうか？　ここで我々は実存主義を再発見することになる。結局のところ二つの実存様式があるのだ。反道徳主義は反道徳ではない。反道徳主義は実存の様式の問題へ至る一つの哲学的見解である。我々は何ごとをも為しうるわけではない。それどころか、我々には、自分たちが強者であったとしても、為しえないことがある。ニーチェは『善悪の彼岸』において、惨めな連中や凡人を強く非難している。何かが道徳に取って代わりにやって来る。我々には、自分たちを欺くことでしか為しえない事柄があるのだ。[58]

第一節の結論

シェストフは「異端審問の犠牲者たち一人一人について、私に説明がなされますように」と要求していた。[59] なぜ、いまここで、なのか？「理性が特異性について何も学んでいない間は、理性が沈黙を守っておりますように」。[60] それは思考の赤道地帯であり、明証性に対する闘争である。「たとえその果てに何もないとしても、思考が極限まで行きますように」。

キルケゴールとニーチェは〔シェストフより〕先に進む。キルケゴールは思考を生のカテゴリーと和解させることを望む。思考は絶対的に異なるものを思考しなければならない。ニーチェにおいて引き合いに出されるのは、ヨブではなくヘラクレイトスである。つまり思考と基礎には一つの関係があり、その関係は我々に何か奇妙なことを告げるのだ。思考は最終的には理性を越え出て、極限にまで至る、と。

これらの実存的な問いによって我々は、二つの実存の様式を区別するよう導かれる。知と無知、真理と誤謬〔の区別〕は、もはや理性の次元ではなく、実存の様式に関わることとなる。ニーチェにおける非本来的な実存の様式とは、つまるところ畜群や俗人であり、彼らは何も知らぬままに時を過ごす。

こうして基礎の観念は実存と引き合わされることになる。すなわち、人間は基礎を露わにするような仕方で実存する（ハイデガー、そしてニーチェのハイデガーに対する影響を参照。また、NRF版『力の意志』第二巻、p. 126、「われら極北の人々」[61]も参照すること）。

シェストフにおいては事情は異なっているのだが、キルケゴールとニーチェにとっては、思考が、基礎づけるものとの直接的な関係のうちにあるだけでなく、基礎づけるものもまた我々に何ごとか、ある秘密をあらわにするのだ。そして、キルケゴールとニーチェにとって、その秘密とは反復以外の何ものでもない。

基礎は何か根本的に新しいもの、すなわち、未来へと向けられた反復をもたらす（アブラハムは、自らに全てのものが返されるよう神に要求する）。

第二節　第二種の問い——あらゆる問題の解決に原理を与える問い（ライプニッツ）

普遍学という考え、すなわち、すべてを解決することを可能にする規則という考えがある。もう一つ別な試みもあって、それは数学的なタイプの試みである。『方法序説』において方法とは、解かれていないあらゆる問題を解く一つのやり方である。ライプニッツは、デカルトは自ら約束していたこと、すなわち「発見の術」を作り上げていないと彼を非難している。ルネサンス期の普遍言語の試みと数学的な試みとを混同してはならない。前者についてデカルトは、ある書簡のなかでこれを次のように批判している。「われわれの推論は言葉に関わるのではなく、観念に関わっている[62]」。

『方法序説』

我々は『方法序説』について、どうも物足りないという印象をもつ。デカルトは例の転覆について告げた後で、四つの規則をひねり出している[63]。とはいえ、これらの規則はそう思われているほど単純素朴なものだろうか？　デカルトの方法の意味について考えてみよう。

その方法はその本質において数学的であり、しかも数学的でない問題にも適用されうるものである。こうした考え方は一七世紀に極めて頻繁に見られ、スピノザにおいて頂点に達している。これは哲学や形而上学を数学に流し込むことである。この第一の傾向は『方法序説』の後まで続いている。だが、『省察』には何か別のものが介入してきてはいないだろうか？　『省察』の序言には、この本は『方法序説』が提起することのできなかった問題に光を当てていくとある。そこには懐疑とコギトについての〔見解の〕変化があるのではないか？「私は考える、ゆえに私は在る」という言葉は『省察』には見られない。そこにあるのは、「疑う私」、「私は考える」、「私とは考えるものである」といった言葉だ。[64] 奇妙な置き換えが行われたのだ。数学的方法に代わって、形而上学的基礎が置かれているのである。

古代の解析学は図形を考察することを余儀なくされていた。近代の代数に関して言うと、こちらは規則と数字を考察することを余儀なくされており、それがこの代数を難解にしている。デカルトはこれらすべてを整理してみせると主張する。デカルトはこれらの難解さ全体を貫く、隠されたひとつのまとまりを発見してみせると主張するのだが、それこそが統一性と一般性という二つの意味をもった関係の概念である。数学においては、問題を解くのと問題を立てるのとは同じことである。問題には常にそれに相応しい解答があるが、その解答は利用可能な記号体系とアルゴリズムに応じて決まるものである（ローマ数字で足し算をしたり掛け算をしたりすることの困難さを考えてみるとよい）。

運動が伝達されているときには何かが保存されているという考えは、経験に由来するものではない。デカルトはこの問題に答えて、（そこに見出される定式）はmv（質量×速度）だと言っている。これに対しライプニッツは、「デカルトは間違っているのであって、その定式はmv^2（質量×速度の二乗）だ」と述べることになる。なるほど、確かにデカルトは誤っている。[65] だが、ライプニッツがそれらの実験をより適切に行ったのは、彼が微分法の体系を利用できたからである。この解析なくしては、mv^2と答えることはできなかった。利用しうるアプローチの様式と科学的成果を分けることはできない。我々がそのことを忘れてしまうのは、幼児期の、教育によってもたらされた経験のせいである。学者が学校の生徒のような存在でないことは言うまでもない。

　するとデカルトの方法は問題を別の仕方で提示する手段なのであり、このことによって普遍的方法がもつ方向性が明確になるのだ。重要なのは、あり得べき事例の全体が一挙に提示されるような数学的問題を構築することである（古代ギリシャにおけるパップスの問題[66]を参照されたい。デカルトは『幾何学』のなかでこれを取り上げている）。それまで、その問題は各々個別のケースの水準で解かれていた。デカルト――それをやったのは彼ひとりではないのだが――は解析幾何学を発明し、ありうべき事例の普遍性を一挙に提示する。デカルトがそれを成し遂げるのを可能にしたのは、実に奇妙なものである。『省察』の「第二省察」に、一片の蜜蠟についての驚くべきテクストがある。蜜蠟においてはすべてが変化しているというのに、私は、それは同じ蜜蠟だと言う。そうしたことはいかにして可能であろうか？　しばしば主張されていることとは異なり、存続しているのは延長ではない。デカルトが延長の観念を発見するのは「第五省察」に至ってのことであるのだから、そのように言うことはできない。ここにあるのは論理的な議論であって、実際にテクストの上でも「これは延長なのだろうか。いや、そうではない」と言われている。したがって、この節において問題となっているのは、同一性の判断を基礎づけるのは何かということである。そこにじっととどまっているのは、確かに延長である。だがこの同一性の判断を基礎づけているのは延長ではなく、コギト、すなわち思考である。この節はコギトの説明であって、その意味でこの節は首尾一貫しているのだ。

〔蜜蠟の変化についての〕結論は以下のようになる。同一性の判断を基礎づけているのは思考である。思考〔思惟〕を想像力と混同してはならない。想像力は有限個の事例しか考慮し得ないからである。パップスの問題を再び取り上げよう。古代の人たちは想像力だけを使ってパップスの問題を解決していた。思惟は想像力を超え出る。だが、思惟と想像力の関係は奇妙なものである。というのも、思惟が思惟それ自体を思考するときを除けば、思惟が想像力なしで済ませることはできないからである。最も純粋な代数的思惟は、座標上の幾何学図を我々の想像力に関わらせるが、とはいえ、この代数的思惟が想像力と同じものであるわけではない。デカルトこそが、想像力に対する思惟の超越を明らかにすることになる。

なぜデカルトの先人たちは思惟を想像力に無理やり従わせたのだろうか？　彼らの体系について考えなければならない。解析幾何学の新しさとは、幾何学と代数学の対応という秘密である。古代人はこの対応の体系を探求していたが、幾何学における異質性の考えが彼らの探求を邪魔していた。フランソワ・ヴィエト[67]の業績のなかに偉大な原理がある。二つの数[68]は足したり引いたりすることができ、その結果は均質なものとなる。だが掛け算においては異質な結果が生じる。

古代における馬の首馬具の逸話がある。ある日のこと、騎兵であり考古学に明るいルフェーブル゠デヌエット[69]——彼は司令官であった——がやって来て、〔馬を描いた〕陶器を目にした。そこには車と馬を繋ぐ器具が描かれていたが、その器具は馬の肩ではなく首にかけられていた。ルフェーブル゠デヌエットは、古代人たちが馬の力のほんのわずかな部分しか使っていなかったことに気づいた。彼はすべてを理解した気になった。こうして彼は、奴隷制度が動物の力に取って代わることになる理由を理解する。この発見は、一度実現されてしまえば、我々にはもはや当然のことのように思われてしまうのではないだろうか？デカルトはあらゆる累乗を線として扱うことになるのだが、ここでもまたこのことが考えられなければならなかった。『精神指導の規則』[70]においてデカルトは、「絶対的なものは延長だが、延長において絶対的なものは線である」と言う。これだけでもう全てが言い尽くされている。デカルトの発見の実践的な帰結は方程式の革新である。それまでは、未知数が複数ある方程式は間接的にしか解くことができなかった。デカルトはこの進歩を数学にもたらしていながら、既にあったものを発見していない。彼は新しい表現の体系を見つける。[71]記号はそれが表象するものによっては定義されず、その記号が可能にする操作によって、つまり記号が入っていく方程式の体系によって定義される。

こうして方法の諸規則は新たな意義を得る。

第一の規則。明証性を探すだけでは十分ではない。まず、その明証性が意義をもつ領野を見つけていなくてはならない。明証性が意義をもつのは、諸々の観念が、〔真理の〕基準に帰されるかのように明証性に帰されうるときのみであるが、しかもこれも、諸々の構造の異質性が乗り越えられる場合に限られている。対応する諸々の観念が明証性の基準に関係づけられるような領域に身を置かねばならない。デカルトの革新がひとたびなされたあとでしか、明証性が真理の保証になることはないのだ。[72]

第二及び第三の規則。表象に関する二つの内容の差異は程度上の差異でしかない。ここでもまた、このことは先の革新を前提としている。記号の領野において、デカルトは問題の定立そのものへの道を開いていた。だが先に見たように、デカルトの著作には数学的方法から形而上学的基礎への推移がある。『方法序説』では、「私は考える、ゆえに私は在る」は明晰判明のモデルとして現れる。この「ゆえに」は〔論理的な〕推論ではない。これは実際には真理の一例であるのだが、関係という形で提示された、諸々の数学的な例の一つである。この「ゆえに」は認識の順序のうちに生じる必然的な関係を特徴づけている。『省察』ではこの定式はもう現れない。なぜだろうか? 第一の定式だけで既に、デカルトの思想についての観念論的解釈を拒絶するには十分である。「私は在る」には「私は疑う」にある以上のものがある。デカルトは思考よりもより根本的な一つの存在を定立している。思考が自らを超え出て一つの存在へと向かうのだが、思考はこの存在の属性である。認識から存在へと向かっているのだ。このときに我々は、思考を事物化したとしてデカルトを非難することはできない。事物〔res〕とは実体である。ここにすでに進化の跡が見えないだろうか？「私は考える、ゆえに私は在る」は、我々を存在へと移行させる。デカルトは、認識それ自体の対象同士を結びつける関係に還元できない、形而上学的な基礎の領野を発見する。デカルトの両義性はその文体の明晰さの代償なのである。

この基礎の水準で我々は何を学ぶのだろうか？　二義性はコギトの水準だけでなく、観念という語の水準にも見られる。明晰判明な観念という概念ほど曖昧な概念も珍しい。それは例えば、延長であり、延長の規定であり、それに続いて、神の観念であり、「コギト」の観念である。観念の形式そのものに差異がある。三角形の観念が根本から把握されると、このときこの観念を定立する主体は観念を超えている。このような観念はコギトへと差し向けられる。神の観念は概念されるだけであって、把握されない。私たちは無限を把握することはできない。神の観念は続けて現前を表明する。この場合、観念は現前そのものである。デカルトにおいては結局のところ、この二つの方向はうまく折り合わされていない。二つの方向のうち、一方は著作において、もう一方は書簡において見られるものだ。書簡では、神は永遠真理そのものの創造主であるとデカルトは言っている。〔伝統的な〕存在論では、純粋な本質は神の知性に先だって存在すると言われていたのだから、これは奇妙な考えである。本質それ自体が、単なる存在者の身分へと帰着させられているわけだ。ここから帰結するのは常に、認識の秩序よりも根本的である存在の秩序の肯定である。数学的真理は神の自由な行為によって創造される。

デカルトは三つ問題を残している。ひとつは論理の問題である。明晰判明な観念とは、現前する観念であるとデカルトは述べる。不明瞭さや乱雑さは観念の傷ついた状態を示すものだ。だが、その傷ついた状態は現実の他の諸要素によって埋め合わされてしまうため、そのことは気づかれない。デカルトとデカルト主義者の関係はどうだろうか？　スピノザとライプニッツには十全な観念というものが見られる。彼らが立てる問いとは、「真なる観念に現前しているのは何か？」というものだ。スピノザやライプニッツは明晰判明な観念を超えて十全な観念へと向かう。ライプニッツはデカルトのことを「急いで進みすぎる」と非難している。スピノザはデカルトを「安易に過ぎる」（「明晰判明」という語を濫用している）と非難している。では、真なる観念においては何が現前しているのだろうか？　観念はその本質において記号表現《サンボリスム》であり、表象ではない。デカルトはそれを数学的な観点から語っていたのであって、形而上学的基礎の観点からではない。この二つ目の点（形而上学的基礎の観点）を探求したことこそ、ライプニッツの偉大な独創性である。したがって、デカルトにおいて基礎の規定は、観念が何ごとかを表象するという数学的方法に比べると遅れてやって来るものなのだ。明晰判明な観念についての問いはスピノザとライプニッツを通じて新たな意味を獲得する。観念は表現的なものになる。重要なのは、表現的関係を出発点として規定される基礎それ自体の新しい規定だ。これが、記号体系との直接の関係において発見されることになるのである。『方法序説』は数学的機械論を提示していた。その機械論は、延長をもつ二つの事物の間には、程度・形象・比率・運動以外のいかなる差異もないとするものだ。延長は、休止状態にある慣性質料として考えられていた。それに運動をもたらすのが神だ。『哲学原理』では、デカルトは属性と実体のあいだには理由〔根拠〕の差異があると述べている。[73] デカルトが言うには、延長をもつ事物は静止中の慣性質料以上のものである。

三つ目の困難は実体の概念に関わっている。デカルトにとって事物〔res〕とは何なのだろうか？　形而上学的基礎という観点から見れば表象に過ぎないものを観念と見なしている点にこそ、デカルトの曖昧さがある。或る哲学者がこの水準でデカルトを引きついでいるのだが、それがルネサンスの象徴作用の理論を再発見したライプニッツに他ならない。真なる観念において表現されているものとは何か？　複合物は単純物によって象徴的な表現を行う、とライプニッツは述べている。

ライプニッツと表現の概念

ライプニッツには奇妙な著作がある。それは数多く残された書簡である。その中で彼は自らの哲学を文通相手の水準に合わせて開陳している。多数の水準が互いを象徴的に表現しあっている。ライプニッツは形而上学においては充足理由律を発見している。物理学では力を発見している。そして奇妙なことに、この二つの成果は相互に依存している。同一律、充足理由律、合目的性、不可識別者同一律、連続律といったひと揃いの原理のおかげで解決される問題群が、驚くべき仕方で構築されている。ライプニッツは諸々の問題を構築するにあたってこれらの原理を活用しているのだが、それらの問題は最終的には普遍学を象徴的に表現することになる。

物理学についていえば、ライプニッツはデカルトが誤りを犯したことに気づいている。保存されるのはmv^2〔質量と速度の二乗との積〕である。これは単に事実の問題なのだろうか？　マルブランシュもまたそれがmv^2であることを知っていたが、彼はそこから、デカルト哲学にとってはこのことは結局のところ重要ではないという結論を引き出している。反対にライプニッツにとっては、延長が実体ではないことを確認するにあたってはそれで十分である。彼は、相対的なものと絶対的なものを混同したとしてデカルトを非難している。保存されるもの、それは相対速度である。

二つの物体AとBがある〔そして二つが衝突するとしよう〕。Vを衝突前のAの速度とする。

Yを衝突前のBの速度とする。
Xを衝突後のAの速度とする。
Zを衝突後のBの速度とする。

保存されるのは$V - Y = X^2$であり、ただ二乗（平方）であることのみがVが正であることを保証している。保存されるのは作用力の量である。それだから、その瞬間において定められた力は未来の結果の理由なのである。延長ではなくこの力こそが実体である。延長は現象の次元に属していることになるだろう。力は延長において表現される。力は実体、すなわち統合力、力動性《ディナミスム》であり、物理学とは全く異なる次元に属している。ここから、延長の脱実体化というライプニッツの主題が出てくるのだ。「何が表現されているのか？」という問いに対しては、物理学の平面の上で既に回答が出されている。延長はたしかに複合物だが、無限に分割可能である。その平面に留まる限りは、単一なものを見つけることはできない。これは複合物の平面の上で単純物を見いだすことができると主張する原子論への批判である。たしかに単一な要素はそこに存在しているけれども、これは質料的な統一体ではなくて、力動的な統一体である。力とは延長の理由に他ならない。形而上学的探求がこれを確認することになる。なぜならライプニッツは、述語の主語への内在という力によって表現されることになる充足理由律に出会うことになるからだ。

「第三省察」においてデカルトは、神は世界をその瞬間ごとに創造していると我々に語る。したがって、時間の根本的な非連続性があることになる。ある瞬間は次に来る瞬間の理由には決してならない。連続創造の神学は幾何学的な表象を作り上げている。したがって、自然は機械論的な学に服することになる。なぜなら、自然には力能や潜勢力はないからだ。世界そのものの中ではすべては延長と運動であった。物理学の幾何学への還元があったのだ。ある時間Tに一つの物体があるとしよう。この物体が不動のときと運動状態にあるときとの間の差異は何だろうか？　デカルトにとってはいかなる違いもない。だからこそ、mvという結果が見出されるのは、デカルトと同じようにして運動の問題が立てられるときだけなのだ。ライプニッツにとってmv^2が意味しているのは、延長を越えたところに力があるということだ。運動している物体は、その瞬間Tにおいて異なっている。なぜならば、運動するこの物体は未来の諸瞬間の理由として、より遠くに行く力を含んでいるからである。力は未来の諸々の状態の原理を含んでいる。ライプニッツは微積分法によらなければ、mv^2を発見することはできなかった。静止は無限小の速度でしかなく、二つの物体の間には差異がある。静止は運動の特殊なケースである。したがって、力と未来の諸状態との関係は微分的、積分的なのである。（1＝1/2＋1/4＋1/8…）[74]

ライプニッツにとってのデカルトの大きな誤りとは、延長と実体を混同したことである。デカルトは最も根本的なものである力を考慮しなかった。カントのそれとは大分異なるにせよ、ライプニッツをもって現象についての重要な理論が創設される。

その革新は著しいものである。延長と実体は相反するものであるにもかかわらず、両者を保持し、混同したとして、ライプニッツはデカルトを非難することができる。「延長を越えたところ」とはどういう意味だろうか？　一方に力があって、他方に延長があるのではない。延長は必然的に措定される。力が延長を要請するのである。ライプニッツは記号表現にひとつの地位を与えている。延長とは力の表現である。すると、デカルトの機械論には、それ自体の理由〔根拠〕が含まれていないという結論が導かれる。イングランドの化学者ボイルとスピノザとの間で書簡のやり取りがあった。[75] ボイルはスピノザに固定硝石と硝石精という二つの物体についての研究成果を送り、自然においてはすべてが機械的に生じることがはっきりと分かると述べている。[76] スピノザはボイルに、これはわかりきったことをわざわざ説明する無駄骨だと答える。延長を実体に仕立て上げてしまったデカルトの誤りを乗り越えるという新たな課題が出てくる。機械論は正しいのだが、その比率そのものの理由が必要なのだ。ここでスピノザはライプニッツに対立し、本質という概念を立て直している。「なぜこの比率であって他の比率ではないのか？」という問いが存続している以上、固定硝石の本質と硝石精の本質が確かに存在しているのだ。スピノザによれば、問題になっているのは合目的性からは決して引き出すことのできない理由であり、この理由は最終的に機械論を否定することになる。ライプニッツは逆に、そうした理由を合目的性のうちに見出すことになる。ライプニッツは真っ先にあの古い論証を導入する。最大と最小による証明が最良のものだという論証のことである。可能な最大の結果を手に入れるための最小の手段、といった論証だ。

すべては機械論的に生じるのであるが、機械論はそれ自身のうちに自らの理由をもたない。ライプニッツは基礎の新たな本性を規定しつつある。その基礎とは理由のことである。物事の理由とは表現されるもの、自らを顕すものであり、すると、自らを顕すものを越えたところで存在を探求しなければならない。自らを顕すものの存在があるのだ。

ライプニッツの言う「実体への簡潔な道」は、『モナドロジー』の最初のページに記されている。「複合体があるからには、単一なものがなければならない[77]」。ライプニッツは原子論とデカルト主義に抗して戦っており、また、『純粋理性批判』におけるカントの有名な第二アンチノミー[78]〔正定立「単一なものがある」、反定立「世界において単一なものは何もない」〕に〔既にこの段階で〕戦いを挑んでいるのだ。

ライプニッツは原子論に反対する。彼も若いころは原子論を信じていたし、原子論への共感を失うこともなかった。彼は精神の原子論を欲していた。原子論は延長を分割し、単一な物体、すなわち原子に出会う。原子ないし点に対する批判とは、これらの概念が空虚だということである。というのも、これらが延長を含んでいる以上、矛盾しているからである。点は運動によってしか〔図を〕描けない。デカルトはこのことを決定的な仕方で明らかにした、とライプニッツは言う。[79] しかし、だからといって単一なものなどないと言えるのだろうか？ 延長の平面上では確かにそう言えるのだ、とライプニッツは答える。単一なものは複合体とその本性を違えている。単一なものは、延長において生ずるものの理由のようなものである。この別の本性とは何だろうか？ おそらく、この単一なものは力の本性に属している。複合的なものは単一なものの顕れ以外の何ものでもない。自然をよく読み取り、諸々のしるしを解き明かすことが重要なのであり、そうすれば、我々は現れているものの存在を把握することになる。これはカントにとっては不可能なことである。力は延長との関係において真の実体を表現しているけれども、この真なる実体は形而上学的なものである。それは力が今度は延長になるような世界である。ライプニッツは、いかなる存在も理由をもつと言う。また時折彼は、〔出来事の間の〕連関の基礎は概念のなかにあるとも述べている。あるいはまた、真なる命題はすべて分析的なものだとも。何かが与えられると、原理はそれを別のもの、すなわち必然的な理由であるところの原因との関係のうちに置くよう我々を導く。充足理由とは、したがって、原因には欠けているものである。第二の表現はここに由来する。

　理由とはいかなるものであるのか？ それはまさしく理由のなかにこそ見出されねばならない。「カエサルはルビコンを渡った」を参照しよう。ここには概念をもつ二つの名辞がある。ルビコンを渡ることはカエサルという概念の外にあるのではない。そうではなくて、その渡河の理由はモナドに、概念としての主語に内在している。「AはAである」という命題は真であり、われわれに同一性の形式を与え、分析的命題そのものを与える。したがって、逆に言えば、真なる命題はすべて必然的に分析的ということになる。概念はその主語の外にあるものを含んでいなければならない。物事の外部性は、〔概念の〕内部性の中に現象の平面を見出すことになる。つまり、もはやカエサルにおいてではなく、カエサルの概念において〔現象の平面が〕見出されるということである。モナドは充足理由と個体性の統一となる。現象は概念の内側にある。カエサルというモナドのなかに、カエサルがルビコンを渡ることは含まれていたのである。〔これは〕現象に関する、諸連関、諸関係の超越である。「各々のモナドが世界の全体を表出している。」

どのようにして、事物間に関係があることが可能なのだろうか？　実体は個体的である。各々の概念は世界の全体を表出している。世界とは、概念それ自体の内部性である。ライプニッツの天才であった所以は、概念から個体を作り出したことにある。

理由とは、起こることの全体を含んでいて、対応する対象に帰属させることができるものである。したがって、概念はもはや一般的観念ではありえない。それは個体の概念なのだ。この概念は個体それ自体にまで及ぶ。世界の観念のなかに、主語という語がもちうる全ての可能な意味が集中している。主体性の観念は、命題の主語を通して、認識の操作を通して展開されるのである。

延長が力を表現するように、相対的なものは実体的なもの、すなわち諸々のモナドおよびモナド間の関係を表現する。ライプニッツが現象に与える哲学的な地位規定はこれに由来する。現象はしっかりと基礎づけられている。この絶対的な世界によって我々は、一つの多元的な世界を思い描くよう導かれる。その世界はそれを表現する諸々のモナドの外には存在しない。各々のモナドが世界全体を表現している。こうしたわけで、モナドは一つの系列の法則なのである（数学的な形式では、1＝1/2＋1/4＋1/8…となる）。[80]

すると何が起こるだろうか？　諸々のモナドを互いに区別するものは何か？

ライプニッツの最初の回答はとても奇妙なものである。各々のモナドはまさしく世界全体を表出しているのだが、それだけでなく世界の一部分をも明晰判明に表出しているというのだ。この世界の一部分とは例えば、カエサルの身体と関係する世界の部分のことだ。明晰判明というデカルト的な概念は根本的に刷新されている。というのもこの概念が表出概念の理論に従属させられているからだ。各々のモナドの視点はその個体性と切り離せない。だが、この経験的身体とは何だろうか？　それはモナドの視点の表出に他ならない。ライプニッツはこうして言葉を投げかける人に応じて、二枚舌を使い分けるのだ。和解は神の水準でなされる。ここから、同じく対話相手に応じて全く異なった仕方で提示されることになる「予定調和」という奇妙な考え方も出てくる。この調和は諸々の魂（モナド）のあいだ、あるいは諸々の個体概念のあいだの関係を規則づける。世界はそれを表出する各々のモナドから独立しては存在しないのだから、世界の存立についての問題はすべてモナド同士の関係のなかに存している。世界の外的な存立を基礎づけるのは、諸々のモナドの内的な調和である。ライプニッツが言うには、身体というのは世界の多元性である。精神的な原子論を作らなければならない。モナド、それは精神の自動機械である。それは、〔精神の〕機械的自動性か自由かという二者択一を乗り越えるためのひとつの試みである。

モナドの永遠の視点から見るといったい何が起こっているのだろうか？　表出は何ものかを表出するわけだが、その何ものかはその表出なしには存在しない。これは常に外在性についての問題である。世界が各個人に対してその外部にあるものとして現れる――ルビコン河を前にしたカエサルのためらいのように――のは、私がそれであるところの各モナドが他のモナドとの関係のうちにあるからであり、自らの時代との対応関係が存在するからである。この水準においてはもはや選択の余地はない。論理的な整合性は錯乱したものとなる。このとき空間と時間は、可能なる共存在の秩序と可能なる継起の秩序とを表出する。かくして、世界はしっかりと基礎づけられた現象として現れるのだ。ライプニッツの形而上学は、哲学史における最後の偉大なる神学である。

〔ライプニッツの形而上学における〕原理の働きを見てみよう。その最初の困難は、同一律と充足理由律の厳密な関係に関するものだ。基礎という観念は同一律より以上のものを要求する。哲学は、「在るものは在り、在らざるものはない」というパルメニデスの一節をもって始まる。これは一見したところ同一律に適っている。そこから出発して存在者を考えることのできるような一つの原理を哲学は要求する。アリストテレスは「哲学の問題があるのは、存在があるときだ」と述べている。そのことを我々に可能にするのは同一律（AはAである）なのだろうか？　在るものは在り、在らざるものはない。二つ目の困難は無矛盾律である。ヘーゲルは、「AはAでない」という無矛盾律を、「AはAである」という同一律[81]の派生物として扱おうとしても無駄だと指摘していた。そこには還元不可能な新たなもの、すなわち否定性がある。二つの否定が相殺されるにもかかわらず、否定を否定した後でしか肯定に戻ることはできない。ヘーゲルにとって、同一律は原理というよりも原理の要求である。否定を否定した後でしか、存在することの原理を基礎づけることはできない。こういうわけで、パルメニデスの定式は、その見た目ほど明晰なものではないのである。当の同一性とは別のものを通して再び見出される同一性のようなものがある。これはライプニッツの問題と同じ問題ではないだろうか？　充足理由律は同一律を前提としているが、充足理由律は同一律から導かれる帰結とは全く別のものである。ライプニッツが言うには、真なる命題すべては分析的であるから、充足理由律は同一律を前提としている。だが、充足理由律は同一律の逆である。[82]あらゆる同一性は存在者のなかに見出されるのだが、そのためには、存在者の実在性を否定するのとは別の原理が必要となる。実在性の原理はそれ自体だけでは見いだされ得ない。こういうわけで同一律は本質についての規則なのだ。カエサルとルビコンを渡ることとの同一性を証明するに至る分析は神にとってもまた「無限」である。但し、神にとってカエサルは現働的なのであり、神は一瞥でそれを摑み取ることができるのだ。

二つ目の原理は目的性あるいは最善の原理である（概念間の調和を参照）。ここから、諸々の可能世界の中の最善の世界という考えが出てくる。したがって、この原理は本質そのものから顕れ出ている。各々の本質は可能であり無矛盾である。この可能性に関連して、この本質は存在へと向かうのだが、それでもやはりこれらの本質は互いに共可能的でなければならない。

連続律は個体的な各々の概念とその属性との関係を表出するものである。したがって、各々の原理は互いに他の原理を表出している。不可識別者（同一）の原理が、他のすべての原理をまとめている。「各々の事物が自らの概念をもつ」。同じ属性をもつ概念は二つとない（カントは「感性論」にもとづいてこの考えに非難を浴びせている）[83]。

充足理由を援用するこれらの一群の原理は何を意味しているだろうか？

第二節の結論

(1) 普遍記号学の哲学。

(2) あらゆる具体的な問題においてライプニッツが見出した原理の働き。デカルトの法則においては、期待されるほどには二つの場合〔mvとmv^2〕が異ならないこともあるとはいえ、それらの運動の結果は異なっている。ライプニッツにとっては、これらの〔デカルトの〕法則が誤っていることを証明するにはこれだけでも十分である。

(3) ライプニッツにおける多大なる曖昧さ。彼はいつも、充足理由は同一律とは大きく異なるものだと感じている。この原理は諸事物の同一性を見出すことができないという点で不十分なのだ。基礎の規定は確かに同一性を前提しているが、しかし、事物と同一性を関係づける原理がなければならない。本質をなすものが基礎として現れるような仕方で、本質と存在の関係そのものの概念を変えねばならなかった。『大論理学』においてヘーゲルは次のように異議を呈している。ライプニッツが充足理由の領野を発見したことは称賛に値するが、それを同一化の原理から導き出したのは間違いだというのである。

デカルトにおける形而上学的な基礎の領野と数学の領野については上述のとおりであるが、その観点からみると、ライプニッツにおいてはデカルト的な曖昧さは姿を消し、また乗り越えられている。ライプニッツには、自分は絶対知や普遍学を再び基礎づけたのだし、理由それ自体が与えられる原理の作用そのものに関わるこの方法を自分は使い尽くせるだろうと思えた。

以上のようなことがわかって初めて、ライプニッツの重要なテクスト『事物の根本的起源について』を理解することができる。

そこでは、二つのことが問われている。一つ目は、「なぜ何もないのではなく何ものかがあるのか？」であり、二つ目は、「なぜこれであって他ではないのか？」である。これら二つの問いは世界内のあらゆる問題を解決する規則として役に立つことになる。第一の問いには同一律によって支配された本質の領野が、第二の問いには充足理由律によって支配された存在の領野がそれぞれ答える。

ライプニッツにとって哲学をするとは、これらの根本的な二つの問いを定立することである。ライプニッツの神学的な発想の全てはここに依拠している。第一の問いは、本質の存在そのものから回答を受け取る問いである。これら二つの問いこそ、ライプニッツが立てたすべての問題の水準で見出されることになる問題に他ならない。これら二つの問いには、すべての回答の規則が既に含まれている。ところが、この水準でもまた我々は同じ困難に出会う。この二つの問いは等価であろうか？　なぜ第一の問いから始められるのであって、第二の問いからではないのか？　それは、ライプニッツにおいては本質が存在に先立つからである。この二つの問いはそれでも等しく正当であろうか？　どちらもしっかりと提起されているだろうか？　ここには論理的な原理の驚くべき構成がある。問題が正しく立てられるための諸条件に対する真正なる批判がある。しっかりと基礎づけられている問いは第二の問いだけではなかろうか？　基礎についての問いの独創性は第二の問いのなかにあるのではないだろうか？　この問いは絶対的合理主義においては直接に扱われるものになっていた。我々が見てきたとおり、この問いは問題の可能性の条件の批判であった。

こうしてカントの『純粋理性批判』が現れることになるのだ。それまで知というものは、問題に対して与えられた解答に沿って評価されていたが、カントは「偽の問題があるのではないか?」と問うことになる。

第三節　第三の種類の問い――批判的な問い

哲学における誤謬の概念

『純粋理性批判』の動機とは次のようなものだ。思考は根本的で不可避の錯覚に引きずられてしまう。錯覚とは、我々の情動が思考にもたらす反応を言っているのではない。思考が思考にもたらす影響が錯覚なのである。デカルトにとって先入観とは、我々が単に思惟する存在ではないという点に由来するものだった。つまり錯覚の原理は身体に由来する。それに対し、純粋な思惟はある錯覚に陥るけれども、その錯覚は思惟の内部にあるというのがカントの考えである。こうして導き出されるのが「超越論的錯覚」である。これは経験的な錯覚ではない。理性こそが純粋な思惟の陥る錯覚を引き起こす。それゆえ錯覚が消え去ることは決してありえない。錯覚が我々を欺かないようにすることだけが必要になる。

この錯覚は理性の本性に属しているのだ。すると弁証論というのは、超越論的錯覚の運動であると同時にその錯覚の自覚でもある。これこそは哲学の真なる転回である。カントは真理についての理説は全面的に改められなければならないと告げる。十七世紀の合理主義者たちは、思考それ自体はその本性において正しいのであって、真理を気にかけ、真理を欲するものだと考えている（デカルト、マルブランシュを参照）。彼らは故に、誤謬を単なる事実として解釈する。我々が誤るのは、我々がただ思惟するだけの存在でないからだ、と。方法こそが、人間本性を思考の本性に結びつけるのに役立つ。こうして真理についての理説は方法の構成を要求することになる。

カントにとっては方法は十分ではない。問題は全面的に変更される。カントがそうして得られる諸々の帰結を最後まで突き詰めたのかどうかは問われねばならないだろうが、いずれにせよ、カントは真理が問題に資格を与えると考えたのである。錯覚は思考が偽の問題を提起するよう仕向ける。ここではあらゆる点で古典的合理主義との断絶が見られる。

この原理は他の思想家にも見出される。つまりこれは単に理説の問題ではないということだ。スピノザにおいては真理はそれ自体で真である。誤謬は積極的なものを一切もっていない。神のうちではすべての観念が真である。カントにとっては思考はその本性においてて正しいわけではない。だが、ある意味では、いかなる哲学者も我々に合理主義の弱点を示唆しているのではないだろうか？　プラトン『国家』第七巻[84]を参照しよう。そこでは

「無知なる魂」についてのプラトンの主張が述べられているが、ここには誤謬の純粋な概念以上のものがないだろうか? ソクラテス以前の哲学者たちの「狂気（マニア）」というものも、誤りを犯すこととは全く別のものなのだ。

プラトンは「教育（パイデイア）」を要求する。思考はまずもって真理が存在している領域ないし領野に身を置かねばならない。つまり思考はそうした領域で自らの使命や自らの生来の本性を見いだすのではなくて、そこで〔イデアの光によって〕目をくらませられることではじめて開始されるのだ。思考は真理が存する場所に強制的に連れて行かれねばならないのである。[85]〔それとは反対に〕合理主義者達は思考は真理と関係をもつと考えている。最も優れた問題設定はどれだろうか? プラトンにおいては、我々は実存に関わる言葉遣いで思考へと誘われる（魂の意識が置かれた状況が問題にされている）。

真理についての理説の手直しが必要である。

第一の課題はカントおよびカント哲学の伝統によって実現されたものだが、これは思考と真理が互いに内在しているという考えを疑問に付すというものだ。

第二の課題は方法という考えの代わりに陶冶〔自己形成〕という考えを置くことである。真理は思考の外に存しており、自らを認識させるためには、思考を束縛しなければならない。カントはこのことをしっかりとは分かっていなかった。真理は思考の外に存しているのである。たとえ我々が天使、つまり真に思惟する存在であったとしても、事態は何も変わりはしない。

真理はもはや観念に資格を与えはしない。それは何ものかとして定義されねばならない。真理とは存在である。

なぜカントは二つ目の点が分かっていなかったのだろうか？　それはカントが、存在は認識の対象ではなく、認識は現象に関わるというテーゼを抱いていたからである。だが、この点〔上に言う第二の課題〕は、錯覚に関わるもう一つの点〔上に言う第一の課題〕が必然的に意味するところなのだろうか？

欺瞞を告発することこそが重要である、とある種の思想家たちは言う。まずはデモクリトス、ついでエピクロス、ルクレティウス。彼らにとって告発さるべきは欺瞞である。これはニーチェ、マルクスにまで続く伝統だ。彼らは人間は疎外されていると語る。この企てを哲学の水準に移し替えるとすれば、人間は自身の力能、自身の可能性を奪われ、そこから引き離されているというようなことになるだろう。カントの探究に劣るデカルトの水準においてはどちらか二つに一つである。いずれにせよ、偽の問題という考え方はカントにおいて現れる。ベルクソンにとって偽の問題はすべて、より多いものをより少ないものに取り違えることにその本質がある。カントにとっては偽の問題は、主観的原理を客観的原理と取り違えることにその本質がある。なぜ無秩序ではなく秩序があるのか？　なぜ無ではなくて何かがあるのか？　ベルクソンに言わせればこれらは偽の問題である。なぜならこれは、「虚無は存在よりもより少ないものである」や「可能なものは存在を前提している」といった公準の上に立脚しているからである。可能なものについてのベルクソンの論文を参照して欲しい。[86] 我々は「可能なものは存在よりも、より少ないものである」と思っているし、したがって「可能なものは、存在するもの、あるいは現実存在するものに先行している」と想定している。実際には、可能なるものの観念の中にはより少ないものではなくて、むしろより多いものがあるのだ。

錯覚とは積極的なものである。錯覚は自覚されても破壊されない。誤謬を打ち負かしたところに真理が勝ち取られると主張するところに古典哲学の考えがある。〔しかしカントによると〕錯覚は思考の本性によって引き起こされるのだ。ここが、十七世紀の合理主義者たちとの対立点である。

ベルクソンがカントと同じことを語っているというのは実に驚くべきことである。ベルクソンはある点ではカントほど先に進んではいないが、別の点ではより遠くにまで進んでいる。カントほど先に進んでいない点とは、ベルクソンにおいて錯覚が心理的な理由で説明されているという点である。カントは実践的行為〔の概念〕を使って、錯覚がもつ超越論的な根を見出した。錯覚の源泉は、思考そのもの以外のどこにもない。『純粋理性批判』の後半部は、その全体がこのテーゼによって作り上げられている。錯覚の源泉が超越論的であるのなら、錯覚は単なる経験的な根（人間本性の事実）ではなく、形而上学的な根をもっと言っても同じである。だがそうすると次のように言っても同じことだ――形而上学は錯覚である、と。形而上学はありえない。それは破壊されうる。これは一方から他方への非常に驚くべき移行である。

ベルクソンにとって錯覚は相当に単純である。錯覚とは結局のところ、思考がより多いものをより少ないものと取り違えるということである。古典的な形而上学の問題は偽の問題である。

形而上学を批判する二つのやり方がある。

真面目ではないやり方。これは形而上学とは別のものの名において（たとえば科学の名において）なされる科学主義的な批判である（既にヒュームのような経験主義者たちが行っていた「人間科学」を参照）。

真面目なやり方。マルクスにおいては形而上学の代わりに科学を据えることではなく、形而上学を乗り越えることが問題となっている。哲学の実現と死とは、すなわち、形而上学の実現と死である。ハイデガーを参照しよう。ハイデガーは今日、カントを引き合いに出し、形而上学を乗り越えんとする自らの企てについて語っている。

形而上学の乗り越えとは何だろうか？

ベルクソンによれば、思考はより多いものをより少ないものと取り違える。すでに見た古典的な問いは可能なものが先だって存在することを前提としている。つまり、ある物は存在することもしないこともできるものとして把握されているわけだ。そこでベルクソンは、可能なものは実在するものに対して二次的であることを示す。プルーストが存在しなかったとしても、文学は何も欠くことにはならなかっただろうが、ひとたび彼が存在してしまったならば、そのようには言えなくなる。可能なものというのは、実在するものを操作することであり、それによって実在のもののイメージが過去のうちに投影されるのだ。

無秩序と虚無という観念についてのベルクソンの批判も同じ意味をもっている。虚無というのは、存在とその存在を否定する否定を足したものである。虚無、あるいは無秩序という観念はもっぱら行動に関係している。存在の中により多いものがあるわけではないように、虚無の中にもより少ないものがあるわけではない。そこから、より多いものがより少ないものと取り違えられてしまう。これらの問いが取り消されることで、形而上学が乗り越えられる〔というのがベルクソンの考えだ〕。

カントにとって、錯覚の形式はより根本的である。カントは超越論的な根に到達しようとする。錯覚の定式とは何だろうか？　錯覚とは主観的原理を客観的原理と取り違えることにある。カントは、主観的なものと客観的なものを取り違えることが誤謬なのだと言いたいわけではない。彼は原理について語っているのだ。彼は何を言おうとしているのだろうか？　それを理解するためには、主観性、つまり超越論的主観性についての彼の考え方を考察しなければならない。われわれは経験的主体であるが、そうであるだけではない。

絶対的な真の主観性、それは何だろうか？　主体でしかない主体は客観的なものには対立しない。主観的なものとは、現象に適用されることで客観的となるもののことだ。

カントにおいてはいくつかの条件が認識を可能にする。認識は認識された対象には帰され得ない。なぜなら、認識された対象はすでに認識の諸条件を含んでいるからである。これらの諸条件は主観的である。すでにここで、対象を認識の対象として基礎づけ、この対象の認識への従属を必然的なものとする、そのような超越論的主観性が問題になっている。

分析論の第二部がこれに答える。[87]経験の諸条件は同時に経験の対象の諸条件でもある。現象とは現れるもののことである。認識するとは現れるものを単に把握することなのだろうか？　正確にはそうではない。現れるものとは感性的な諸性質の流れである。認識するとは、これらの性質を、何ごとかを形容するものとすることである。カントは、認識の相関項である対象＝Xについて語っている。[88]こうした諸条件は一方で感性（空間と時間）へと差し向けられるが、他方では自発性に差し向けられる。これがカテゴリーである。カントにおいては主体と客体の真の統一がある。つまり認識と認識されるものの統一である。但し、この統一は主観的である（私に現れるがままの客体）。ではそのときの正統な認識の主要な規則とは何だったか？　現象の認識以外には認識は存在しない。物自体についての認識は存在しない。認識は経験の中にしか存在しないのだ。

カントのテーゼの第二の側面。カントはそこで直観と概念とを区別する。現象とは直観である。すなわち、空間と時間は、そこにおいて現象が現れるような直観を形づくる。現象を規定するカテゴリーの方は、時間と空間のなかで任意の対象として現れる。認識は概念と直観によってのみ可能である。私がそうした概念を自由に用いることができ、しかもその概念の対象を直観のうちに産出できる、そのような場合にのみ正統な認識が存在する。カントは我々に、それこそが数学と物理学の定式であると示すことになろう。数学的概念とは直観それ自体における対象の構成規則である。数学と物理学とはすなわち正統な認識の体系でそれでもやはりこうした規則に帰着する。物理学もまた、別様に進むとはいえ、あり、したがって、第二の結論には、別の定式、すなわち、ヌーメノンについての認識はないという定式が応答する（ヌーメノンがほとんど誤読と言ってよい扱いを受けていることに注意せねばならない）。カントには、物自体とヌーメノンがあるが、カントはことある毎に、それらについての認識は存在しないと述べている。〔そうすると〕物自体とヌーメノンを同じ様に取り扱ってしまうおそれがある。これは誤読よりも悪質である。それは誤読とすら言えないからである。ヌーメノンとは純粋な思惟である。仮にヌーメノンの認識があるとすれば、それは純粋概念によるものであろう（〔もちろん〕純粋な直観によるヌーメノンの認識も存在しない）。この純粋概念による認識は、古典主義者がいつも形而上学的認識と呼んでいたものである。だからカントはそれを繰り返し述べることはないわけだが、それは確かに同じものであるとはいえ、ある観点からみれば異なっているのだ。物自体はヌーメノンと呼ばれるけれども、純粋概念による認識が可能であるならば、物自体がそれであるはずのもの、それがヌーメノンなのである。「主観的なものは、現象に適用されてはじめて客観的なものになる」。認識の主観的原理は、現象としての認識の客観性を基礎づける。経験の外部にある対象を認識するためにカテゴリーを用いるとしたら、それはカテゴリーの濫用である。世界としての経験の総体を、私は世界として扱う〔神を世界の原因とするのは、〔諸能力の〕不当な行使である〕。

理性の錯覚は、その外ではカテゴリーが不当になってしまうような境界の外に我々を逸脱させてしまうことにその本質がある。実体としての自我、世界、そして神は、カントによればカテゴリーの不当な使用を含んでいる。それにもかかわらずこの三つの理念には意味があり、また十分に基礎づけられた根拠をもっている。純粋理性のこれら三つの理念は根本的に主観的な意味をもっており、理性に属する理念であって、現象に関わる悟性のカテゴリーではない。ただ、理性もまた悟性そのものに関係はする。理性とは原理に従って諸規則を結びつける能力である。これらの理念が正統な意味をもつのは、あくまでも、私がこれらの理念は主観的であることを忘れないという条件においてのことだ。それらは統整的な原理であって、構成的な原理ではない。悟性は確かに主観的なものに属しているが、現象に適用されることで客観的になる。したがってカントは、錯覚の起源の消極的な根、すなわちカテゴリーの不当な〔使用の〕根を発見しただけでない。錯覚は不可避でなければならなかったのである。

カントはそれゆえ第一の平面では形而上学を批判しないのだが、にもかかわらず〔問題となる認識は〕数学的で物理学的な認識に限られている。意識はこの錯覚を自覚しなければならない。ここから弁証論が出てくる。つまり、錯覚を生み出す運動とそうした錯覚を告発する運動は一体をなすものであるのだ。なぜなら、その告発[89]は錯覚を消滅させはしないからである。ここにカントが批判と呼ぶ驚くべき課題が開かれる。観念は自らに一致する対象を定立するし、私はその観念だけでその対象を認識できると主張する。批判とは、機械論の解体であり錯覚の告発である。錯覚としての形而上学が消滅することはありえないが、それは批判に従属させうる。実際には新しい形而上学を作り上げることが問題になっている（ヘーゲルを参照して欲しい）。古典主義哲学を思い出してみよう。そこには哲学全体を貫く二つの世界の峻別があった。カントにとっても未だ本質が残っているが、それは認識の対象ではない。このときから哲学は、本質を発見するのではなく条件を規定するという課題を背負うことになる。いかなる条件において、数学や物理学等々、あるいは道徳は可能であるか？　カントは仮象という概念に換えて〔現象という概念を〕置く。現象とは条件づけられたものであり、現れである。同じやり方で根本的な転換が行われる。条件という概念が本質という古典的な概念と交替しに来るのだ。

形而上学は論理学になる。なぜなら、形而上学はいまや条件の規定であって、本質の発見ではないからだ（その後のカントの後継者たちを参照して欲しい）。二つの世界など存在しない。ある意味では、我々はここで本質への回帰に立ち会っているのだが、もはやそれは古典主義的な意味での本質ではない。本質とは、それに対応する現象の意味そのものである。形而上学は論理学になるのだ。

第三章の結論

問いというものは実に奇妙であるように思われる。

実存に関する水準においては――ここでは実例を挙げただけだったが――、問題となっていたのはすべてに対して説明を要求することだった。ライプニッツの水準では問いは二つあり、三つではない。批判的問い［の水準では］（『純粋理性批判』の序言）、知は自らを可能にする条件のもとで働かなければならない。

基礎には三つの側面があった。

第一の側面。概念と主体性との闘いと対立がある。そこでは問いは極限に至っていた。主体性の観点から見て極めて興味深いこの闘いは、自らに対応するものを反対の関係という形でもっていた。概念が含意していたのは主体性の消滅である。プラトンにおけるイデアは人間の虚しさを含意していた。

第二の側面。ライプニッツの形而上学的問い。今度は概念は個体にまで至る。基礎は充足理由として姿を現すが、それは基礎が展開されて絶対知の規則になるという条件のもとでのことである。

第三の側面。カントは絶対知という考えを弾劾しているが、この考えの代わりに、知の批判という考え、あるいは知の諸条件の規定という考えが置かれることになる。だが、カントによって告げられたこの形而上学の廃墟は、新たな形而上学の規定に場所を譲ってはいないだろうか?

基礎に関する新しい規則とは、条件と条件づけられるものとの同一性である。ポスト・カント派の哲学者たちは、条件と条件づけられるものとの関係をある一つの概念の中で規定しようとしていたのではなかったか? その概念とは歴史である。〔この点で〕シェリングはカント、ヘーゲルを批判している。

第四章　原理の基礎

問いは基礎づけるものへの呼びかけであった。われわれは問いの三つの構造を見出した。

(1) 間接的であるような回答を告発する実存的な問い。基礎に関していえば、この基礎は回答を沈黙させるものだった。この基礎の操作はパラドクスのうちに存していた。

(2) 普遍的な原理に従って、可能なる問題への解決策のすべてをもたらしうる学へと我々を導くことができると主張する問い。

(3) 基礎が定立される際の諸条件についての批判を要求する批判的な問い。

基礎のこの三重の機能において、その〔基礎の〕概念は絶えず二つの極のあいだを揺れ動いている。基礎は事物それ自体の原理として構想されねばならないのだろうか？　それとも、事物についての我々の単なる認識のために構想されねばならないのだろうか？　二つの極とは方法と体系である。

方法の基礎とはすなわち、事物についての我々の認識の原理である。

体系の基礎〔とはすなわち、事物それ自体の原理である〕。

基礎に関して、方法的な考え、もしくは体系的な考えを提示することには理由があるのだろうか？　哲学の歴史がこの二つの極のあいだを揺れ動いているだけに、この問いはなおさら重要なものである。

第一節　方法と体系

この二つの概念は何を意味しているのだろうか？　それらの外的な特徴ですら、これら二つの概念を対立させている。ヘーゲルの『精神現象学』に付された緒論こそは、方法論に対立する体系の大いなる宣言に他ならない。それによれば、方法とは探求のための考え、見るための考えである。

方法は常にひとつの原理として姿を現す。方法とは道具（オルガノン）である。アリストテレス以降、方法についての著作はオルガヌムと呼ばれている。ベーコンの『新オルガノン』を思い起こしてみよう。これは並外れた本である。その全てに壮麗な隠喩が見出される。ベーコンがシェイクスピアの著作を書いたと考えられていたのも頷ける。そこにあるのは、もはや手段と目的というパースペクティヴではなく、全体と部分というパースペクティヴである。ストア派は世界について、それは体系であると言った。方法も体系も原理を引き合いに出すのだが、方法にとっては原理とは事物の認識の原理であり、体系にとっては事物それ自体の原理である。

体系は方法の理想だと言うのはあまりに安易である。そのような物言いは、方法と体系のそれぞれが別々に原理を引き合いに出しているのを見過ごしてしまっている。方法は事物の認識の原理を要求する。そしてこの原理は第一のものとして姿を現すのであって、仮に事物それ自体の原理のようなものがあったとしても、それに従属するものではない。体系は方法を組織体（オルガニスム）へと差し向ける。道具＝器官（オルガン）[90]を、一定の方向性を与えられた諸手段のまとまりとして理解することはできない。組織体は全体と部分の連結からのみ理解される。

方法を方法と見定めるための基準として次の三つの事象がある。

(1) 開始の要請（デカルトの『方法序説』にある諸規則を参照されたい。そこには「単純なものから始める」とあった）。

体系においては開始は拒否される。体系は循環として現れる（『精神現象学』、『大論理学』、五〇～六〇頁を参照[91]）。ヘーゲルにとっては、方法というのはその内容が常に外からやって来るようなものであり、それに対して体系の方は、外部からやって来るいかなる内容にも訴えかけない。体系はそれ自身が自らの基盤なのである。

なぜ開始は見せかけのものなのか？　なぜなら、開始は絶対的な直接性として定立される何かを要請することであるからだ。媒介も無媒介も含んでいないものなど存在しないのである。

「学（知）にとって重要なもの、それは開始ないし純粋な直接性であるというよりも、第一のものが最後のものになり、その逆に最後のものが第一のものになるような絶対的に閉じられた循環をその総体が表すという事実なのである」[92]。

(2) 節約《エコノミー》の原理の要請（古典主義的合理主義から出発して展開されることになるそれ）。これについては、当時、神学の水準で分析された手段と目的の関係がある。神の水準でこそ節約の原理は見出される。例えば悪の正当化である。悪とはすなわち最大の効果を得るための最小の手段である。では奇跡はどう考えられるだろうか？　悪の矯正というのが節約の原理の欠陥なのだが、これについてはマルブランシュを参照してほしい。神は方法にしたがって行為するのである。

体系のもう一つの特徴、体系が我々に与えるもう一つの印象とは、概念のあり余る程の豊かさ、過剰である。方法のやり方の簡素さに、概念の旺盛なあり方が対立している。すぐれた生物学者は、我々が有機体としては何もかもを過剰にもっていることを思い起こさせてくれる。例えば、オランダの生物学者ボイテンディクは「鳥は、自然淘汰が許す以上に唄う」と言っている[93]。

このように体系には概念のあり余る程の豊かさがある。ガブリエル・モノー[94]の悪趣味な冗談を参照しよう。「概念は貧しすぎる」というものである。実際は逆だ。実在するものが概念全体を満たすことはない。愛の概念を参照しよう。恋をしているどんな人でも「私は愛されている」などと口にすることはできない。概念はいたるところで実在するものから溢れ出てしまう。概念はそのうえ対象の意味をも含んでいる。概念は無意識、与えられていない次元を含んでいる。最小限の手段に対して、概念それ自体の根本的な過度というものを対立させねばならない。

(3) 術策と虚構

〔デカルトの〕方法の規則。第三の規則において、お互いにどちらかが先行しているとは言えない事物の間にも順序があると装うところにまでいかねばならないと言われている。ライプニッツの場合、方法においては虚構、すなわち想像上の記号を使わなければならないが、そうした想像上の記号は続く段階でその数を減らされていく。

したがって、方法を用いる人間のいつまでも終わることのない運動というものがあるのだ。「私はこれだけのものを、こんなにわずかなもので手にいれたんだ。分かるかい?」というわけだ。

ヘーゲルは次のように述べている。「体系には根本的な狡智が含まれており、この狡智は方法の術策とは正反対のものである」[95]。彼は「私は体系にとっては取るに足らないものだ」と述べている。衒《てら》った言い方をすると次のようになる。「知は狡智である。なぜなら、知それ自体は、自らの対象のなかで自らを見失いつつも、この対象が生成して全体のうちの一つの契機となるのを、すなわち、この知のなかで対象が反省されるのを目にするからである」。ヘーゲルはそのように述べる。体系とは聖母マリアになされた告知に他ならない。

このように〔方法と体系の〕考え方が対立し合うのであれば、当然、論争が予想される。体系に対する方法からの非難の中で、本質的なものは次の三つである。

体系とは自らを神だと思い込んでいる人間である。というのも体系は絶対知と切り離せないからだ。体系は人間の条件を超え出るための手段を求める呼びかけを伴っている。方法は人間に自らの条件を引き受けるよう促す。スピノザにおいて、第三種の認識とはすなわち神との一致である。なるほど、人間の条件は依然として残っており、人間は自然の一部をなしている。人間の条件には常に受動性が見いだされよう。だが、それでもなお人間は、人間の条件に由来する諸々の欠陥を払い除けることを可能にする手段があると考える。ベルクソンは「哲学とは人間の条件を超え出るための努力であるはずだ」と述べている。[96] 方法はこの条件に潜在するものをことごとく実在化する。

第二の異議は政治的性質をもつ。正しいかどうかは別として、哲学者たちは体系の中に人間にとっての一つの危険を嗅ぎとる。体系は政治的専制と結びついているからである。体系は全体主義的なものである。ヘーゲルについて粗雑な誤読をするのは避けるべきだとしても、やはりヘーゲルはプロイセンの体制の中に、自らの哲学が実現されていく契機を見ていた。また、シュペングラーも『西洋の没落』において、体系は往々にして全体主義体制と結び付くと述べている。

第三の異議、すなわち第三の欺瞞。体系は常にア・プリオリなものを引き合いに出し、単なる経験を軽視するように思われる。シェリングが言うには、体系は裏口から経験を再導入している。体系はすべてを正当化するのに適していると思われる。実際、体系は事実上の必然性を理性的な必然性に仕立て上げる。事実と理性の同一性（ヘーゲル）は事実と権利の許しがたい混同として告発されるのである。たとえ誤っているように見えたとして、これら三つの異議には応答しなければならない。

逆に体系は、方法を次の二点で非難する。

方法は常に二重の外部性を存続したままにさせるので、哲学はその真なる目的を失ってしまう。

方法には二つの極がある。ライプニッツの『確実性についての方法と発見の技術に関する序説』[97]を参照しよう。デカルトは発見の方法（一方の極）と確実性の方法（もう一方の極）を混同していたと述べてライプニッツは彼を批判している。発見の方法は既に発見によって別個に産出されていたものを、独自の手段を通じて再発見したり再現したりできると主張する。人間は自然界において、自らに先立って存在する状況のうちにある。人間は自然界で別の形式で彼に対して与えられていたものを〔自らで〕発見する。機械論とは自然界において与えられているものを、人間が独自の手段で再現するための手段の総体である。デカルトが生物学に立ち向かっている驚くべきテクスト（『世界論』）がある。「私はここにある有機体があると想定するが、私の問いはこうだ。どのようにしてこの有機体を再現することができるだろうか？」人間は自然が作り上げたものを機械論のおかげで再現するのだが、とはいえ、このことは自然が機械論的に働いていることを意味しない。いずれにせよそれは別の問題である。方法が再現の独自の規則である限りにおいて、方法の要は機械論ないし機械と呼ばれる独自の規則である。第一の外部性はすなわち、自然の外部性を前提している。

第二の極とは確実性の方法である。

自らの仕事の発展そのものにおいて、デカルトは第一の極から第二の極へと移ったように思われる。まずもって発見の方法であり、それに次いで良識（bona mens）に関連づけられる。方法とはまず『精神指導の規則』では、方法は技術者に関連づけられている。方法における変化とは、方法が確実性をその根本的な極とするようになることだ。デカルトが行った学全体への数学の拡張が対象としていたのは、数学の手法ではなくて、数学的な確実性である（デカルトは数学の手法があらゆることに対して適用可能であるわけではないことを知っている）。発見の方法はある種の本性を前提としていたが、確実性の方法もまた同様であった。思考の純粋な本性を人為的な手段によって見つけ出すことが問題なのだ。デカルトが言うには、思考の正しい本性というものがあるのだが、思考する存在である我々はそうした本性にとって対等の立場にいない。方法は［そのような状況にある］我々に差を付けるものだ。方法によって、思考する存在［我々］は純粋な思考に追いつくところにまで高められる。したがって、これら二つの場合において、方法は常にあるひとつの本性を前提としている。それゆえ、「方法においては目的への合致は常に外的である」というヘーゲルのこの文句の正しさを認めなくてはならないのだ。体系の優位とは、それが体系および自らの対象の真の内部性に達する術を知っていたということである。つまり、発見の方法はすでに別の仕方で生み出されていたものを独自の運動によって表象している〔に過ぎない〕。

デカルトの普遍学は〔発見と確実性の〕どちらの側にあるのだろうか？　ガリレオは物質と本性の統一といったものも存在すると考えている。デカルトからすれば、それは認識する主体の統一である。「すべての学は人間的な英知に他ならず、この英知は、その適用対象がどれほど異なっていようとも、常に一つであり、常に同じものであり続ける」[98]。デカルトにおける単純な本性〔という考え〕を参照されたい[99]。円に内接した三角形はその三角形そのものに劣らず単純である。したがって、単純性がかかわるのは対象ではない。認識する行為のこうした単純性を現実化する方法とはどのようなものだろうか？　思考に向かって姿を現す諸々の対象をことごとく超越する、そのような思考の本性が存在する。問題は、方法によってこの本性に追いつくことである。というのも、われわれの本性は思考の本性と同一ではないからだ。「諸々の対象が互いに先だったり、先立たれたりしているわけではないような順序を前提にしなければならない[100]」。

これこそ体系による方法への批判がしっかりと摑んで離さないものなのだ。体系は全面的な内部性を引き合いに出す。カントが言うには、有機体と機械が区別されるのは、機械には形成作用をもったエネルギーがないからである。

体系の内部性は二重である。

(1) 体系のパースペクティヴにおいては、再生ないし実現は事物の運動そのものと一体をなす。スピノザを参照されたい。

(2) 思考とその対象の内部性と相互性。思考のひとつひとつの形象に、対象の或る種の類型が対応している。

方法はそれが常に再現しようと、あるいは追いつこうとしている自然を絶えず参照する。方法は外部にある自然を引き合いに出すのだ。体系は内的な生、あるいは包摂された歴史を引き合いに出す。体系は体系そのものを経巡る生や、体系を展開する歴史といったものを引き合いに出す。ここから、生物的な諸部分の体系に結び付けられた契機という考えが出てくる。

第二節　方法における原理と基礎

総説

デカルトは「真なる方法は必然的に分析的である」と述べる一方で、「異論に対する反駁においては総合的[101]な方法をも用いているが、それはあくまで説明のためのものだ」とも述べている。

次のような問いを考えてみよう。もし人間が神であったなら、人間は総合的な仕方で事を図ったであろうか？ おそらくそうしただろう。デカルトはそのことを確信していないのだが。その際、総合的方法はいずれにせよもっぱら神の手順を構成しているものである。人間にとって分析は、人間が置かれた状況、そしてその本性ゆえに、採用しうる唯一の手順である。

スピノザは総合的な方法を引き合いに出す。『デカルトの哲学原理』を参照されたい。スピノザは〔この著書の中で〕、デカルトが実際には採用しなかったやり方でデカルト哲学を説明していくことになる。『エチカ』は総合的な手順で説明を行う。だからこそスピノザは神の視点に自らを置いたのである。（第一部、『神について』）

カントは総合《ジンテーゼ》を用いたことで知られている。だが実際には、総合はなおも別の何かに依存しているのであって、分析こそが根本的なものである。カントは『プロレゴメナ』と「超越論的分析論」においてそのことを説明している。分析は超越論的になることによって、我々にとっての総合の原理となる。ここにこそカントとデカルトとの違いがある。

ポスト・カント派がこの歴史を繰り返す。ザロモン・マイモンとフィヒテはカント哲学をもってカント哲学への批判を行うが、この批判は並外れて豊かなものだ。彼らはカントの批判の理念を実現しようとしている。彼らが言うには、カントの偉大な業績は超越論的なものを発見したことにあるが、カントは総合的方法の高みにまで達するに至らなかった。カントにおいては、基礎はもっぱら仮言的な判断に結び付けられたままである。カントはいつも、事実として捉えられた事実を、物理学や数学と呼んでいる。『実践理性批判』においては、道徳の事実、つまり習俗が問題になる。カントは理性の事実である道徳法則にも言及している。カントはそこ〔事実〕から出発することで、これら諸事実の可能性の条件を探るのだ。カントにとっては、ある事実が存在するのなら、その事実を可能にする諸条件がなければならない。カントの功績は超越論的なものを発見したことであるが、彼は超越論的なものの本性を理解しなかった。フィヒテにとってみれば、超越論的発生がなければならなかった。超越論的なもの〔の探求〕は、前提された諸事実の条件を探求するだけであってはならない。超越論的なものは出来合いのものとして与えられてはならないのであって、それ自身が、条件づけられたものの発生でなければならないのだ。

フィヒテは総合であるような幾何学的方法を要請する。マイモンはカントの仮言判断を定言判断に変化させる方法を準備する。このように、彼らに共通の主題とはカントの方法を発生論的な方法ないし総合的な方法に置き換えることである。

このように方法はその本質において分析的な足取りで進むものである。人間の精神は探求の順序において、総合によって物事を進める手段を有していないのだとすれば、分析は人間精神にとって唯一可能な手順である。超越論的なものの水準において総合がありうるとすれば、そしてフィヒテとヒュームが正しいとすれば、その場合には哲学は体系である。

ベーコンにおける学のイメージ

これはプラトニズムの極めて奇妙な解釈である。人間は神と同じ状況になど置かれてはいない。神にあっては、行動は認識の直接の帰結のようなものである。神は諸観念を統率しており、神の行動は諸観念を組み合わせるところにある。その記号は文字である。観念とは文字なのだ。それが神のアルファベットである。したがって神の手順は総合のそれである。ヴォルテールが『哲学辞典』でAという項目について書いていたことを参照しよう。文字の総体を指し示すための単語がないというのは奇妙なことだ[102]。アルファベット〔a〔アルファ〕、b〔ベータ〕〕〔という名称〕は、まるで数字を1、2と呼ぶようなものである。

ストア派は意味をもたない語を指示するのに意味のない語を使っていた。それはギリシャ語で「ブリテュリ Blituli[103]」であった。何らかの弦楽器の音や、ストア派によれば意味をもたないとされる語、不条理を指示する不条理な語——不条理そのものではない——がそれにあたる。そして意味をもたない語はいかなる規則にも属していない。ヴォルテールにとって、意味をもたない語というのはアルファベット〔という語〕のことだ。技術の中の技術〔と呼ばれるべきアルファベット〕は、意味をもたない語によって指し示されているというわけだ。

　人間の置かれた状況というのは、出来合いの世界のなかに存在しているということだ。ベーコンは認識の代わりに行動を置くことを要求したりはしない。そうではなくて、どうやったら人間が別の手段によって真理にたどり着くことができるのか、それを問う。ここにあるのは正反対の手順である。すなわち、人間は行動することで認識するというものだ。人間は行動することによってしか、真なる認識を見出すことはできない。重要なのは複雑なものの覆いを取ることであって、その特徴を見出すことではない。分析と総合は相反する二つの操作ではない。人間はある中間地点で立ち止まらなければならない。その中間地点とは、人間の状況に関係する原理であるところの、中間的公理[104]である。

　デカルトは存在の順序と〔認識の〕理由の順序を混同してはならないと述べていた。無限なる神の観念は第三省察において発見される。コギトは認識の順序にあっては確かに第一のものであるけれども、存在の順序では第二のものだ。コギトは神を前提している。〔だが〕方法が引き合いに出す原理は、認識の順序の原理に他ならない。方法にはその持ち前がある。つまり、原理が第一のものなのである。

中間的公理は諸観念（存在の諸特徴）に対しては第二のものであるが、認識にとっては原理なのだから、それは（第一）原理である。

これらの公理とはどのようなものであろうか？

プラトンは分割を提案していた。つまり、ある題材から出発して、それを優れたものと劣ったものに分割するのだ。『ソフィスト』のなかで、魚釣りに比せられるソフィストを参照されたい[105]。

ベーコンによれば、科学的な実験においてはそのような仕方で手続きを進めねばならない。それこそ彼が帰納と呼ぶものに他ならない。そのような仕方で説明できる独自の関係、すなわち規定関係というものがある。直線はある点から別の点までの最短の道のりである。ここでは何が主部で何が述部なのだろうか？　この定義を次のように翻訳してみよう。「最短」とは、私が線を真っ直ぐなものと規定する際、その出発点となる規則のことである、と。中間的公理とはまさしくこのような規定関係のことだ。最短の道のりは規定の規則である。カントにおいては、アプリオリな総合が、構成のこうした規則である。7＋5＝12を例に取ろう。総合は、一方の7＋5と他方の12の間にあるのではない。これ〔これら二つの間にあるイコール記号（＝）〕は、慣用的な記号ではない。総合はプラス記号（＋）の中にあるのであって、これこそ私が7＋5から出発して12を規定する際の構成の規則である。アプリオリな総合とはこのようなもののことだ。

中間的公理について語る際にベーコンは、差異を規定するのは物理学的〔自然学的〕な規定であると述べている（彼は数学には取り組んでいなかった）。熱の中間的公理とは、私が寒さから熱さを生じさせる際の、その出発点となる規則である。適用された諸々の本質の体系〔本文欠如〕。有名なベーコンの帰納表には現存表、不在表、程度表がある。[106] それは認識の順序そのものの中ではまさしく第一のものである。

中間的公理はおそらく第一のものであったが、事物についての我々の認識の規則はそうではない。水準に応じて異なる意味を獲得しうるのが、この中間的な原理なのだ。

方法の四つの水準

先天的素質の規定。その定式は発見によって再現することに帰着する。というのも、その定式は独自の手段によって作り上げられるからである。自然界で人間が置かれた状況は神のそれではない。何かを再現するとき、人間はただ中間的公理を発見するだけである。

この第一の段階で、方法と機械論の関係が理解できる。機械論とは独自の手段をまとめあげたものである。機械論の最初にある発想は、あたかも自然が機械仕掛けで事を進めているかのごとくにすべては進行するというものだ。機械論は自然界で人間が置かれた状況を正確に説明するものである。

方法は数学を引き合いに出す。人間が機械論的な手段によって物事を再現できるのだとすれば、生まれるがままの自然が行う産出を、単なる無差異な状態の中に放っておこうという気になるのではないだろうか？　但し、世界を寓話として、もろい外部世界として扱うというのがその際の条件である（デカルトの肖像画を参照されたい。〔その絵のなかの本には〕「世界は寓話である」と書かれている）[107]。自然は自らの存在を失っており、事実性のなかに移っている。世界は寓話であり、その意味において数学的構成の管轄のもとにある。

第三の形而上学的水準。これは主観的原理の統一である。方法は認識の原理による規定を引き合いに出す。だが、それで十分だろうか？　方法はまさに認識の原理の規定であり、決して事物それ自体の発生としては姿を現さない。以上のことからすると、方法は形而上学を要求してはいないだろうか？　デカルトは我々が方法によって促されて物事を再現する際の仕方と、物事が自らを再現する際の様式とを混同してはならないと言う。方法はまた形而上学的な基礎を要求するが、この基礎は驚嘆すべき事実を説明するものだ。すなわち、自然はこうした認識の原理に合致しているのである。このようにしてデカルトは、現実との一致を保証するべく、真なる神学、神の誠実さを援用することになる。

原理には次の二つの意味がある。

・それは権利の名のもとに認識を要求する（他の章を参照[108]）。

・基礎という意味においてそれは、所与がこの要求の原理に必然的に従属することを説明する。

主観性の原理は第一の位置を占めるものであるけれども、それは同時に、存在の順序、あるいは基礎そのものの順序においては二番目の位置を占める。それこそが方法という考えの意味である。方法は我々に、存在の順序と認識の理由の順序とを混同しないよう求める。方法は二つの順序を区別することに存している。現代のデカルト主義者であるアルキエは、数ある体系の哲学がこれら二つの項を混同していると考えている。つまり、人間の置かれている状況は両義的であって、人間は思考の対象に対して優位にあると同時に、存在それ自体に対しては劣位にあるのだ。体系の誤りとは、存在と検討の対象とを混同していることである。

二つの順序のこの区別は十分な根拠をもって基礎づけられているだろうか？

この区別は、それが我々に与える解明にとってはおそらくは必要なものである。『快原理の彼岸』には、フロイトが残した謎めいたテクストが見出される。快原理は心的生を支配している。なぜなら無意識とはもっぱら欲望であるからだ。〔だが〕同時にフロイトは、それにもかかわらず快原理の彼岸が存在していることを発見する。それが反復の原理である。無意識は過去を復旧しようと試みる。フロイトがこの反復の原理を取り下げることはなかったが、にもかかわらず、最後の著作である『精神分析学概説』において彼は「快原理は真である」と述べる。こうした矛盾がどうして可能なのだろうか？　それを解明する

ために は、二つの意味を区別しなければならない。

快原理はまさしく心的な生の原理である。だが、心的な素材がこの基礎に従属することを説明する〔もう一つの〕基礎が必要ではないか? こう考えると矛盾は消え失せる。まさに原理の彼岸に原理があるのだ。プラトン『国家』第六巻の末尾〔にある線分の比喩〕を参照されたい[109]。感性界はそれ自体が二つに分割される。感性的な諸々のイメージは水面に映る像である。つまり、イメージはまやかしである。想像力の心理学はイメージの物理学から切り離すことができない。〔線分の比喩では〕叡智界と感性界とのあいだで、〔感性界を二つに分割したときと〕同じ比がとられる。だが、ここには曖昧さが残っていて、二つの解釈がありうる。数学的本性をもつ観念と弁証法的な観念があるというのがひとつの解釈である。もうひとつの解釈は、数学や弁証法は対象を扱う〔二つの〕手法であろうというものだ。数学者は仮定から出発する。数学者は正方形それ自体の存在、あるいは偶数や奇数といったものを原則として想定している。

原理は仮定的〔仮言的〕である〔数学的科学は仮定と演繹からなっていることを参照〕。逆に弁証法においては、仮定から出発することによって非仮定的で無条件な原理にまで到達することができる。ここで問題になっているのは同じ仮定なのだろうか?

原理、とりわけ認識の原理は、認識がひとつの事実であるというところから出発する以上、まさに仮定的である。もし認識が存在するならば、そのようなものがその原理なのだ。

〔こうして〕原理の第一の意味が発見されることになる。

カントは無条件的な原理について語っているが、有用な規定ないしは基礎が存在しうるのはまさにそのときだけである。このようなパースペクティヴにおいては、厄介な問題とは次のようなものだ。いかにして認識は概念的に構想されるか？　認識が表象するのは何か？　認識は自らが依存する主観的原理との関連において一つの方法として姿を現すというのが正しいとすれば、それは認識を基礎づける原理との関連においては方法として姿を現すわけではないのだから、そうなると認識は体系となるのだ。

他の誰よりもこのことを分かっていた思想家がカントである。

第三節[110]　体系とカント的批判

『純粋理性批判』における、「超越論的感性論」、「超越論的分析論」、「超越論的弁証論」は同一平面上にあるのではない。正しく分類するならば、以下のようになる。〔第一部〕「感性論」、「分析論」、「弁証論」をその要素とする超越論的理論。そのうち、「分析論」と「弁証論」は超越論的論理学の部門を成す。〔第二部〕超越論的方法論。これはほとんど理解されていない。カントによれば、この〔『純粋理性批判』という〕書物の全ては、方法を論じた百ページに満たないこの第二部を導入するものであるというのに。

第一部は「方法論」への導入である。

「方法論」の章立ては以下のとおりである。

(1) 純粋理性の訓練

(2) 純粋理性の規準

(3) 純粋理性の建築術

(4) 純粋理性の歴史

第一部は分析である。第一部は分析的であって、これは非常に重要な部位である。この部は方法としての認識を原理に関連づけている。しかし、この方法の枠組みのなかでは、認識は同時に基礎にも関連づけられている。こうして認識はまさに体系となる。カントは全くのゼロから始めることになる。ポスト・カント派は、カントが展開できなかった体系性の実現という任務を自らに課すことになる。

ポスト・カント派とは誰だろうか？　ザロモン・マイモン、フィヒテ、シェリング、ヘーゲルといった人の名が挙げられよう。体系は方法の地位をその根本から奪い取ることになる。ヘーゲルは、「弁証法は方法であるなどと言うのは大いなる間違いであって、それは事物そのものの運動なのだ」とまで述べることになる。総合的かつ発生論的な方法にまで至らねばならない。この時点で既に、事物の体系が事物の認識の方法に取って代わっていたのだ。

カントの分析論

分析するとは分割し、区分していくことである。ここでの問いは、いったい何に分割するのか、というものだ。諸要素に分割する、というのがその答えである。事物から出発し、その条件にまで遡らなくてはならない。こうした手順は依然として分析的なものであろう。カントにとって諸々の要素とはまさに認識を可能にする条件のことである。このような分析はそれが分析するものと同じ平面には留まっていない。条件は条件づけられたものと同じ平面の上には見いだされないのだが、それはどういうことかと言えば、条件は自ら条件づける対象を可能なものとはするけれども、その対象を構成してはいないからである。

なぜカントはこうした要素を手放さないのだろうか？　その答えは「超越論的」という語のなかに与えられている。カントには近代哲学の根本的な着想がある。この「近代的」という形容詞について検討しよう。

デカルト主義者の考えでは、人間には有限性があり、人間と神の関係は十分に明確である。人間（そしてその知性）は有限である。構成する力をもっているのは神の無限の知性だ。認識の限界というこの問題は事実上の問題ではなく権利上の問題である。カントにおいては、無限の知性という観念はその意味を失っている。それは些かも構成する力をもった観念ではない。それは統整的な観念に過ぎない。ここから無限の知性という観念に対する批判が出てくるのであり、〔それによって〕知的直観はないということになる。〔とはいえ〕カント哲学の偉大なる新しさはまだここにはない。カントの新しさとは、有限なものとしての人間の有限性が、同時に、意識と世界それ自体を構成する原理に仕立て上げられることになるという点である。ここにこそカントが近代哲学の最初の人物と呼ばれうる根拠がある。彼は古典的な二者択一を断ち切る。ハイデガーの『カントと形而上学の問題』では次のように言われている。実存と呼ばれるものは、有限性をその本質としているが、この有限性は真の構成的な力と一体をなしている。こうして哲学は次のような奇妙な方向に向かっていくことになる。すなわち、人間は神でなく有限である限りにおいて、世界を構成する力をもつ。カントはこの意味で全面的に〔近代哲学の〕最初の人物なのだ。問題は、このような有限性をどうやって定立するかである。ハイデガーにおいてはそれは実存として定立され、カントにおいては図式あるいは超越論的構想力として定立されている。『創造的進化』においてベルクソンは繰り返し、エラン・ヴィタールが有限であると言うことの重要性を語っている。

構成する力をもった原理とは、〔人間の〕有限性を超え出ること以外のなにものでもなかった。そうでなければ、人間は自らの有限性の枠組みのなかに閉じ込められたままであるし、人間が置かれた状態は必然的に、構成されたものであったろう〔経験論を参照されたい)。

カントは哲学に対してひとつの問題を立て、それを残していった。有限なものとしての有限性が構成する力をもつ〔のはいかにしてか、という問題である〕。カント以前には、主観が対象の周りを回っていた(プトレマイオスを参照)。カントは主観性の次元を発見したと主張する(コペルニクス的転回を参照)。彼は対象に主観の周りを回らせた。重要なのは、人間を神の位置にまで引き上げることではない。反対に、理性的存在は無限性との対立において定義される。理性的存在には知的直観はできない。カントの極めて曖昧な点と豊かな点はここに由来する。カントに始まりハイデガーに至る哲学者たちは人間に神の力を与えている。実際にはカントもハイデガーも人間にそのような力を与えてはいない。彼らは有限性に対し、構成する力という特徴を与えているのであって、人間を無限の地位にまで引き上げようとしているわけではないのだ。

問題はどこにあるだろうか? なぜ『純粋理性批判』で十分ではないのか? 〔ポスト・カント派をはじめとする人々が〕はっきりとした立場に到達するには、一悶着が必要だった。ポスト・カント派は、カントがこの問題に最後まで付き合おうとせず、この問題によって追いやられたはずの諸々の問いを再導入してしまっていると批判している。

ポスト・カント派とカント論におけるハイデガーとの〔間には親和性があるように思われるが、その両者の〕出会いは、カントの企てを再び試みるよう我々を誘う。カントの企ての主要なテーマは、構成する力をもった有限性に関するものであろう。

カントこそは最も根本的な有限性を理性そのものの有限性とし、これを理性的存在がもつ構成作用そのものと見なした最初の人物である。構成する力をもっているのは、概念と直観の二元性である。我々は自分達の受容性に従属するのと同じように、直観の諸条件に従属している。こうしたことはすべて、純粋理性の水準での話である。人間は有限であるがゆえに身体をもつ。デカルトにおいては、コギトはまずもって第一人称（有限性）のもとにある。人間は自分自身の認識の世界を構成している。

ポスト・カント派によるカント哲学に対する三つの異論は次のようなものである。

コペルニクス的転回は十分なものだろうか？　問題となるのは、カントが「私はコペルニクスの夢を見ている」と言う際のアナロジーである。このアナロジーはその形式の観点から検証さるべきものだ。カントはこの意味では間違っていない（ここにはそれほどまでに根本的な展開がある）。〔だが〕素材の観点から見ると、そうはいかない。カントはこの意味ではコペルニクスよりもプトレマイオスにずっと近い。カントは人間を中心に置いている。カントの試みには単純な仮定が残存している。カントは単純な事実性につなぎ止められたままだとフィヒテは言い、フィヒテ自身は発生を探し求める。

カントは諸条件を探求する。例えば認識〔の諸条件〕を探求するわけだが、そこでは、条件的なものの実在を想定することから出発すべきだという考えが前提されている。例えばカントの道徳についてだ。道徳はそこから出発して条件へと遡っていくためのひとつの事実として与えられている。フィヒテはここに経験的事実を見てとる。しかしながら、カントは『プロレゴメナ』の冒頭では次のように述べている。「『純粋理性批判』において私は総合的方法を使っていたのだが、『プロレゴメナ』においては分析的方法を使う。これは広く公衆に向けられた著作だからである」[111]。

フィヒテの頭の中では、自らが為した批判はカントの全ての著作に向けられている。カントの為した区別は、彼自身が思っていた程には明瞭なものではない。〔カント自身は〕一般向けの著作は（たとえば習俗に関してなど）、民衆の意識に訴えかけるものであり〔外的な事実性に頼っているかもしれないが〕、三批判の中には外的な事実は存在しない〔と考えていた〕。

批判書と一般向けの著作の違いは、批判書にはまさに総合的方法があるということだ。これが唯一の違いであろうが、カントはそこ〔一般向けの著作〕では個別の事実、意識の事実から出発している。いずれにせよ、彼は自らが前提とする事実から出発している。そのことを評してフィヒテは「カントは決して超越論的分析の高みにまで到達しなかった。彼の分析はもっぱら逆進的なものである」と述べた。想定された事実からではなく、その発生を手にすることができるような事実から出発しなければならない。それは分析というよりは発生的な方法であろう。フィヒテは「置き換える」という語の重要性を絶えず強調している。意識の行為を意識の事実に置き換えること。カントは純粋な行為の措定にまでは至らなかった。すでに述べたように、カントが自らの目的に達するのは、彼が方法論に到達するときである。カントがマルクス・ヘルツに宛てた書簡や、『オプス・ポストゥム』という実に奇妙な著作を参照してみよう。[112] そこにはカントがフィヒテの方へと、つまりポスト・カント派の方へと舵を切ったことを証明すると思える展開がある。

最も簡潔な超越論的方法論こそが最も重要である。要素の理論は素材の理論である。感性論は受容性の理論であり、論理学は自発性や概念の理論である。これらの理論はどのような建物を作り上げるのだろうか？　それこそが「超越論的方法論」の対象に他ならない。「建築術」には、我々の認識が真の体系へと編成されるための条件が〔見出される〕。我々の認識は雑多な集まりであってはならない。それはひとつの体系を形づくらねばならない。一つの観念の現前、つまり我々の意識は一つの有機的な全体として提示されねばならない。体系はつねにそれに先行する諸々の限界、分析的方法という限界の中に含まれている。カントにおける問題とは次のようなものだ。〔カント哲学では〕分析が超越論的なものとなりつつも体系を排除せず、それを分析に固有の諸限界の中で維持している。つまりこの意味では分析は十分先にまで進んでいない。

「原理」という語については二つの意味を区別できる。すなわち「仮言的〔仮定的〕〔差異〕」と「基礎」〔ここまでの議論を参照〕である。カントにおいて、基礎の規定は仮言的原理の規定よりも根本的であり、それゆえにカントは、基礎の問いが我々をそこへと差し向ける極限にまでは進まないのである。ただただ認識を事実として前提することによってのみ、カントは所与が認識に従属するのはなぜかと述べるに至る。

この仮言的な回り道を経由する必要があるのだろうか？ それはやむを得ない。なぜならこの回り道は体系へと至るものだからである。

カントとフィヒテにおける直観と概念

カントの場合は、直観と同時に概念によって作動する認識のみが、唯一正当な認識である。直観と概念は根源的に異なる二つの源泉をもっており、我々の有限性を規定するのはこの二元性である。我々の悟性が無限ではないことはひとつの事実である。知的直観を拒否するにあたり、根拠とされているのは次の事実である。すなわち、もし我々に知的直観が可能であったなら、我々の悟性は無限であっただろうし、またそれは概念と直観との絶対的統一、言い換えれば主観と客観との、表象と事物との絶対的統一でもあっただろう。我々は可想体《ヌーメノン》も物自体も認識しない。我々は物そのもの、物自体を認識しない。このことは有限な悟性の復権を意味しているのだろうか？ 我々の有限性に関係づけられるような知的直観を構想することができるならば、その場合には、構成する力をもった有限性というものを取り上げねばならないだろう。これとは反対に〔知的直観を構想できないとした〕

カントは間違っていない。なぜ「直観」という語を用いるのか？ 空間と時間はいかなる概念にも還元不可能であろう。判断の外部で与えられた事物の状態こそが直観である。カントが言うには、空間と時間を概念とすることは必ず矛盾に陥る。「私はあいまいだが判明である〔Obscurus sum sed distinctus〕」[113]と概念は言う。哲学の上には多くの神学がある。権利や基礎そのものが、無限の悟性を置くことを前提にしている。カントはあの時点で既に、無限の悟性のある種の再導入のための扉を開いておいたのだ。〔すなわち〕自然がもつ体系的な特徴の説明である。悟性の役割は反省することだけである。但し、この悟性は構成する役割は決してもたない。有限性そのものが、構成的な役割を担うものとして定立されている。

概念と直観が対になっているとすれば、概念だけでは我々に何も認識させることはできない。この二元性は『純粋理性批判』において展開されている。概念は空間と時間を参照し、直観は諸々のカテゴリーを参照する。無限の悟性という考えは全く意味を失っている。受容性と自発性が問題なのである。『プロレゴメナ』においても、「感性論」においてさえも〔次のように言われているのだが〕、ただ一つきりの対象である空間と時間は、一個の同一の概念には還元できない。ある同一の概念には、常に複数の可能な対象がある。これが空間の問題である。一つの概念が与えられると、それに対応する複数の対象が存在する〔ライプニッツの批判を参照されたい〕。それら複数の対象の間の差異は、いったいどのような本性をもっているのだろうか？　空間における差異とは様態上のものである。ここにこそ、時間があり今がある。故に空間と時間は概念の秩序とは別の秩序に属するのだ。『プロレゴメナ』でのみ論じられているシンメトリックな対象のパラドクスを参照されたい[114]。差異はどこにあるのだろうか？　三次元とは重ね合わせの条件である。そこには右左や前後がある。

ライプニッツにとっては、二つの〔異なった〕対象があるそのたびごとに、権利上は、二つの概念が求められる〔不可識別者同一の原理〕。〔カントにとっては〕空間と時間の秩序はどんな概念にも還元することができない。したがって、二つの異なる事物に対して概念は根本的に同一でありうる。

我々の有限性の第二の側面は、超越論的対象一般は〔直観一般の対象としての或るものである〕対象＝Xに等しいということだ[115]。それ自体によって考えられた概念は意識の対象として自らを規定する。対象のための原理とは〔たとえば〕、概念に類似した対象を多様なもののなかに産み出すための構築の体系こそが数学の意味に他ならないといった原理のことである。

第一の問題は、概念はいかにして自らに適合する対象を見出しうるのかというものだ。概念はある対象、何ものかに関連づけられねばならない。すると我々のもとに次のような問題が残る。カントが有限性を概念と直観の二元性に結び付けたのは正しかったのか？

構成する力をもつものとしての悟性の有限性を維持しつつも、概念において、概念と直観の統一を説明する手段があるのではないか？　カントに対するフィヒテの異論が結局は正しいのだ。カントは発生に至らなかった。このような復権は結果として、体系を基礎づけ、基礎を体系として基礎づけることになるだろう。ただし発生を忘れてはならない。ヘーゲルが言うには、体系の自己形成のようなものがある。体系は、人間が神の地位に身を置くことを前提としており、それに対する反論を本章では問題として取り上げたわけだが、今述べた点によってこの問題に答えることが可能であろう。

第四節　有限性と基礎

いかにして超越論的な有限の自己は構成する力を獲得しうるであろうか？　受容性についていえば、それは偶発的な性格であってはならず、自己の本質であるはずだ。ハイデガーの『カントと形而上学の問題』に次のような一文がある。「人間よりも根源的なのは、人間における実存〔現存在〕の有限性である」[116]。有限性は経験的自然を出発点に理解されてはならない。

ポスト・カント派において現れ、未だ完全には探索されていない三つの分析の方向がある。

ザロモン・マイモンは、雄大さと悲惨さとを行き来するような、非常に浮き沈みの激しい奇妙な人生を送った。彼はラビであり、放浪を好み、ひどい貧困のうちに死んだ。マイモンにとって重要なのは、無限の悟性と有限の悟性という二元性に代えて、内的な二元性あるいは形而上学的な二元性を置くことである。有限それ自体が問題となる。それは意識と無意識そのものの間の二元性ということになるだろう（ただしフロイト的なそれではない）。

カントの概念は経験のあらゆるバリエーションを規定しているわけではない。例えば、我々は因果性のカテゴリーの名のもとで、現象が法則に従っていることを知るが、しかし、このことは当の現象が個別のどの法則に従っているのかを私に教えてはくれない。そうであればこそ、『判断力批判』は『純粋理性批判』においては宙吊りのままになっていたこの問いに応えようと試みるのである。〔しかし〕カントは真の発生を与えることができなかった。カントは構築の現実性によってこそ概念の超越論的な可能性が基礎づけられると考えていた、という理由でマイモンは彼を批判している。〔マイモンによれば〕この可能性の方が構築に先立って存在していなければならない。構築はこの可能性を露わにするに過ぎないのだ。マイモンは構築の内的な原理を発見することを求める。こうした原理はカントには見いだされないのだろうか？『純粋理性批判』では図式論が、「自然の秘密のなかに深く隠され、埋められている」[117]と述べられていることを参照しておこう。これだけでもう既にマイモンが求めていたものであるとは言えないだろうか？　ある概念はそれ自体では自らの対象を規定することはない。構想力の行使であり、それと同じぐらい生産的でもあるような規則が必要になる。ドイツロマン主義を参照しよう。ノヴァーリスは、構想力が世界を構成するものになると考えた。だがマイモンは、まさに構築こそが概念の可能性を保証すると言う。マイモンの考えでは、概念の内的な原理が発見されれば、そのときには概念と直観というカントの二元論は乗り越えられる。このように、マイモンによる要請は実にすぐれたものだ。彼は数学と物理学に関連する二つの回答を相次いで与える。第一の回答は規定可能性（あるいはときとして規定作用）の原理である。直線（ligne droite）とは最短の道である。「まっすぐ（droite）」と「最短」の間には対立がある。だが、「まっすぐ」と「まっすぐでない」は、「短い」と「最短」と同じ仕方で矛盾しているだろうか、とマイモンは問う。「直線がまっすぐでない」ということの中には論理的な共可能性がある。他方で、「直線は最短ではない」と言うならば、これは誤りなのだが、先の場合とは事情が異なっている。「最短」というのは、そこから出発して私がある線を直線として規定することになる、そのような構築の規則なのである。「まっすぐ」は主語のように思えるが、実のところそれは全くもって外的な規定である。「線」は「まっすぐ」なものとして作り出される。真に内的であるものは、「線」を「まっすぐ」なものとして規定する「最短」である。

総合的判断には三つの要素がある。
(1) 規定可能なもの。ここでは線にあたる。
(2) 規定されたもの。直線がこれにあたる。
(3) 「最短」は概念と一体をなしている。というのも、それはまさしく規定するものだからである〔この規定するものが三つめの要素である〕。数学の正当性は、この規定するものと概念との二元性に立脚している。

だが、真の困難は物理学の水準にあった。〔その困難とは次のようなものだ。〕経験の対象は規定されたものであったのか？

マイモンの回答は奇妙なものである。彼は、カント哲学からライプニッツ哲学に立ち返る。ライプニッツは既に無限小解析を発見していた。マイモンが感銘を受けたのは微分という考え方である。与えられたあらゆる量よりも少ない量〔という考え方〕によって、マイモンは、数学的な道具、さらには形而上学的概念である微小知覚の理論をも引き合いに出すことができるようになる。たとえば、波の音は水の一滴一滴の衝突から構成されている。この点についてはマイモンは答えを得ていた。彼は自らの理論を「意識の微分」と呼ぶ。発生が微分的なものとして解釈されるとき、発生的要素の役割を果たすのは意識ではない。だが、構成という観念が無限小解析によって刷新される。究極的な要素は微分的なものである。意識そのものの究極の発生的要素である意識の微分というものがあるわけだが、これはまさに究極の発生的要素であるが故に意識に対しては与えられない。したがって、意識の超越論的発生は微分のおかげで可能になる。マイモンは自らの哲学をカントとライプニッツの総合として提示する。そういうわけで彼の答えは次のようなものになる。マイモンは外的な二元性に代えて、有限な意識と無限小の発生的要素との区別を、自我それ自体の中に置くのだ。ライプニッツにおいて無限小の発見は〔物理学的な経験の対象を規定する〕可能性をすでに与えていただろうか？　ところで、神学においては無限というのは常に無限大のことである。ライプニッツはまさしく別の次元に出会っているように思われる。彼は形而上学を可能にする数学的道具、すなわち無限小を発見する。ライプニッツにおいて、この二つの方向は最終的には両立するが、難なくというわけではない。実際、ライプニッツはこの二つを同時に欲しているのだ。マイモンをもって、無限小は本当の意味で伝統的な無限大の位置に取って代わることになる。こうして無限小は有限なものの発生の原理になるのだ。無限小にとっては、有限なものが構成する力を獲得するのである。

第二の方向性。フィヒテはマイモンが行き着くべきところにまで至っていないと考えていた。フィヒテは意識の代わりに二重の演繹を置こうとする。対象は主体に対して存在しているが、主体とは異なっている。対象は有限な自己が自らに定立していた意識の所産、あるいは意識の有限性以外の何ものでもない。二重の系列があるにもかかわらず、カントはこの二つの系列を混合してしまったのであり、それゆえカントには時間の根本的な規定がないのだ。有限性と時間は一体をなすものである。時間の発生はどうなるのだろうか？ 問題は次のようになる。時間の各瞬間において、過去と未来をどのように区別できるのであろうか？ 現在という語にはあいまいさがある。我々は現在の外に出ることはないが、しかし現在は常に現在そのものとは別のものである。この水準においては、時間は純粋な現在の継起として姿を現すことができるのであり、我々は来るべき現在へと向かって投企している（心理的能力としての意志への差し向け）。ハイデガーにとってはそれが超越論的なものである。ハイデガーは次のように問う。我々は時間の各瞬間において過去と未来を区別し、それこそが心理的能力としての記憶を基礎づけているわけだが、実存においてこの区別を可能にしている条件とは何か、と。有限性が構成するものであるのは、それが脱自《エクスターズ》（ギリシャ語で「我を忘れた状態」を意味する）として時間を組織する限りでのことだ。したがって、ハイデガーは時間性からくる解決を期待する。つまり、時間についての三つの脱自を組織化するのだ。カントだったら、同じことを三つの総合（過去、再認、未来など）のうちに見ただろう。

こうして開かれた三つの方向は、次のようにして姿を現す。

(1) 自我の内部では、有限な自我、微分化された自我として。
(2) 意識の内部では、事実[118]に平行な二つの方向性として。
(3) 存在そのものの内部では、存在者と単純な対象の二元性として。

第四章の結論

ヘーゲル以前の弁証法には、会話、議論、矛盾という三重の観念が含まれていた。命題、〔テーゼ〕、反対命題〔アンチテーゼ〕の水準では、矛盾は話をしている人物の間にあるのであって、事柄それ自体の間にあるのではない。この意味では、弁証法はまさにひとつの方法であった。ソクラテスを参照しよう。「弁証法は長い弁論に対立する」と彼は述べている。いかにしてヘーゲルは矛盾を事柄それ自体のなかに据え、弁証法を変容することができたのだろうか？　〔このヘーゲルの弁証法の〕方法はつまり、方法といったものとはまったく別のものであって、それは基礎づけられたひとつの体系なのだ。

どのようにしてこのことは可能なのだろうか？　歴史の終わり、それも二つの目的をもった歴史の終わりに身を置かねばならない。二つの目的とは、ナポレオン体制という目的、そして哲学史の目的であるその体系である。ヘーゲルはこのことを信じていただろうか？彼は事あるごとに歴史は終わったと言おうとしていた〔実際にはそうは言わないのだが〕。歴史は現在から出発して作られる。歴史の規則は運動のうちに、そして現在の諸矛盾を解消することのうちにあるのであって、未来についての思考のうちにはない。行動は現在から出発して、現在において、そして除去されるべき矛盾から出発してなされる。この意味で、歴史はそのたびごとにしっかりと規定されている。ヘーゲルは哲学者を一人取り上げてその誤りを指摘したりはしない。彼はその哲学者を包み込み、その考えを解説することで、彼に理を認めるのだ。ヘーゲルこそが、哲学的思考の一契機であるデカルト〔の目的〕を達成し、実現する。ヘーゲルに先立つ哲学者はたしかに「存在」した。ヘーゲルは先行の哲学者らの議論を手直ししたりはしない。彼らを通って続いてきた普遍的な歴史の糸を取り上げて、彼らの議論から意味を引き出そうとするのだ。何が「存在」したのだろうか？　哲学者たちは議論してきたわけだが、現実的なものにおいてこうした議論に応答するのは何なのか？　ヘーゲルはそれを問う。

それは二つあるというのがヘーゲルの答えである。現実的なものにおけるより根本的な議論〔に相当する二つ〕とは労働と闘争である。それは否定性のしるしである。人間は与えられた状態に不満を持つ者だ。闘争とは否定、あるいは変形といったものである。そうであるが故に闘争と労働は現実的な過程である。哲学者たちの議論はそれに続く形でこの過程の意味を明らかにする。すると弁証法は体系になる準備が既に完全に整っていることになる。だがヘーゲルは弁証法を体系とすることはできなかった。そういうわけで彼は自らの本を『精神の現象学』と呼んでいるのだ。この本にあるのは、現実的な何ごとかが現れ出るのと同じ仕方での叙述である（コジェーヴを参照[119]）。それゆえ、ヘーゲルが「私は目的を果たす〔終わりに到達する〕」と述べていることを重視しなければならない。彼にとって重要なのはもはや、事物における弁証法的運動を記述し、把握し、理解することだけなのだ。

したがって我々は体系に対してなされる以下の三つの具体的な異議に答えなければならない。

(1) 人間が神の位置に身を置いている。

(2) 体系はすべてを正当化してしまう（全体主義的国家についての箇所を参照）。

(3) 体系が経験を必要としないのなら、そこには欺瞞があることになる。だが、実際には経験を常に密輸入している。

第一の異議について見ていこう。ここでは肯定的な結論が得られる。誰一人として、神の位置に身を置いているとは主張しなかった。体系の抱く野心はより小さいものとも言えるし、大きなもの（神の高位の視座）だとも言える。絶対知を語るとき、ヘーゲルは「絶対知は我々の世界と別の世界を露わにするわけではない」と言う。絶対知はこの世界についての知である。そこでは、神の知性の代わりに超越論的な想像力が置かれている。体系の視点は、無限の知性〔悟性〕という概念の代わりに、超越論的な想像力〔構想力〕を置く。この超越論的な想像力とは、構成する力をもつ有限性の想像力のことだ。そうなると、多くの観念はそのままではいられなくなる。例えば、創造という考えを取り上げてみよう。これは意志と無限の知性から出発して理解しなければならない神学的な観念である。無限の知性〔という観念〕がなくなれば、創造の観念は維持され得ない。それだから無神論者にとっては、創造の観念をそのままにしておくことは馬鹿げているのであり、あるいは、無神論者はもはや神の観念と切り離せないような概念を利用することはできないのである。したがって、神学とは異なるものとしての哲学は哲学である限り、創造の観念を受け入れることはできない。フッサールとその弟子たちの言うところの「構成」、あるいは、ポスト・カント派における「発生」を参照されたい。これらは哲学における世界というものを説明しようとする試みに他ならない。

さらに最後に付け加えて、ドイツロマン主義の詩人と文士に多くのスペースを割かなければならないだろう。ノヴァーリスはカントのことがよく分かっていた。ノヴァーリスは、ひとつの「哲学」が作りたかったのであって、想像力の心理学を作りたかったわけではないと述べている。自然が草花を産み出すのと「私は想像する」ということは同一の運動によるのだと彼は言う。このことは単に、詩人が持つイメージは自然の産物のようなものだということを意味しているだけではない。それは、自然は自らが産み出したものを隠すということをも意味している。人為的な手段による〔自然の〕再現といったものがある。事物は自然によって独自の仕方で生み出されるが、私たちはそれがどのような仕方でなされるのかを知らない。それは実験室のなかで再現することができるだけである。だが、その代わり、想像力は事物のうちに、事物を再生産〔再現〕する運動それ自体に対応するものをもつ能力なのだとノヴァーリスは述べる。「真理と詩の関係」というドイツロマン主義の主題はここに由来する。ノヴァーリスにとっては詩のより根本的な真理というものがあるのだが、それはイメージは再現の運動と一体を成すというものだ。それは例えばバシュラールがイメージと呼ぶものである（『空間の詩学』を参照）。ひとはイメージされる当のものとは別のものから発してそのイメージを生み出そうとしたとバシュラールは述べる。実際のところ、イメージは純粋な創造性であり、純粋な力動性である。バシュラールは想像力についての心理学的ないしは精神分析的な説明をどれも拒否する。そうして彼はある種の構造に言及するのだ。彼の本を成している二つの部分は、ロマン主義的な一貫性をもっている。四角の真のイメージを獲得するためには、それに活きた力を与えなければならない。すなわち、何かが四角になるように仕向けなければならない。「私は肘掛け椅子に腰を下ろしている＝私は肘掛け椅子の中で自らを四角にしている〔Je me carre dans un fauteuil〕」という表現が参考になるだろう。ここにあるのは、想像力のもつ第一の力動性であるような運動だ。偉大な詩文によって表現される豊穣さはここに由来する。貝殻の想像的な根源というのは、この根源が想像力の中でその螺旋によって生み出される、そのような運動のことである。

ノヴァーリスが言いたいのは、我々が想像力を働かせる際の運動は、自然が事物を産み出す際の運動と一体を成しているということだ。それはもちろん、夢想することができるという条件において、つまりそれが思考のきわめて特殊な緊張であるということを知っているという条件においてである。言い換えれば、自然状態ではとらわれの身となっている事物の質を解放することこそが、その条件である。

哲学には、ノヴァーリスのこの主題全体に正確に対応するものがある。〔その対応するものは〕構成する力をもった想像力の原理を定立している。体系において人間は神の位置に身を置くわけではない。体系は創造の観念の代わりに別の概念を置かねばならないからである。

第二の異議について考えよう。ある意味ではこの異議はより危険である。否定できない点がひとつある。全体主義が拠り所とするやり方というのは体系にとって有利なものだということである。だが、哲学者の水準ではどうだろうか？「重要なのは事実だ。結果のみが重要なのだ」というヘーゲルの言葉を参照しよう。ヘーゲルについてはしばしば、権力に重きが置かれていると指摘されている（ナポレオン体制についての彼のテクストを参照されたい）。だが、もっと正直に、コンテクストを見るようにしてみれば、それはドイツ的な言葉だということが分かる。彼にとっては、現実的なものは存在するものと混同されてはならない。彼は〔現実的なものという〕その名称を現実において産み出されたものに取っておく。それは産出の結果としての現実的なものである。それは行為によって生み出されたものの中にある、現実的なものである。このことは上記のヘーゲルの言葉の意味を変えるだろうか？　活動は同時に否定する力をもった要素でもある。弁証法が拠って立つのは、現実的なものにおける否定的な要素である。肯定的であるもの、現実的であるものは、否定の否定として産み出される。矛盾律の形式に重要性が付与されるのだ。Aは非Aではない。ここでこそ、否定そのものが生み出される。現実的であるものは理性的である。理性と厳密に同一の運動である。現実的なものとは、存在している任意の何かではない。それは存在するものにおける否定の否定である。

政治哲学の観点からすると、伝統的な哲学というのはことごとく、ある種の仮象と本質において解釈されうるが、このことは神学、つまり二つの世界を前提としている（ギリシャ哲学全体、加えてその伝統的解釈を参照されたい）。

カントにおける現象は仮象とは何の関係もない。カントは現象が仮象であるなどとは全く考えていない。現象とは現れるものだと考えている。彼は、存在する限りでの事物と、現れる限りでの同じ事物とを対置するのだ。空間と時間は、現れるものの直接的な規定である。現象の運動は仮象の取り壊しを前提しており、この仮象の代わりに現れの運動が置かれる。現れについての私の観念は、意味や意味作用に属するのではなくて、諸々の観念に関連づけられることになる。仮象の彼岸にある本質や別の世界を発見することが問題なのではない。哲学の課題は現れるものを発見することである。本質はもはや哲学以外の何ものでもない。『存在と時間』の冒頭を見てみよう。ハイデガーは「アレテイア」をギリシャ語の字義に従って「覆いを取ること、すなわち真理」であると解釈している。意味とは現象によって隠されつつも現れてくるもの、現れそのものの意味である。ヘーゲルはそれ故に国家という主題を展開する。ヘーゲルは叡智的世界が参照先である理想の都市国家を、真の〔現実の〕国家に対置するのではなく、本質こそが、すなわち現実にある諸々の国家こそが叡智的なのだと述べる。この意味で、現実的であるものはすべて理性的なのである。〔だが、〕あらゆる国家において国家の本質が実現されていると考えてはならない。国家の本質とは個人の自由と政府の権限である。一方は他方を否定するが、にもかかわらずあらゆる国家はこの矛盾の上に構成されている。但し、すべての国家がよいというわけではない。専制的体制のもとでは市民の自由に対する抑圧がある。だが、それでも市民の自由が不在というわけではないし、決定的に奪われているわけでもない。自由を抑え付けることは日々課される警察の容易ならざる仕事である。圧制者であっても、市民の自由と一切の縁を切ったことなどなかった。こうした国家は、だからといって理性的であるわけではない。理性的であるのは、否定的でないものに対する否定的なものの運動であるからだ。否定は自らを否定する。弁証法というものがあるのは、肯定性がもっぱら否定の否定によって生み出されるものでしかないからである。

以上のことは我々を第三の異議へと導く。それは経験についての問いだ。この異議がなされるときには、体系ではないものが体系とみなされている。つまり体系に対して未来を語るように求めているのだ。『精神現象学』の序論においてさえも、ヘーゲルは批判は経験と一体をなすものだと述べている。経験においては、経験した本人の意識から何かが必ず逃れてしまう。経験をそのようなものとして描き出すことこそが重要であり、その逃れたものこそがその経験の意味なのだ。〔この第三の異議は〕無用である。なぜなら、行動の条件は、これからの国家の未来の条件などこれっぽっちも前提としていないからである。行動は現在の矛盾のうちにその出発点を見出すのである。

全体の結論

ここでの結論は五点である。

(1) 基礎の意味を理解するために、基礎を神話的な観念に近づける必要があることを確認した。そこでは次の三つの特徴が認められた。

・単なる始まりよりもより根本的な起源。

・反復。

・事物はそこで世界の価値を獲得する（都市国家は世界をイメージして基礎づけられている）。

(2) これらの特徴には哲学的な意義があるのだろうか？　基礎とは単なる開始ではない。開始とは、事物が自らと異なるものと結ぶ関係が本質的なものになった際の、その関係のことである。〔例えば〕数学の開始とは、数学が、未だ数学を伴っていない文化と結ぶ関係のことである。

では反対に、基礎の足取りはどのようなものだろうか？　基礎とは、事物との関連において見られた開始なるものの必然性である。カントが我々に示していたのは、二重の操作を伴う一つの原理こそを基礎と呼ばねばならないということだった。基礎は何ごとか〔たとえば認識〕を可能にするわけだが、それは、何か別の物事〔たとえば現象〕が、この何ごとかに必然的に従うようになることによってであった。

基礎が行う操作は、事物〔たとえば現象〕を、事物とは異なるもの〔たとえば認識〕に必然的に従うようにするところにその本質がある。〔そのためには〕理性の要請の平面という高みにまで到達する必要があった。唯一操作と言えるのは、基礎の行う操作だけである。この要請は、同時に何か別の物事〔たとえば認識〕が所与をこの要請に従わせるという事態なくしては、この別の物事の原理ではありえない。これこそがハイデガーにおける世界の概念である。

(3) 数々の決まりごとの別の側面、すなわち反復が重要であった。基礎づける原理という考えは我々を、起源的な反復、心的反復というものを捉える方向へと導く。

(4) この心的反復が行われることによって、何か新しいものが、覆いを外された精神の中で産み出されるはずである。「基礎づけることは何の役に立つのか?」「反復することは何の役に立つのか?」という問いに答えよう。何か新しいものが、覆いを外された精神の中で産み出されるのだ。〔最後の章で解説したように〕覆いを外されるもの〔露わになるもの〕とは、想像力の真なる構造に他ならない。すなわち、無限の視点などという前提からは遠く離れ、想像力の原理と一体をなしているような基礎づけの企てによってしか、そして、その企ての中でしか理解できない意味のことだ。

(5) 基礎がなければ、真の問題と偽の問題を判別することは不可能である。

訳注

1 シノペのディオゲネスを代表とする古代ギリシャ哲学の一派。社会規範を蔑視し、自然に与えられたものだけで満足して生きる〈犬のような〉（ギリシャ語でキュニコス kynikos）人生を理想としたことから「犬儒派」とも呼ばれる。

2 「理性の目的」というのはドゥルーズ『カントの批判哲学』の結論の題目と同じ。理性と自然の諸目的との関係については『カントの批判哲学』（國分功一郎訳、ちくま学芸文庫、二〇〇八年）の序文を参照されたい。

3　法律用語。裁判所は、請求が正規であり、かつ理由がある（bien-fondé）と認める範囲においてのみ請求を許容する（山口俊夫編『フランス法辞典』東京大学出版会、二〇〇二年を参照）。

4　これに対応する箇所はテクストには見られない。この講義ノートの消失した部分で述べられていたものと思われる。

5　通常の哲学史では、ニーチェとは異なる仕方で「価値」についての考察を行った新カント学派のロッツェやヴィンデルバントらが「価値哲学」の基礎を築いたとされる。ただ、ドゥルーズは「ニーチェと思考のイマージュについて」（『ドゥルーズ・コレクション I』宇野邦一監修、河出文庫、二〇一五年）で、第二次大戦後にフランスで流行した順応主義的な思想を「価値の哲学」と呼んで非難しており、こちらが念頭にあるかもしれない。

6　仏語で *La volonté de puissance* と題されたこのニーチェの断片集は、日本において『権力への意志』という題で出版された断片集と収録された断片が異なっている。この事情については『ニーチェと哲学』の邦訳に付された江川隆男によるあとがきを参照されたい（『ニーチェと哲学』江川隆男訳、河出文庫、二〇〇八年）。

7　「欲求能力は、（何らかの物質 matière や対象のなかではなくて）自分自身のなかに自分自身を規定するものを見いだす場合に、厳密な意味で、意志と、「自律的意志」と呼ばれるのである」（『カントの批判哲学』、六三頁）。

8　この章のタイトルは、ハイデガーの『根拠の本質について Vom Wesen des Grundes』の仏訳タイトル（"Ce qui fait l'être essentiel d'un fondement ou raison"）に同じである。

9　ハイデッガー「根拠の本質について」第三節（『ハイデッガー全集　第9巻　道標』、辻村公一、ハルムート・ブフナー訳、創文社、一九八五年）を参照。そこでは、「自由」は基礎づけることの超越論的拡散を基礎づけつつ統一するものとされる。

10　フランス語の「請求する者 prétendant」には⑴王位請求者と⑵求婚者の二重の意味がある。

11　請求者（求婚者）、請求されるもの（娘）、基礎づけるもの（父）という図式は、ドゥルーズがプラトン哲学における選別の方法について述べるときにたびたび引き合いに出すものである（『差異と反復』第一章の「分割の方法の諸形態――要求者たち、テスト－根拠、問い－問題、（非）－存在、および否定的なものの身分」（『差異と反復（上）』財津理訳、河出文庫、二〇〇七年）、『意味の論理学』「プラトンとシミュラクル」の「請求者の選別」（『意味の論理学（下）』小泉義之訳、河出文庫、二〇〇七年、など）。

12　オデュッセウスの妻。夫であるオデュッセウスが航海で不在のなか、百人を超す男から求愛を受ける。彼女はオデュッセウスの弓を引くことができた者と結婚すると宣言する。結局は旅から帰ってきたオデュッセウスがその弓を引くことになる。

13　主体の自己展開、自己超越に関しては『経験論と主体性』（木田元・財津理訳、河出書房新社、二〇〇〇年）に同様の内容が見られる。「経験論の本質は主体性に関する明確な問題のなかに見いだされると、わたしたちは信じてきた。しかし、まず、主体性はどのように定義されるのかとたずねよう。主体は、或る運動、すなわち自分自身を展開する運動によって、またそうした運動として定義される。自分を展開するものが主体である。そこにこそ、主体性の観念に与えうる唯一の内容、すなわち媒介、超出がある」（一一七頁）。

14　『人間本性論』第一巻第三部第十一節「偶然性に基づく蓋然性（確率）について」の内容を要約して言っているように思えるが、ヒュームの残した文章のなかでこの内容により符合するのは『人間知性研究』第四章「知性の作用に関する懐疑的疑念」である。ドゥルーズ自身、アンドレ・クレソンとの共著『ヒューム』(合田正人訳、ちくま学芸文庫、二〇〇〇年)において、『人間知性研究』の当該箇所を抜粋している。

15 「反復は、反復される諸対象においては、何も変化させず、何も発見せず、何も生産しない」(『経験論と主体性』、九二頁)。対象それ自体は変化しないが、「習慣は、それ自身によって、偽りの経験を装い、援用することができ、「経験からは生じない或る反復によって」信念を生産することができる」(同、九四頁)。

16 『人間知性研究』斎藤繁雄・一ノ瀬正樹訳、法政大学出版局、二〇一一年、四九頁。

17 ヒュームは「すべての結果は原因を含蓄し、それがまた他の原因をという次第で、遂にはわれわれは一切の第一原因すなわち神に到達するのであるから、すべて生起することは神によって指令されるのである」と述べている(「魂の不死性について」『奇蹟論・迷信論・自殺論』福鎌忠恕・斎藤繁雄訳、法政大学出版局、二〇一一年、八六頁)。この箇所がドゥルーズの念頭にあると思われる。『経験論と主体性』においてドゥルーズはヒュームの「自然宗教に関する対話」「奇蹟について」「魂の不死性について」への参照を促しながら、ヒュームの枠組みにおいて原因そのものは認識されえないことを強調している。

18 『純粋理性批判』、分析論、「経験の可能性へのアプリオリな根拠について」A100(『カント全集4』、有福孝岳訳、岩波書店、二〇〇一年)。『経験論と主体性』第六章でもこの箇所が引用されている。なお括弧内はドゥルーズ自身による補足。

19 ライプニッツについては『弁神論』(『ライプニッツ著作集(6)、(7)』、佐々木能章訳、工作舎、一九九〇、一九九一年)を、それとよく比較されるマルブランシュの創造論については『形而上学についての対話』(井上龍介訳、晃洋書房、二〇〇五年)を参照されたい。

20　『純粋理性批判』、弁証論、「神の現存在の存在論的証明が不可能であるゆえんについて」B627。「現実的なものは単に可能的なもの以上のものをもはや含まない。現実的な百ターレルは、可能的な百ターレル以上のものをいささかも含まない」（『カント全集5』、有福孝岳訳、二〇〇五年、二八七頁）。

21　『純粋理性批判』、分析論、「すべての総合的判断の最高原則について」B197（『カント全集4』、有福孝岳訳、岩波書店、二〇〇一年）。

22　『純粋理性批判』、第二版序論、「純粋認識と経験的認識との区別について」B1。「われわれの認識の全てが経験とともに始まるとしても、だからといって必ずしもすべての認識が経験から生ずるわけではない」（『カント全集4』、有福孝岳訳、岩波書店、二〇〇一年、六七頁）。

23　『純粋理性批判』、方法論、「論争的使用に関する純粋理性の訓練」B794（『カント全集6』、有福孝岳訳、岩波書店、二〇〇六年）。

24　ハイデガーは人間つまり現存在を、存在の真理を見守る「牧人」ととらえていた（ハイデッガー『「ヒューマニズム」について』「四　存在の人間への関わり」、渡邊二郎訳、ちくま学芸文庫、一九九七年）。

25　デカルトについてのアルキエの書籍といえば、*La découverte métaphysique de l'homme chez Descartes*, P. U. F., 1950 と *Descartes l'homme et l'œuvre*, Hatier-Boivin, 1956（邦訳、『デカルトにおける人間の発見』坂井昭宏訳、木鐸社、一九七九年）の二つがある。

26　プラトンやアリストテレスは、哲学の出発点には「驚き（タウマゼイン）」の情念があると述べていた（プラトン『テアイテトス』155B、田中美知太郎訳、岩波文庫、二〇一四年。アリストテレス『形而上学』982b、出隆訳、岩波文庫、一九八三年）。

27　ハイデガーは『形而上学入門』（川原栄峰訳、平凡社ライブラリー、一九九四年）の冒頭で「形而上学の根本の問い」としてこの問いを提示している。

28　ライプニッツ『ライプニッツ著作集（9）』（下村寅太郎他監修、工作舎、一九八九年）に所収されている「理性に基づく自然と恩寵の原理」（米山優訳）を参照されたい。

29　原文ではこの位置に（4）の見出しがつけられているが、述べられてきた三つの問いのタイプと三つの仮説の対応関係や講義全体の内容に鑑みて削除する。

30　たとえば『メノン』80a（藤沢令夫訳、岩波文庫、一九九四年）を参照。メノンはソクラテスとの問答を通して行きづまりへと追い込まれ、どう答えてよいかわからなくなる。そしてソクラテスのことを、触れる者をしびれさせる「シビレエイ」のようだと形容する。

31　「一方ではこうだが、他方ではこうだ」と訳出したものは原文では d'un côté et de l'autre côté... である。この表現はマルクスの「P・J・プルードンについてJ・B・フォン・シュヴァイツァーへの手紙」（村田洋一訳、『マルクス＝エンゲルス全集』第十六巻、大月書店、一九六六年に所収）に見られる。

32　『方法序説』第一部冒頭の文（『方法序説』山田弘明訳、ちくま学芸文庫、二〇一〇年）。

33　「フィヒテとシェリングとの哲学体系の差異」（村上恭一訳、『ヘーゲル初期哲学論集』所収、平凡社ライブラリー、二〇一三年）の「常識に対する思弁の関係」の節を指している。なお、『差異と反復』第五章の「良識と共通感覚」でも同じような文脈で同論文が援用されている。

34　出典不明。

35　通常の集合が「それ自身を要素として含まない」と定義されるのに対し、ここでの集合Eは「それ自身を要素として含まないあらゆる集合の集合」と定義される。このとき、Eを通常の集合と仮定すると、Eはその定義から「それ自身を要素として含む」ことになるため、Eは通常の集合ではないということになり矛盾をきたす。他方で、Eを「それ自身を要素として含む集合」と仮定すると、これはEの定義に矛盾するため、いずれにせよ自己矛盾に陥ることになる（このパラドクスは一般にラッセルのパラドクスとして知られている）。

36　プラトン『プロタゴラス』320D〜322D（藤沢令夫訳、岩波文庫、一九八八年）を参照。「医術」のような技術は少数の人のみが分けもつ技術であるのに対して、国家社会の秩序を整えるための「いましめ」や「つつしみ」がもつ能力は、神々によって全ての人が分かち持つことができるものとされたとプロタゴラスは主張している。

37　ソフィストたちは一般常識という匿名的な真理を語っていた。ソクラテスはそれに対し、そう簡単に匿名的な真理に定位することなどできないし、語られている弁論はやはり誰か特定の人物が語った内容なのだということを強調した。

38　プラトン『メノン』82B〜85Bを参照。ソクラテスは人間の魂が不死であり、この世で何かを学んだり探求することは、すでに獲得していたものの忘却してしまっていた知識を想い起こすことだと主張する。この想起説を例証するためにソクラテスはメノンの奴隷（召使）に幾何の問題を解かせる。

39　キルケゴールは、彼が二四歳のとき、当時一四歳の少女レギーネ・オルセンと出会い、その三年後に婚約するが、翌年にはこれを破棄している。この婚約にまつわる一連の経緯は、一般に「レギーネ事件（体験）」と呼ばれているが、これがキルケゴールの思想にどのような影響をもたらしているかは研究者によって解釈が分かれている。

40　カフカは生涯で三度の婚約をしているが、いずれも最終的には破棄されている。そのうち最初の二回はフェリーツェ・バウアーという同一の女性との婚約であった。

41　スピノザ、「書簡一九」を参照（『スピノザ往復書簡集』、畠中尚志訳、岩波文庫、一九五八年）。

42　原題である“Philosophiske Smuler eller En Philosophi”は我が国においては『哲学的断片或は一断片の哲学』または単に『哲学的断片』と訳されるのが一般的である。しかし、『原典訳記念版キルケゴール著作集第6巻　哲学的断片或いは一断片の哲学』に付された大谷長の解説によれば、デンマーク語の smuler は単なる断片、かけらではなく「くず」とくに「パンくず」を連想させるものであり、体系性に対置される瑣末性や無意義性を強調するものであるという。仏語における『哲学的断片』の定訳は“*Miettes philosophiques*”であるが、この miette もまたパンや焼き菓子などの残りかす、くずが第一義であることに注意されたい。

43　『哲学的断片』（『キルケゴール著作集』第六巻、大谷愛人訳、白水社、一九六二年）八〇頁。

44　詩篇 14.1

45　『純粋理性批判』、弁証論、「純粋理性の理想」とりわけ第四節「神の現存在の存在論的証明が不可能であるゆえんについて」B620～B630（『カント全集5』、有福孝岳訳、岩波書店、二〇〇三年）を指していると考えられる。

46　簡略化して言うと次のようになる。デカルトは「我々が神の観念を持ち、神は完全であるがゆえに存在という属性も持っている」ということから神の存在を証明しようとしているが、それだけだと「神が可能であれば、神は存在する」と言っているに過ぎない。したがってライプニッツは神が可能である（無矛盾である）ということをまず、明晰判明という基準に頼ることなく証明しなければならないという。つまりライプニッツはカントとは異なり存在論的証明を行うのだが、デカルトの説には「神が可能であること」の証明が欠けていると考えたのである（デカルト以降の神の存在証明の議論について、詳しくはディーター・ヘンリッヒ『神の存在論的証明』、本間謙二ほか訳、法政大学出版局、二〇一二年を参照されたい)。

47 これについては『不安の概念』(『キルケゴール著作集』第10巻、氷上英廣訳、白水社、一九五一年)の第一章第二節「「第一の罪」の概念」を参照されたい。

48 『不安の概念』にはこれに正確に対応する箇所は見当たらない。しかし『不安の概念』には「原罪という教義学的問題に向かって、もっぱら心理学的示唆を与えるだけの考察」という副題が付けられていることに注意せねばならない。キルケゴールは『不安の概念』の序論において教義学、倫理学、心理学という三つの学問分野を罪との関係から整理し、これらの学が相補的に人間の実存の探究を行い、従来の形而上学を基本とした倫理学とは異なる理論を構築することの意義を語っている。

49 この段落は全体として『不安の概念』第一章第五節「不安の概念」の的確な要約になっている。

50 「はっきりと」述べられているわけではないが、『この人を見よ』「悲劇の誕生3」(『ニーチェ全集第15巻』所収、川原栄峰訳、ちくま学芸文庫、一九九四年)を参照されたい。そこにおいて「永劫回帰」は、制約なく無限に反復される万物の循環として特徴づけられている。

51 『快原理の彼岸』の第Ⅲ章を参照(『フロイト全集17』所収、須藤訓仁訳、岩波書店、二〇〇六年)。フロイトは快原理を超え出る反復強迫が実際に存在する(たとえば災害神経症患者)と仮定している。

52 『快原理の彼岸』の第Ⅳ章を参照されたい。フロイトは、Ⅰ〜Ⅲまであげてきた快原理をしのぐ事例を説明すべくⅣ以降で思索を展開していくのだが、Ⅳの冒頭で「以下は思弁である」と断っている。それは精神分析医フロイトが哲学的な「思弁」を展開するにあたってのためらいを示しているようにも思える。

53　『不安の概念』第四章第二節「精神的に喪失された自由」からの引用である。『おそれとおののき』からの引用とされるものを訳者は同書中から見つけることが出来なかった。

54　サルトル『自我の超越』（竹内芳郎訳、人文書院、二〇〇〇年）、とくに第一章の（イ）「《我れ》の形式的現存の学説」を参照されたい。

55　ツァラトゥストラに付き従う鷲と蛇のこと。『ツァラトゥストラはこう言った』第三部「回復しつつある者」第二節参照（『ニーチェ全集10　ツァラトゥストラ下』吉沢伝三郎訳、ちくま学芸文庫、一九九三年）。鷲と蛇は永劫回帰の象徴でもあるが、永劫回帰を単なる「決まり文句」にしてしまう存在でもある（ドゥルーズ『ニーチェ』「ニーチェ的世界の主要登場人物辞典」湯浅博雄訳、ちくま学芸文庫、一九九八年を参照されたい）。

56　monde sub humain を monde sublunaire と読む。

57　『権力への意志』四〇一（『ニーチェ全集　第12巻』原佑訳、ちくま学芸文庫、一九九三年）。柔軟さや精神性は弱者に帰せられる特徴であり、それらは、「生への意志」ならぬ「無への意志」から発露したものとニーチェは捉えている。

58　ニーチェの哲学からすると、自らを欺くことを意志しない人間は背後世界を望み「生に抗う生」を意志することになる。逆にいえば、生を肯定するには自らを欺く必要がある（『ニーチェと哲学』第三章の「11真理の概念」を参照）。

59　シェストフ「キルケゴールとドストエフスキー」（『キルケゴール研究』所収、松浪信三郎訳、白水社、一九六八年）を参照。シェストフはそこで実存哲学をヘーゲル哲学に対置している。ヘーゲル哲学においては、理性あるいは絶対精神の名の下に歴史上の諸々の犠牲は取るに足らないものとされて全般性に回収されるが、シェストフはあくまで、なぜ他でもないその時に他の誰でもないその人が犠牲にならねばならなかったのかにこだわる。

60　次の括弧内の文言とあわせ、どちらもシェストフからの引用のようにも思えるが、訳者はこの文に対応する箇所を見つけることができなかった。

61　ここでドゥルーズが言及しているNRF版は長らく入手不能であったが現在は再版されている。ただし、頁付が異なっているようで新版では第二巻のp. 156が参照指示の箇所に対応している。邦訳は『ニーチェ全集　第二期第12巻』「残された断想」一八八八年一〇月、23〔三〕』氷上英廣訳、白水社、一九八五年。なお、「極北の人々（ヒュペルボレオス人）」とはギリシャ人の夢想した理想郷の民のことである（同邦訳書、訳注22を参照）。

62　デカルトが普遍言語について述べた書簡としては、一六二九年一一月二〇日のメルセンヌ宛のものが知られている（『デカルト全書簡集　第一巻』、小沢明也訳、知泉書院、二〇一二年）。ただし、この批判の文言はこの書簡内には見当たらず、むしろ『哲学原理』第一部74の内容がこれに近い（『哲学原理』、山田弘明ら訳、ちくま学芸文庫、二〇〇九年）。

63　『方法序説』第二部に見られる明証性の規則、分析の規則、総合の規則、枚挙の規則のこと（『方法序説』山田弘明訳、ちくま学芸文庫、二〇一〇年）。

64　有名な「私は考える、ゆえに私は在る」の定式は『方法序説』第四部で提示されている。それに対し『省察』では、「私は在る、私は存在する。これは確かである。ではどれだけの間か？　すなわち私が考える間である」と述べられていて（「第二省察」）、かの有名な定式は姿を現さない。またそこでは、「私は考える」は最終的に「私とは考えるものである」へと変換されることになる。

65　「運動している物体の「力」を計測する」という論点を現代物理学の運動エネルギーとして解釈

した場合はライプニッツの言うようにmv^2を採用するのが正しいが、ダランベールはこれを純粋に「言葉の使い方」の問題であり、mvとmv^2どちらの尺度を採用するのも正当であるとしている。これは当時の「力」概念の多義性、ひいてはデカルトとライプニッツの形而上学体系の根本的な差異に由来している（有賀暢迪「活力論争とは何だったのか」、『科学哲学科学史』第三号、京都大学文学部、二〇〇九年を参照）。

66 アレキサンドリアのパップス（パッポスとも）。角の三等分について双曲線を使用することを提案した古代ギリシャ（四世紀頃）の幾何学者。『幾何学』において、デカルトは角の三等分問題に対し、現代で言うところの解析幾何学の手法を用いている。

67 フランソワ・ヴィエト（一五四〇～一六〇三）はフランスの著名な数学者。

68 Deus œuvres を deux nombres と読む。

69 ナポレオン時代の軍人（一七七三～一八二二）。

70 規則第六を参照。ドゥルーズは「延長において絶対的なものは線である」と言っているが、正しくは線ではなく「長さ」（『精神指導の規則』、野田又夫訳、岩波文庫、一九五〇年）。

71 解析幾何学のことと思われる。

72 『方法序説』第二部を参照。数学的方法によらなければ、何らかのものが精神に明晰かつ判明に真なるものとしては現れてこない、ということがこの段落では述べられている。

73 『哲学原理』第一部六十～六十二（『デカルト著作集3』、三輪正・本多英太郎共訳、白水社、一九七三年）を参照。

74 $1/2^n$ の無限級数は1に収束することが念頭に置かれていると思われるため、1/5を1/8に改める。

75 正確には二人は直接に書簡をやり取りしていたわけではなく、両者の友人であるハインリッヒ・オルデンブルクが仲介の労をとっている。書簡六、七、一一、一三、一四、一六、二五、二六、二九、三〇、三一、三二、三三を参照（『スピノザ往復書簡集』、畠中尚志訳、岩波文庫、一九五八年）。

76 ここに括弧に挟まれて「（との差異）〔différence de.〕」とあるが内容は不明。

77 「単一なもの」ではなく「単一な実体」が正確な引用。『モナドロジー』二を参照（『単子論』、河野与一訳、岩波文庫、一九五一年）。

78 『純粋理性批判』、弁証論、「超越論的理念の第二の抗争」、B462を参照（『カント全集5』、有福孝岳訳、岩波書店、二〇〇三年）。

79 デカルトによる原子論の批判については『哲学原理』第二部十六～二十を参照されたい。ライプニッツがこれについてどこで触れているかは不明。

80 1+1/2+1/4+1/8…だと「2」に収束し、「1」たるモナドを言い表すには不適と考えられるため、1=1/2+1/4+1/8…に改める（注74を参照）。

81 contradiction（矛盾）をidentité（同一）の言い間違いと読む。なお、ヘーゲル自身は「Aは同時にAでありかつ非Aであることはありえない」という形式を矛盾律と呼んでいる（ヘーゲル『論理の学　第二巻　本質論』第一部第二章A「同一性」、山口祐弘訳、作品社、二〇一二年）。主眼となっているのが「否定の否定を経た肯定」であるのはヘーゲルのテクストもドゥルーズの本講義も同じである。

82 この点についてはライプニッツ研究者ルイ・クチュラの次の見解が有名である。「同一律は、あらゆる同一命題が真であることを確証するが、一方で充足理由律は反対にあらゆる真なる命題が分析的であり、つまり潜在的に同一である、ということを確証している」（Louis Couturat, *La Logique de Leibniz*, F. Alcan, 1901, p. 215）。ドゥルーズは『襞』第四章においてもこの見解を援用しており、ここでもそれに従っているものと思われる（『襞――ライプニッツとバロック』宇野邦一訳、河出書房新社、二〇一五年）。

83 『純粋理性批判』超越論的分析論の付録「反省概念の多義性に対する注解」B326～B335（『カント全集4』、有福孝岳訳、岩波書店、二〇〇一年）を参照。

84 原文には「第八巻」とあるが、第七巻の誤り。

85 プラトンの用いた有名な洞窟の比喩のことを示唆している。それによれば人は生まれた時から洞窟の暗闇の中で暮らしてきているようなものであり、外の世界に出て太陽（善のイデア）に照らされた世界を見ようとしても余りの明るさに目がくらんでしまう。したがって、人は洞窟の外に出たがらないのだが、哲学者は外の世界に出て少しずつ目をならし、太陽の光のもとで世界を眺め、その上で、再び洞窟の中に入っていって、人々の頭を洞窟の外へと向け直さねばならない。

86 ベルクソン「可能と現実」（『思考と動き』、原章二訳、平凡社ライブラリー、二〇一三年）。

87 『純粋理性批判』、分析論、「純粋悟性概念の演繹について」。その中でもとくに第一版の第二節「経験の可能性へのアプリオリな根拠について」（『カント全集4』、有福孝岳訳、岩波書店、二〇〇一年）を指示しているように思われる。

88 「対象＝X」については『純粋理性批判』第一版の分析論、「概念における再認の総合について」（A103～A110）を参照されたい。なお、本講義では認識と対象との間にある必然的関係を強調するために「認識の相関項」として「対象＝X」を提示しているようだが、『カントの批判哲学』第一章においては、〈私は思惟する〉あるいは意識の統一性の相関項として「対象＝X」が俎上に載せられている。

89 dénomination を dénonciation と読む。

90　organisme を「組織体」、organe を道具＝器官と訳した。前段落の organon（オルガノン）や Organum（オルガヌム）と同じ系統の語である。

91　ラッソン版の頁づけかと思われる（ドゥルーズが書評を寄せたジャン・イポリットの『論理と実存』（一九五三年）でもラッソン版が参照されている。その書評「ジャン・イポリット『論理と実存』」は『無人島 1953-1968』（宇野邦一・江川隆男他訳、河出書房新社、二〇〇三年）に収められている）。なおこの箇所は、ヘーゲル『論理の学　第一巻　存在論』の「学は何によって始められなければならないか」（山口祐弘訳、作品社、二〇一二年）にあたる。

92　前注で指示した箇所を参照。

93　ボイテンディック「人間と動物における心的機能の本質的な相違」の一部分を、ドゥルーズは『哲学の教科書――ドゥルーズ初期』「46 本能的な生活と美」（加賀野井秀一訳、河出文庫、二〇一〇年）にて抜粋している。なお原文では「自然淘汰 selection naturelle」ではなくて、「性的な淘汰 selection sexuelle」。

94　ガブリエル・モノー（一八四四～一九一二）はフランスの中世史家であり、フランスにおける実証主義歴史学の普及に大いに貢献した。

95　ヘーゲル哲学においては、普遍的理念たる理性がその過程に入り込むことなく諸対象を働かせることでその目的を実現するとされる。こうした理性の機能が「狡智」と呼ばれる（なお、悪い意味ではない）。

96　「形而上学入門」、『思考と動き』二九八頁。

97　原文では“Discours sur la méthode de la certitude”となっているが、これは“Discours touchant la méthode de la certitude et l'art d'inventer”（「確実性の方法と発見術に関する序論」小林道夫訳、

『ライプニッツ著作集（10）』下村寅太郎他監修、工作舎、一九九一年）のことであろう。

98 『精神指導の規則』（野田又夫訳、岩波文庫、一九五〇年）、規則第一。

99 『精神指導の規則』規則第十二。デカルトにおいては、この単純本性はすべてそれ自身によって我々に知られるものであり、決して虚偽を含まないとされる。したがって、我々はその本性を完全に認識することになる。

100 『方法序説』第二部のいわゆる枚挙の規則。

101 ここで「分析的方法」と「総合的方法」が対置されているが、デカルトにおいて「分析的」といった場合は結果から原因へと遡る探求の方法を指し、「総合的」といった場合はその逆に原因によって結果を検証する方法を指す。カントにもこの区別は継承され、「分析的方法」は背進的方法、「総合的方法」は前進的方法とも呼ばれる。

102 「アルファベット」という語はアルファとベータを意味しており、二六あるアルファベットの短縮形に過ぎないのであって、文字の総体を指し示す単語ではない。

103 原文のテクストでは「?」とだけ記されており、ノートテーカーが聞き取れなかったものと思われる。『意味の論理学』第十一セリーの「意味を持たない語」について語られている箇所の内容に鑑みて「ブリテュリ」という語を補った。

104 ベーコン『ノヴム・オルガヌム（新機関）』第1巻104（桂寿一訳、岩波文庫、一九七八年）を参照。「中間的公理」は個々の経験と最高の原理の間に位置するもの。最高の原理は抽象的で実質を欠くのに対し、中間的公理は人間の実質的な生に対応した公理とされる。

105 『ソフィスト』218B～231Cを参照されたい（『プラトン全集第3巻』所収、藤沢令夫訳、岩波書店、一九七六年）。プラトンは「ソフィスト」を定義づけるためにさまざまな技術を分割していくのだが、その例としてまずは「魚釣り」を同じ方法で定義する。

106 『ノヴム・オルガヌム』第2巻11以下（『世界の大思想 第2期〈4〉ベーコン』服部英次郎訳、河出書房新社、二〇〇五年）の「形相の探求」を参照。ベーコンは「熱」を例に取って、熱が現存する事例、熱が不在のものの事例、熱が異なった程度で存在する事例を観察可能な自然現象からそれぞれリストアップし、その観察事実をもとに「熱」の本性（形相）を探求する。

107 一七世紀オランダの画家ヤン・バプティスト・ウェーニクスによる肖像画（ユトレヒトセントラール美術館所蔵）を参照。デカルトが開いて持っている本のページに“Mundus est Fabula”（世界は寓話である）の三語が見られる。

108 本講義の第二章、とりわけヒュームやカントにおける認識とその権利問題を参照。

109 プラトン『国家』509C～511E（藤沢令夫訳、岩波文庫、一九七九年）を参照。

110 AをⅢととる。

111 『プロレゴーメナ』（久呉高之訳、『カント全集6』所収、岩波書店、二〇〇六年）第四節の内容をドゥルーズが要約したもの。

112 『純粋理性批判』執筆中に書かれた「書簡29 ヘルツ宛」（北尾宏之・竹山重光・望月俊孝訳『カント全集21』所収、岩波書店、二〇〇三年）からは、「超越論的方法論」の重要性が読み取れる。「書簡132 ヘルツ宛」（同上）では、マイモンの論文「超越論的哲学に関する試論、象徴的認識に関する付録および注解」に好意的な評価を下している。「自己定立論」「超越論的哲学とは何か」といったテーマを含むカントの遺稿『オプス・ポストゥムム』は未邦訳だが、加藤泰史「『オプス・ポストゥムム』と批判哲学の間」（『カント全集 別巻』所収、岩波書店、二〇〇六年）が概略を示してくれている。

113 この言葉自体の出典は不明だが、ライプニッツの考えを表しているものと推測される。ライプニッツは曖昧 obscura に明晰 clara を、混雑 confusa に判明 distincta を対置し、概念の性質として明晰・判明のセットではなく曖昧・判明のセットを採用するが、その眼目は、概念が「曖昧」でなければ、ひとつとして同じでない葉の一枚一枚を「葉」という概念をもって認識することが不可能になるというところにある。空間と時間を概念とすることによって陥ることになる矛盾の道すじは次の段落で説明されている。

114 『プロレゴーメナ』§13。鏡に写っている手の像をそのまま本物の右手の代わりに置くことは出来ない（なぜなら像は反対の左手になっているから）という例がわかりやすい。図形として考えれば合同が成り立つが「向き」が異なっているためそのまま重ね合わせることはできない。この「向き」の違いは上下左右前後という区別をもつ空間なしには生じえないというのがカントの考え。

115 『純粋理性批判』〔第一版〕分析論、「経験の可能性へのアプリオリな根拠について」A109（『カント全集4』有福孝岳訳、岩波書店、二〇〇一年）を参照されたい。

116 ハイデッガー『ハイデッガー全集　第3巻　カントと形而上学の問題』（門脇卓爾、ハルムート・ブフナー訳、創文社、二〇〇三年）§41、二二二頁からの引用。「人間における現有の有限性は、人間よりもより根源的である」

117 『純粋理性批判』、分析論、「純粋悟性概念の図式論について」B180（『カント全集4』有福孝岳訳、岩波書店、二〇〇一年）の要約と思われる。

118 原文は interfacts だが語義不明。

119 コジェーヴ『ヘーゲル読解入門』（上妻精、今野雅方訳、国文社、一九八七年）の第八章「ヘーゲルにおける実在するものの弁証法と現象学の方法」を指しているかと思われる（同訳書の凡例にあるように章立てが訳書に固有のものであることに注意されたい）。

2

ルソー講義

1959–1960　ソルボンヌ

凡例2

＊ジル・ドゥルーズ（Gilles Deleuze）は一九五九年から一九六〇年、ソルボンヌ大学でルソーについての講義を行った。本稿は、リヨン高等師範学校（L'École normale supérieure de Lyon）のアーカイブに残されている同講義のタイプ原稿を翻訳したものである。

＊原文において下線の引かれた文言を訳者の判断で見出しもしくは強調とみなし、強調の場合は傍点を付した。

＊読みやすさを考慮し、原文では箇条書きとなっている箇所も文章にして訳出した。

＊ドゥルーズによる引用のうち、邦訳が入手できたものについてはそれらを参照しているが、それに従わずに新たに訳出している場合もある。

＊訳者によって補った語句は〔 〕で示した。

＊全篇にわたって詳細な訳注を付し、章末に収録した。

自然状態[1]についての二つの可能な考え方

古代の考え方

古代では自然状態はまさしく自然の状態《スタトゥス・ナトゥラエ》と考えられていた。これは中世まで続いた（プラトン、アリストテレス、ストア派、キケロ、聖トマス）。自然状態は自然権[2]と結びつけられ、常に完全性の秩序において定義されていた。すなわち目的性を与えられた概念であった。自然権はここで自然との一致を意味している。

自然状態における社交性と社会は自然状態の一部をなしており、当然のことながら、どちらも完全性の秩序において定義されている。自然状態が、市民の存在する以前の状態や政治が存在する以前の状態として引き合いに出されることは決してない（アリストテレスや、キケロの『善と悪の究極について』[3]を参照）。

社会に関する問題はしたがって、契約か何かによって社会を創設するという問題ではない。理念の上では、賢人たちのそれであるような最良の統治が探し求められている。だが実際には、賢人たちはもはや人々を統治したいとは思っていないし、人々も賢人たちを望んではいない。賢人たちの代わりに統治するものが必要である。ここから最良の体制についての問題が生じてくる（プラトンの『法律』を参照。ノモスは賢人たちのもつ英知の現実的な代用物として必要とされている）[4]。

自然状態についてのこの考え方は近代の政治哲学まで続いている。但し、この考え方をとったのは哲学者ではなく、神学者や法学者である。

ホッブズのもたらした自然状態の新しい意味

自然状態は諸力のメカニズムとして定義される。自然であるのはもはや完全性の秩序ではなく、一つの力の体系という意味での権利である。こうして権利は絶対的なものとなる。これはアリストテレス的伝統に対する反発であって、「人間は社会的動物ではない」[5]と言うことに他ならない。自然状態において判断は各人に委ねられているのであり、もはやそこには賢人の特権など存在しない。

社会はこうして一つの起源を受け入れることになるのであり、その起源は自然の中にハッキリとその姿を現すと同時に、自然であるものの極限を印づける。個人の間の争いが自動的に個人の内的葛藤（すなわち野心と、暴力のもたらす死への恐怖との葛藤）を引き起こす。社会は契約という特殊な行為によってこれらの対立を取り除く唯一の手段として現れる。ルソーはこれらの用語をどう受け止め、またどう変化させているのだろうか？　ルソーはホッブズと同様、社交性が自然のものではないことを認める。だが、人間に自然状態からの脱出を強いる対立に関してはホッブズと見解を異にする。

ところで契約はどのようなものから成っているだろうか？

二者間の関係としての契約の法的な定義は次の通りである。
(1) 契約関係は、ある特定の期間にわたって、それぞれに、一方に対する他方の権利と義務を割り当てる。
(2) その関係は両者の意志によるものである。
(3) その関係は第三者に対して効力を及ぼすものではない。
社会契約の概念はこの定義を改変する。すなわち、社会契約は不特定の期間にわたり、第三者へと適用される……

ところがこの用語を使った著作家たちは意志的な側面を強調している。つまりここにあるのは、意志の哲学としての政治哲学に他ならない。

社会契約における契約の当事者は誰なのだろうか？　臣民と主権者なのだろうか？　これは法学者の観点である。もしそうであるなら、その契約がしっかりと遵守されているかを判断するのは誰になるのだろうか？　〔この観点に従うと〕権力の源泉が二重になってしまう。つまり、判断を下す第三者が必要になるが、その第三者は主権者であることになってしまうからである（ここからホッブズの反論が出てくる。これはルソーにも見出されるものだ）。

ホッブズは次のように反論する。契約による関係は臣民となる人々の間でしか作られない。各人が各人と結ぶ一連の契約を構想しなければならないのであり、このような契約を通じて各人は、その契約には入っていないある第三者にとっての臣民となるのである（これは現代的なタイプの契約であり、たとえば生命保険のような、〔第三者たる〕他人のための約定を伴う契約である）。

ルソーは〔契約の当事者は臣民と主権者だとする法学者的観点からの〕初歩的な説明に対してホッブズのなした批判を引き継ぐのだが、ホッブズの解決策は押し退ける。

契約から生じる義務とはどのようなものだろうか？

これは契約の究極目的にかかわる問題である。「究極目的は契約の産物のうちで認識されなければならない」。この言葉は十八世紀の政治哲学の常套句だ。十八世紀の政治哲学は、市民《シトワイヤン》としての人間という二重性を発見したのだが、こうした人間は古代世界においては存在しなかった。〔古代においては〕人間は「徳の人」たりえた。近代において人間は、私人かつ市民〔公民〕となる。

実際には、私人は市民になりえないし、市民の規定条件としての「徳」などありえない。残っているのはただ私的な徳だけである。モンテスキューが言うには、「われわれは人間らしさ《ユマニテ》においては勝ったが、徳においては負けたのである」（『手帳』を参照[6]）。

その理由は次の通りだ。思想上の理由は宗教、すなわちキリスト教であり、経済の側面でのそれは個人の所有する財の発展である。

ルソーは『学問芸術論』で次のように言う。「古代の政治家は名誉と美徳についてしか語らなかったが、現代の政治家はもはや商業と金銭についてしか語らない」[7]。ジュネーヴ市民のうちの非常に高徳な人々と、ローマ人のうちのこの上なく取るに足らないような人との間の本性上の差異がそこでは問題になっている。

ヘーゲルは政治哲学上のこの悲観論の側にいる。「われわれには民主政は不可能だ。それでも民主政は最良の政体なのであるが」[8]。ここからこの二重性を縮減するための媒介が求められることになる。

『エミール』の冒頭を参照しよう。そこには二つの型の教育、すなわち市民の形成と私人の形成とが描かれており、そのどちらかを選ばねばならない。市民は自分の所属する都市国家において自由市民として振舞い、社会に自由を求める。私的なものとしての人が都市国家に求めるのは安全、すなわち自らの私有財産の保証である。

では契約はどのようにしてこの安全の要求に答えるのだろうか？

私はみずからの自然的自由（すべてかあるいは一部分）を引き渡し、そして主権者から安全を受け取る。ホッブズにおいては、契約のもたらす自由とは、ただいくばくかの安全だけである。だが、いくつかの権利は譲渡不能のまま残る。例えば、私の命を奪おうとする者に抵抗する権利は譲渡不能である。

スピノザは社会状態においても自由を維持している。「私は単なる必然性だけでは満足しない」[9]とスピノザは言う。そこで維持される新しい自由とは、近代世界においては思考の自由ということになろう。

ルソーは自由を譲渡不能な諸権利、すなわち法律を作る権利に結びつける。われわれはもはや市民ではないのに、ルソーはそのことを忘れていたと言ってヘーゲルは彼を批判している。この批判は『社会契約論』については当たっているかもしれないが、ルソーの著作全体に対してそう述べるのは不当である。

自然状態の三つ目の考え方

これは十八世紀の中頃に現れるもので、功利主義的かつ実証主義的である。トマス神学や古代の形而上学に抗して唱えられたもので、「契約概念は形而上学的である」とするヒュームやベンサムの主張がこれにあたる。

ヒュームにおける議論を二つ見ておこう。(1)自然状態の全面的な否定。すなわち、自然状態とは権利ではなく欲求によって規定された状態であって、否定的にしか定義されえない。(2)社会の起源には契約などない。ここに言う契約は決まって自然権を制限する行為なのだが、しかし、社会を構成する行為は本質的に肯定的である。ヒュームにとって重要なのは黙約である（自然と息を合わせていく二人のボートの漕ぎ手がその一例だ）。ベンサムにとってこうした黙約の究極目的は安全である。他方で、契約の支持者に関して言えば、スピノザ、ルソー、そしてカントは、自由を要求するのである。

『新エロイーズ』について

政治制度の問題に取り組んでいたのと同じ時期に、ルソーはある本の執筆を企図する。その本のテーマはルソーを捕らえて離さなかったものであり、彼はそのタイトルを『感覚的道徳あるいは賢者の唯物論』としていた[10]。この未完の本の考え方は『新エロイーズ』のなかに見出される。ブルジュランの仮説[11]によると、『新エロイーズ』の中心人物らは『パイドロス』の神話《ミュートス》[12]の例証になっており、サン＝プルーは黒い馬、ジュリは勇気、ヴォルマールは理性《ヌース》を描き出しているのである。

ルソーの考えでは、ジュリとサン＝プルーは互いのために生まれ出たのである。なぜならばどちらも美徳を好んでいるからである。二人の間には葛藤がある。この恋が徳に満ちたものとなることは客観的状況によって禁じられてしまっているからだ。ジュリはこの葛藤を生きる。ジュリは美徳を失うが、美徳に対する愛は失っていない。彼女はサン＝プルーに次のように書き送る。

「私はあなたへの愛を失ってはいません。しかし、ヴォルマールへの愛は美徳からのものです。私は両親に従います」[13]。だが結婚の日が明らかになると、「われわれの様々な状況は心ならずもわれわれの心の愛情を変えたり決めたりしてしまうのだ」[14]（第三部手紙二〇、注(a)）。

ところで、ある特定の客観的状況においては、我々は悪人である他ない。いかにして美徳と社会の利益とを両立させることができるだろうか？「われわれはそうするのが得策である間は、悪徳に染まった悪人でいるだろう」[15]。自分自身を変えようと望むなど、ルソーはバカげたことだと考えている。我々の心は客観的な諸対象との関係において規定されるからである。

意志は状況を変えうるが、それは意志が状況それ自体の客観的な要素として介入することによってである。ジュリはたとえヴォルマールが死んだとしてもサン＝プルーとは結婚しないことを決意する。

ここでは政治哲学における名高い考え方が私的領域へと転換されている。つまりここでは、人がもはや悪人ではいられない状況を確立することが問題となっている。ヒュームによれば、政治哲学の問題は、正義と利益とを和解させる客観的状況を見つけることにある。私的な生のなかで、状況の客観的要素としての強固な意志を介在させることが重要なのだ。

身体をもった存在は事物に従うというのがヴォルマールの考えである。この考えはジュリとサン＝プルーを癒やす効果をもっていた。

第四部ではジュリが結婚して二児をもうけたところにサン＝プルーは戻って来る。サン＝プルーに来るように求めるのはヴォルマールその人である。ヴォルマールの考えは、人間を観察し、人間で実地に試すことにあった。ヴォルマールはジュリを癒やしたいと考えている。彼女は美徳を得たけれども、自らの過ちを忘れられなかったのである。第四部手紙一二における、あの木立での治癒を参照してほしい（その木立はサン＝プルーがかつてジュリにキスをした場所であり、そこにジュリは二度と立ち寄ることができなかった）。「ジュリ、もうこの隠れ家を恐れてはいけないよ。これはいま冒瀆されたのだよ[16]」、つまり非社会化されたのだ。

第四部手紙一七[17]ではヴォルマールは、ジュリとサン＝プルーをあの場所、つまり彼らがかつて恋人だったときにサン＝プルーが押し込められた場所に二人きりでとり残すのだ。

ヴォルマールの計画

二人はかつて愛し合っていた。ジュリはもはやかつてのジュリではない。というのも彼女は美徳の人となったからだ。だが、サン＝プルーはそれを知らない。「彼から記憶を取り除けば、もう恋心を抱かなくなりましょう[18]〔……〕彼を欺き、惑わせている誤謬は、時を混同していることなのです[19]」。サン＝プルーは固着している（それは精神分析的な固着である）。

サン＝プルーに自身の固着を自覚させること。彼の愛するジュリはもはや今のジュリではないと自覚させること。これは自覚による治療法である。しかし、この治療はあまりに危険であり、自覚によってはこれは治癒しないともヴォルマールは考える。というのも、彼が今のジュリを愛することも十分ありうるからだ。

サン＝プルーが忘れなければならないあの時期の記憶を失わせる方がよい。そしてそれは、「彼にとってかくも大切なさまざまな思いを別の思いと巧みに置き換えることによって[20]」なされる。これは代理形成の操作である。「私〔ヴォルマール〕は過去を現在で覆うのです[21]」。これはつまり若い娘ジュリへの愛を、一人前の女性への友情へと置き換え、しかもそれを持続的なものとすることである。これは精神分析学者の言う感情転移〔の操作〕である。

美徳の人となるために必要なのは状況を変えることである。賢人とは美徳のために決定論を迂回する人物に他ならない。意志で状況は変わりうるというのがジュリの方法である。ヴォルマールはまさにその状況の下であれこれ操作すること、感情転移の操作を行うことの方を好む（これは賢者の唯物論である）。

ルソーは、「善き精神」の諸段階には序列があるという考えをもっている。次の四つの段階があり、これらはそれぞれ異なったものでありうる。

(1) 魂の本源的善性

(2) 自然的善性あるいは美徳の愛
(3) 美徳それ自体
(4) 英知

本源的善性

本源的善性とは自然状態における魂の善性のことである。このような善性を肯定することとは決定論を肯定することと切り離せない。情動を規定するのは状況だというのがここにある考え方である。すなわち魂は何よりもまず感覚する能力であって理性ではない。最初に現れるものは「事物への依存」であり、その依存は自然なものである。この依存を肯定することで本源的善性も肯定されることとなる。自然状態では我々の情動はいずれも善良なもの、すなわち対象にふさわしいものだからだ（言い換えれば、ここには、現実を完全性とみなす、そうした考え方が自然主義的な仕方で表現されている）。

このような善性においては、各人は自らにとってのひとつの全体である。自らが存在しているという感情と善性が一体になっている。それでもやはり、それぞれの魂には生まれついての多様性があり、それは根本的な能力の違いから来ている。

ジュリの魂は精力的であるが、緩慢にしか状態を変えず、内面的な感受性が強い。

サン＝プルーは内面的な感受性が強いが、弱い魂である。

ヴォルマールは感受性に乏しく、冷淡な魂で、理性を好む。

クレールは直情的で、「熱狂家」である。

しかしながら、それでも各人の魂には本源的善性がある。この水準では悪意は考えられない。なぜなら直観がそれを許さないからだ。それぞれの魂はそのタイプに応じて、自然の秩序のなかにみずからの居場所を得ている。

自然的善性

悪意の発生の問題について考えてみよう。社会とともに状況に根本的な変化が生じ、それによって悪徳が可能になる。社会とともに新たな関係が生じ、その関係によってわれわれは善人であることができなくなり、悪人であることが我々にとって利益となっていく。

この新しい関係とは主人と奴隷の関係である。自然状態においては各人は自身のために事物と関係する。それに対し社会は相互依存の関係を樹立するため、各人は部分として受け取られ、もはや全体としては受け取られない。これは幼少期において既に始まる関係である。甘やかされて育った子どもは自身が望むことを他人にやらせる。「子どもというものは、言うとおりにしてもらえることを権利のように思って、ほとんど生まれてすぐに自然状態から脱してゆく」[22]（『新エロイーズ』第五部手紙三）。

『エミール』の目的は、意志にではなく事物に依存するような教育を発見することである。

子どもは事物に対する自身の無力さを感じなければならない。

社会が現れると各人は常に誰かの奴隷であり主人である。この人為的な関係こそが悪徳を生み出す。というのも、そのときから悪人であることが利益になるからである。

それでもわれわれの本源的善性は存続している。自然的善性とはこうした新たな関係の下で存続する限りでの本源的善性である。

これには度合いがある。本源的善性が社会的関係のおびただしさによって消去されてしまう、そういった魂もある（この意味で、孤独を好むことは善性のひとつの基準である）。

中間の状態というのもある。善き魂は社会的関係を選り分け、また選り分けられた関係に対して用心をする。だが、その魂は状況によって不意をつかれることもあり得るし、決定論によって追い立てられて自身の善性に逆らいもする（ルソー自身、自分はそのような例に該当すると考えていた）。

美徳への愛とは、状況に逆らって善性を保ち続けようとすることである。この自然的善性は美徳ではなく、美徳への愛に他ならない。

これこそ『新エロイーズ』の問題である。ジュリは善良であり、彼女の父も同様だ。しかし、彼女らの置かれた客観的な社会的状況ゆえに、ジュリは過ちを犯さずにはサン゠プルーを愛することはできない。サン゠プルーも過ちを犯さずにはジュリを愛することができない。彼らに残っているのは美徳への愛である。これは道徳的な問題である。美徳を愛しているのに、状況に追い立てられてその逆を為してしまうというこの状態からどのようにして脱け出せばよいのか？

美徳

美徳とは美徳への愛が悪人であることの利益に打ち勝つための努力である。美徳とは美徳への愛を実現するための手段なのだ。次のソフィーへの手紙[23]を参照してほしい。「人為的な関係の多大な努力によって善性は失われます。そのときまでは私は善良でした。〔……〕私は〔再び〕美徳の人となるのです」。

しかし、ルソーは闘争するものとしての美徳の有効性を疑っている。彼は美徳への愛と利害心の間の対立そのものではなくて、この対立の顚末について疑いを抱いているのだ。美徳は「つねに戦争状態」である。

この闘争はプラトン的な逃走（ジュリ）あるいはストア的な逃走（エドワード）でありえる。これは繊細な闘争である。というのも打ち負かすべき敵が理性それ自体である可能性があるからだ。

ジュリは結婚後、別の方法を手に入れる。直に闘うのを避け、意志の力で状況を変化させようとするのだ。故に悪徳は間接的に取り除かれねばならなくなる。このやり方についてもルソーは懐疑的である。確かに意志が状況に介入するけれども、変化が決定的なものであることを何が保証してくれるのだろうか。ジュリはある意味では失敗しているのだ。

ストア主義とキリスト教の誤りとは、それらが義務と美徳を誇張することである。「英知というものは、われわれの義務から困難さを取り除くことです……徳高くあることを余儀なくされず、善き人であることだけで満足する人は幸いなのです[24]」（カロンドレ神父への書簡、一七六四年一月）。

状況によってそうなることを求められたならば、美徳は〔利害心との〕闘争となる。英知は美徳が不要となる様々な状況を確立する。ルソーの夢見た、我々の内での美徳と利害心の一致を復元しうるのはただ英知のみである。

英知は喜びと分かつことができない。英知はまずヴォルマールの用いた方法の一面において現れる。ヴォルマールが状況を変化させるにあたって頼りにするのはもはや意志ではない。彼は状況そのものの中で行われる選別を頼りにする。時間と場所の選別である。これは時間についていえば現在によって過去を覆うことであり、場所についていえば神聖だった場所をなじみのものとすることである。

「真の幸福とは、「私は今自分がいるここで完全な状態にある」と言えることだ[25]」。『孤独な散歩者の夢想』において、ルソーは存在の感情を強調している。われわれの不幸とは、われわれが過去を思い出し未来を予想することであり、また、われわれが「持続を印づけることもなければ、継起の感覚ももたらすことなく持続し続ける[26]」、そういう現在を生きていないことである。存在の感情とは過ぎ去る純粋な現在に他ならない（この現在は永遠性や神的な状態に準《なぞら》えられている、なぜならばその中で人は、「神のごとく自ら満ち足りる」[27]からである）。

ヴォルマールは現在というものの諸要素を選別しようとする。過ぎ去るものとしての時間を生きなければならないのだとすれば、代理形成はまさしくこの瞬間において起こるものなのだ。これは『孤独な散歩者の夢想』にまで通ずる選別の方法である。この水準において選択されるのは、もはや時間に住まっている諸々の対象ではなく、諸々の対象の継起そのものが剝ぎ取られた時間である。こうして存在することの安逸が発見されるのだ。最初は事物へのわれわれの依存を利用しなければならなかったわけだが、ルソーは晩年、この依存から解放されなければならないと主張することになる。空虚を確立せねばならないというのだ。

『賢者の唯物論』では、状況による決定を利用してその状況から抜け出すことが問題とされている。ヴォルマールは対象をコントロールする。しかし、それは良い方法なのだろうか（『新エロイーズ』の結末を参照）。

『孤独な散歩者の夢想』のルソーは、幸福になるには状況を変化させれば十分だなどとはほとんど思っていない。その代わりにルソーは夢想を置く。対象がもうわれわれに何ら作用を及ぼさなくなったときに、時間の純粋な過ぎ去りと一致することを可能にする夢想である。

『告白』第九巻（プレイヤード版四〇八～四〇九頁）[28]を参照。そこでルソーは『感覚的道徳』という自身の本の主題を再び取り上げている。

『社会契約論』は市民の平面に対応しており、『エミール』は私的な平面に対応している（教育者と立法者が対応関係にあるわけだ。両者とも神話的な架空の存在である。ルソーも言う通り、両者は実在するものと考えるにはあまりに美徳に満ちているからだ）。

『社会契約論』と『エミール』の間には本質的に連続する関係がある。『社会契約論』は、教育され、育成された私人を前提にしているのだ。

『エミール』においてルソーは、教育には三つの種類があるとはっきりと述べている。[29]

(1) 自然の教育。これは「われわれの能力と器官の内的発達」をもたらす。

(2) 人間の教育。それによってわれわれは、自然のもたらす「発達をどう利用したらよいかを教わる」。

(3) 事物の教育。

『エミール』が進んでいくうちに、これらの教育は次の二つに還元されていく。

・家庭教育あるいは自然の教育。

・公教育。各人がその部分であるような、人々の間の関係にかかわるもの。

一つ目の教育は人間を一つの全体とみなしている。それゆえそれは自然人の教育である。

この教育はその人を事物と同胞との関係のなかに置くが、各人は自らにとって一つの全体であり続ける。

二つ目の教育は人間を他の諸部分と関係する一部分、つまり市民とみなす。

この二つの教育は相反するものである。実際の社会においては、われわれはこの二つを同時に望むが、いずれにも達しない。「人間にも市民にもなれない」[30]。それらの本性上の違いを意識しなければならない。ルソーは「もはや公教育は存在しない」[31]と言う。したがって私的な教育の道に入り、進めるところまで進まねばならない。その終わりまで突き進んだとき、公教育の復元の可能性が問われることになる。以上より、『社会契約論』が『エミール』を前提としていることがわかる。

自然状態

自然状態とは社会以前、政治以前、市民以前の状態である。それ自体は特に目新しい考えではない（ホッブズを参照）。なぜ自然状態は社会以前のものとして現れるのだろうか？それが平等と独立の状態だからである（『人間不平等起源論』を参照）。しかしルソーが自らの独創性を見出すのはそこではない。ルソーは自然状態を、人びとが散らばって生きている状態として定義する。『人間不平等起源論』の注十二を参照しよう[32]。自然状態における夫婦関係の問題についてのロックの立論にルソーは異議を申し立てている。ロックにとって、夫婦関係とは子どもがひとりで何とかやっていけるようになるまでの間の自然な紐帯である。ルソーに言わせれば、ロックは問われている当のもの、すなわち自然状態における男女の同居を前提していることになる。自然状態は偶発的な出会いの状態である。このような孤立ゆえに、ルソーは平等と独立の状態として自然状態を説明することができるのだ。平等と独立はつまり自然状態の前提から導き出される分析的な帰結なのである。

いかなる意味においてすべてがホッブズから始まるのか?

アリストテレスやトマスの哲学のパースペクティヴでは、自然の秩序は完全性の秩序としてある。社交性は自然の秩序の一部をなしている。ホッブズにとっては、重要なのはもはや完全性の秩序ではなく、欲求と欲望という諸力のメカニズムである。ここから自然権が生じてくるのであり、それは自らの力の及ぶ範囲で自らの欲望を実現することに他ならない。権利こそが第一の、そして自然なものであって、義務はそうではない。この観点によってあらゆる依存が排除されることになる。

ここからアリストテレス的伝統に対する反発が出てくる。すなわち、人間はもはや社会的動物ではない。互いの力の不平等がそれぞれ別の仕方で埋め合わせされるところに平等があるのである。すなわち、最も力が強い者でも常に自身よりも強いものに出会うし、力が弱い者でも彼より弱いものを死に至らしめる程度には強いのである。[33]

だが自然状態には社会的生活は含まれていないことを結論づけるにはこれで十分だろうか？　ホッブズに言わせれば、社会的生活には権威や、権力に対する依存が存在している。自然状態は社会状態としての社会を排除しているが、ただし、そこで排除されているのは、独立した個人間の関係の総体としての自然な社会（グロティウス）を可能にする社交性に他ならない。すると、社交性は理性的存在としての人間たちの間に見出される自然な〔本性上の〕同一性に由来することになるだろう。「自然状態と社会的生活は対立しない」（プーフェンドルフ）。しかしこうした考え方では、出来合いの理性が人間に与えられていることが前提になっている。そしてホッブズに言わせれば、ここには理性の発生〔の問題〕があるのだ。

ルソーもまたホッブズに対抗しつつ、ホッブズが自然状態に関して前提するに留まっていた諸々の複雑な情念の発生を考えようとする。ホッブズの考える人間はいくつかの能力を「濫用している」けれども、ルソーに言わせればこれらの能力は、歴史の中で生み出される必要のあるものなのだ。

問題が提起される平面を変更することによってルソーはこうしたホッブズの難点を免れる。自然状態では人びとは散らばって生きているという主張が認められれば、もはやこの種の問題が生じることはない。あらゆる形態の社会が必然的に自然状態から排除されるからだ。

ホッブズにおいて欲求は接近させる作用をもち、ルソーにおいてそれは切り離す作用をもつ。『不平等起源論』とおそらくは執筆時期を同じくする『言語起源論』では、欲求の自然な効果とは人間同士を切り離すことであった。「至るところに戦争状態が行き渡っていたが、地上全体は平和であった[34]」。偶然の出会いによって戦争は起こりえたが、そうはならなかった。「人間同士が結びついていたのではなく、切り離されていたが故の黄金時代である[35]」。

『不平等起源論』では次のように言われる。自然は人間同士が互いの欲求から接近するように配慮などしていない[36]。自然は人間に社会的生活を用意していないのである。

ルソーには欲求は切り離すというストア派的な基調があるのだ。欲求は自足した状態として定義されている。欲求は自然なものであるから、肉体的必要性の範囲内に収まっており、それを感じる者のもつ諸々の力を超え出ることはない。われわれの欲求はわれわれの力と釣り合いが取れており、われわれの力はわれわれの欲求と釣り合いが取れている。相互の調整が働いているのだ（エミール第二編を参照[37]）。

したがって自然状態とは力と欲望の均衡である。ホッブズにおいてはそれは「万人における法《ユス・イン・オムニア》」と表現される。確かにそうかもしれないが、それは各人が手もとにあるものしか欲しがらないからだとルソーは言う。人間には、気をそそるものすべてと、手が届くものすべてに対する無制限の権利があるのだ。したがって、実際のところ、自然状態においてはこの権利には自制が働いている。ルソーはこの自然状態をアタラクシアと比較している。「各人は自分自身に対してすべてである」[38]。

自然権の基礎、それは憐れみによって抑制された自己愛であり、すなわち均衡である。

ルソーにおける「自然」の意味

「自然な」といったときには第一に「原始的な」だとか「生来の」といった意味である。「自然状態における人間」ないし「原始的人間」といった具合で、これは社会的ではないことを意味している。

第二の意味は、「サヴォワ助任司祭の信仰告白」において用いられているような意味である。「人間は自然によって〔生まれつき〕社会的である、あるいは少なくとも、そうなるように作られている」[39]。

ジュリとサン゠プルーの愛に比べれば、自然状態における愛はほとんど何ものでもない。「私たちの愛はお互いのために作られているんだ、それを望んでいるのは自然なのだ。」（第三部手紙一二）[40]「愛が行き渡っているのならば、それは自然がすでに選んでいたのです〔……〕」〔このことは〕自然の神聖な法です」[41]。そして報いを受けずにこの神聖な法に背くことはできない。家族の感情は習慣、すなわち第二の自然の形をとるような発達を必要とする。

自然であるものはもはや原始的なものではない。自然であるのは、起源から生じ、また起源のなかに潜在的に含まれていた諸々の指示に従う発達に他ならない。

ルソーにおける「自然法」についての問題がある。それは自然状態において行き渡っている法ではなく、「自然人」の発達を支配する法〔法則〕のことであり、「自然人」とはここで、生来の状態に刻み込まれていた潜在性が発達する際の法〔法則〕に従うものと想定される限りでの人間を意味している。

エミールの「家庭教育あるいは自然の教育」は自然の教育（われわれの能力と器官の内的発達）と事物の教育（経験を通じてなされる、われわれを触発する対象の習得）を含んでいる。したがって自然人とは、育成され、教育された限りでの人間である。『エミール』は自然状態における人間を自然人に導く本とみなされる。

ルソーにおいて良心や理性は、社会や社交性と同じく「自然なもの」と言われることがしばしばである。悪の系譜学と理性の発生について書いてある『ボーモンへの手紙』[42]を参照しよう。理性はどれほど自然なものであるにせよ、それは自然状態から出て発達していくことを求める。『ジュネーヴ草稿』には自然状態についての章があるが[43]、『社会契約論』にはこの章が見られない。というのもその章は異なった問題をまぜこぜにしてしまうおそれがあったからだ。『社会契約論』は自然人を前提としている。『社会契約論』の扱う問題は、人間から市民への移行の問題であって、私人としての自然人ではないのである。自己完成能力という概念がある。自然状態は潜勢性と潜在性に満ちた発生的領域として理解されねばならない。この発生の系列は悪の発生によって歪められる。それは偶然なのか、それとも必然なのか？

自然状態における人間の特徴を見出すためにルソーは、自然人から出発する分析的で遡行的な方法を採用しているのだが、この場合には一つの原理を見出さねばならない。ここで定義されようとしているのは何なのか？　自然状態を諸能力の現働的な状態として定義することはできない。それは潜在的で発生的な状態として定義されねばならない。したがって、自己愛と憐れみはそれらの潜在性が展開されていない〔発達していない〕間は情念の一状態に留まる。『エミール』第四編を参照しよう。憐れみは潜在的な社交性や自己愛、また他人への愛を含んでいる。分析的方法は現働的なものから潜在的なものへの遡行という動的な原理なしでは自然状態を定義するには至らない。ルソーの先人の分析的方法はここでは十分ではないのだ。

『新エロイーズ』では、「自然は一冊の本であり、そのなかで読むことを学ばなければならない」[44]と言われている。読み解く術を知らなければ分析しても十分ではない。現働的でありり形成されたものはすべて自然状態の外にある。ルソー以前、人は未開人と文明人について語っていた。

発生とはまさに、自然状態の潜在性が現働態へと移行することに他ならない。自発的な移行など存在しない。

『人間不平等起源論』においては次のように言われている。

・能力はその能力が欲求ないしは利害に応答するのでなければ発達することはない。

・欲求はその欲求が何らかの状況によって規定されているのでなければ現れることはない。

したがって人間の状態は次の三つによって定義されねばならない。

(1) 客観的な周囲の諸々の状況。

(2) 周囲の状況によって規定された諸々の欲求。

(3) それら欲求を満たすのに必要不可欠な諸々の主観的能力。

言葉を話す能力が社会状態を前提としているわけだが、これが以上に対する例として考えられる。

ルソーに言わせれば、先人たちは原因の順序を正しく認識しておらず、すっかり出来上がった諸能力を前提した上で、そこから状況を導き出してしまっているのである（例えば、人間は言葉を話す、したがって社会のなかに生きているというようなことである）。

ところがルソーにとって能力は発生するものである。もし人間にすっかり出来上がった能力があったとしたら、人間はその能力を利用する必要がないことになろう。

ルソーは自然状態を戦争状態と考えるホッブズを批判する。というのも自然状態にある人間は戦争状態にあることはできないからである。議論は次のように進められねばならない。攻撃性をもった能力があったとして、その能力はいかなる利害を前提にしているのか？　そしてその利害はいかなる状況を前提にしているのか？

法的あるいは客観的な問題は次の通りである。戦争はいかなる意味においても暴力ではない。戦争は国家間の関係と一定時間の持続、そしてまた想定される損害の賠償を力ずくで獲得するという目的によって定義される。したがって、戦争は所有権を前提としている。「戦争を構成するのは人と人との関係ではなく事物と事物との関係である」[45]。したがって、戦争状態は社会を前提としている。

利害についての主観的な問題は次の通りである。人間の利害心としての利己愛もまた社会状態をあらかじめ前提している。『反デューリング論』を参照しよう[46]。エンゲルスはそこで、ルソーが『不平等起源論』において弁証法を採用していたと称賛している。実際のところ、デューリングに対するエンゲルスはホッブズを前にするルソーと同じ状況のなかにいるのだ。フライデーを隷属させるためにロビンソンは何を使うだろうか？　隷属させるためには生産力と生産関係によって形成された社会状態が必要なのである。アメリカの主人たちは彼らの奴隷を綿に隷属させるのだ。

自然状態は現実かそれとも虚構か

この問題に重要性を認めている人はいるけれども、これがそれほど重要なものであるかは疑わしい。基礎と起源を区別するというカントの果たした役割を思い起こそう。ルソーの先人達にとって自然状態は基礎であると同時に起源である。ホッブズ以降、自然状態は社会が生ずる以前の生活と見なされている。自然状態はある意味では虚構のものである。というのも人類が完全にその中に身を置いたことは一度もないからである。だが自然状態はある特定の状況のなかでは現実のものである。ホッブズにとって、内戦はそうした状況のうちのひとつである。

ルソーにとってはどうだろうか？ 『不平等起源論』の中の三つのテクストを参照しよう。「あらゆる事実を取り除くことから始めよう……」[47]。「〔これまでの〕省察がわれわれに教えるものを、観察が裏づけてくれる」[48]。そして自然状態についての次の想定。「たぶんこれまで決して実在しなかった状態、そしておそらくこれ以降も実在しないであろう状態」[49]。

(1) 自然状態は観察できる事実ではない。幼少期も未開状態も自然状態ではない。

(2) 引用箇所の文脈からすると、ここに言われる「事実」とは、「自らの能力とともに創造された人間」についての聖書の記述によって確証される事実のことである。

(3) 自然状態が問題含みの疑わしいものとして提示されたことは一度もない。仮説として提示されているのは、自然状態と現実の〔現働的な〕状態の間で起こること、すなわち両者の間の中間状態である。但し、これら両端は実在的なものと考えられているのだ。自然状態は人間がそこから始めて自らを育成していく、そのような運動の出発点として実在的なものである。

自然状態から始まる発生があるわけだが、この発生はどのようにして起こるのだろうか？『不平等起源論』にはそのうちのひとつが示されている。『言語起源論』と『習俗論』では別の発生が示されている。だが観点は同一である。『エミール』では発生は幼児の観点から説明されている。

ルソーの著作の統一性

一九三二年二月に行われた哲学学会で、カッシーラーの打ち出したルソーの著作の統一性というテーマについての議論が行われた。

カッシーラーの説はカント的なもので、ルソーの著作には自由の概念を巡る統一性が存在すると主張している。[50] カントの「人間の歴史の臆測的始原」[51]を参照されたい。『社会契約論』は社会についての可能なる改革であろうとはしていない。

『不平等起源論』では取り決めなるものが論じられているが、これはその原理からして欺瞞的なものであり、人々を堕落させる社会状態を生み出すことになる。こうした欺瞞は目に余るものになる。すると社会の改修が必要になるわけだが、社会はその原理からして腐敗しているのだから、社会を再び改修しようにもそれは十分なものではありえない（これは百科全書派とは全く逆の考え方である）。

そもそも社会の改革は可能なのだろうか？ ルソーによれば一定の条件のもとで、一定の地点までは可能である。しかし今日では私たちは取り決めからあまりに遠いところにいるし、それを白紙に戻すこともできない。取り決めはそのうえ外部から来る立法者を前提としている（例えば、クレタ人、ラケダイモン人、ローマ人）。

こうした状態において人間は何よりもまず市民であり、社会改革は今や不可能である。それに契約はその取り決めがもはや変更不可能であるが故に存在するのである。契約をそれに先行する自然状態と関係づけるのは誤りである。契約は自然人すなわち自然の法に従って育成された人間と関係づけられねばならない。これに当てはまるのが、教育が完了し、財産所有者および夫となったエミールである。エミールは私人であり、公正で、美徳の人である。教育は公のものであることをやめてしまったわけであるから、もはや取り決め以前に再び戻ることはできない。

トロンシャンとの書簡のやり取りを通じて、ルソーは私人と市民の差異を認識するに至る。エミールに政治的な問題が提示されるのは、彼が私的なもののなかで育成されるときである。

そのような人間が新たな社会秩序を樹立することはないのだろうか？　いかなる発生によろうとも、先行する段階から社会契約への移行が行われることはない。私人である人間たちが何か別の社会秩序を創設するのは一種の転換によってなのである。

自然人は自らの発生の系列と関係づけられている。できるのはただ、家庭内教育によって子どもが堕落するような状況に陥るのを防ぐことだけである。

歴史に対応する発生の系列としてあるのは、自然状態から人々を堕落させる社会状態への移行である。二つ目の系列が教育の系列である。堕落した社会のなかで私人としての自然人を育成することを可能にするのが自然の法である。三つ目の系列は非発生的なものである。自然人は自らの意志によってその意志に相当する社会秩序を創造する。

いかにして自然状態から抜け出すか

例えばホッブズにとっては自然状態——とても生きていくことのできない状態——のなかに根本的な不均衡があり、それ故にそこからの脱出が必要となるのであった。脱出は自然法によって可能になる。この手段が前提しているのは理性の最小限の発達である。つまり、各人が自身にとって不利になることはいずれも斥けるという仕方で行為するのがよいというわけだ。

ルソーにおいて自然状態とは対立がなく、完全に自足した状態である。人類は一つの動物種とみなされる。個体はその種と一体をなす。すなわち個体と類的存在の同一性が存在するということである。なぜなら個体は自らにとっての一つの全体だからである。

自然状態からの脱出をもたらすのは、「よそから来た」「たまたまの」「軽い」実に様々な原因である。つまり、それは一つのメカニズムによってもたらされるものなのだ。とはいえ「自然の隠された計画」が存在するのであって、人間はその最終目的を実現することになるのである。

ただそれが実現されるためには、人類の発達のそれぞれの段階において、ある客観的な状況が必要である。客観的な状況が変わると人間の中に新たな利害と欲求が現れる。

自然状態から抜け出ると人は未開状態に入る。その際の状況として二つの新しい事由があげられる。すなわち地形学的な原因と気候上の原因である。これらの原因は、人口増減の原因との関係においてのみ作用する。人口が増えると、人々はますます互いに遭遇することになり、より恵まれた地域を探すようになる。

新たな利害と欲求が現れたとしても、人間を動物種ないしは身体的な存在として見る視点は変わっていない。人間は相変わらず事物との関係、そして事物への依存によって定義されている。だが自然状態において人間はことに受動的であったのに対して、その身体的存在はいまや能動的になる。もっぱら身体的である個体の類的な能動性というものが出てくるのだ。「いったいどれだけ多くの発明がそれを発明した人物とともに死んでいくのだろうか」[52]。

新たな利害は状況によって二つにわけられる。ある状況の下では他人と共同することが利益になるが、別の状況の下では競争する方が利益になる。たとえば協同でシカを狩っているうちの一人がノウサギの通り過ぎるのを見てそれを追いかけるという事例を考えてみればよい[53]。仮の形で形成された最初の共同体は猟師たちのそれであった。人類の最初の活動は狩りだからである。

新たな能力が現れると、ある種の関係の知覚がもたらされる（理性はそうした知覚を前提としている。『エミール』を参照のこと）。すなわち「一種の機械的な省察あるいは用心」である。「サヴォワ助任司祭の信仰告白[54]」は受動性についてだけではなく、「諸感覚を比較する能力」についても語っている。この能力はいまだに真の自由ではなく、身体的なものに留まっている。

ここで問題となっているのはなおも観察による判断であって、これは帰納による判断ではない。それは身体の活動と分離不可能な「感覚的理性あるいは幼稚な理性[55]」なのである。この水準では、人間は種として他の種と比較される。人間には同胞との類的な自然上の一致がある。擬音の言語、身振りの言語、自然の言語の出現がそれだ。

新たな欲求と利害は状況に統合されつつ状況を変化させる。破局も起こりうる。新たな利害という問題は自然的個体から道徳的人間[56]への移行の問題を提示する。

それは新たな活動、まさしく精神的と呼ぶべき活動の発見である。まるでこの移行が活動の後退をひき起こすかのようである。エミールの第三編と第四編を参照しよう。子どもの欲望はまだ弱いままに留まっているのだが、その力は生長して大きくなっている。この子どものなかには未だ使われていない力能がある。勉学によってこそ、その子どもは自らが知的で道徳的な存在であることを発見する。

同様に『不平等起源論』では「牧人は、活動することが少なく、平穏であることが多い[57]」と述べられている。ここには余暇と怠惰な情念の誕生がある。これ以降、「個人的な選り好みや比較がある[58]」ことになる。個人が種から区別されるのだ。

それはどのような条件においてであろうか？　個人が種から区別されるのは、この人間という種がもはや身体的な種としてではなく、道徳的な種として定義される場合においてである。

新たな利害と欲求は定住の開始と切り離せない（これこそが所有権の萌芽である）。人間同士の様々な結びつきが形成される。それはもはや狩人たちのそれのように利害の上にのみ創設されるものではない。

諸能力の状態はどうかというと、身体的な行動がより少ないときには、熟慮と復讐の道徳が発見される。

個人は、その種と一体をなすことをやめる。個人は他人から承認されることを欲する。

これこそ不平等と利己愛へと向かう第一歩に他ならない。
道徳性はまず権利の感情を通じて姿を現す。つまり「これは私に属しているはずのものだ」という感情である。侮辱されたと感ずる個人は復讐者になる。「各人は自身が被った侮辱に対する審判官であり復讐者である」[59]。そこにはまだ法がない。このことは一方の個人、他方の精神的種としての人類、両者の分離がまだ完全ではないことを意味している。ただルソー自身はそれは最良の時代だと言うのである。

我々人間に固有の、道徳的存在を発見すること、これこそが自由の発見である。魂と身体の根本的な二元論が明言される「サヴォワ助任司祭の信仰告白」を参照せよ。魂は能動的であって、あらゆる物理的〔身体的〕規定にも依存しない独立した意志を産み出す。自由は自然状態においてすでにそこにあったのだが、我々はそれを自覚することができない。その時点では自由は生と一体をなしているからである。我々が自由を自覚するのは、我々が、自分たちは自由によってこそ道徳的存在であるのだと発見したときである。我々が自然状態には自由が存在していたという結論を導き出せるのは、自己完成能力によってわれわれが道徳的状態に移ったときなのである。

二つの二元性が形成される。すなわち、身体の種としての人間と道徳の種としての人間（魂と身体）という二元性と、個人と種という二元性だ。一つ目の二元性が発見されるときには、二つ目の二元性が掘り下げて検討される。道徳の種のなかで美徳への愛が展開されるとき、同時に、個人の中で悪人であることの利益が展開されるのだ。

　これらの二元性がそのあらゆる重要性を帯びるのは文明化された状態のなかでのことである。そこでは、新たな利害は冶金と農業の対の形成に結び付けられている。冶金がまず形成された。そして、鉄を加工する人々をまかなう必要性から農業が生まれた。分業は鉄製品と農作物の交換の上に創設される。次いで、所有権が初めて現れる。すなわち土地の分配が行われる。所有権と労働との間に協約によるような関係はない。労働者がその土地を所持している。その土地が労働の成果を生み出すまで彼がその土地で労働を行ったのならば、彼はその土地に対してある特定の権利を有するのである。

　収穫から収穫へと続くこうした所有は自然的起源に由来するものである。これは道徳的存在への進化、すなわち、正義〔公正〕という道徳へと向かう進化であるわけだが、この進化は、道徳的存在の発展の基礎となる所有権の考え方が出てきた後で初めて起こることである。この正義の本質は、各人に自らに起因するものを取り戻させることにある。

　冶金工と耕作人の関係には、「結び付きをめぐる不平等」がある。所有権は正義の感情を刺激したが、その声はまだ弱い。そうした感情があるにもかかわらず、個人としての人間は多かれ少なかれ貪欲な所有者として自らを規定していくことになる。分業に起因する所有の不平等の中で、所有者であることの利益を発見していくのだ。したがって、新たな不平等、すなわち不当な取得がここにはある。ある力関係が所有者間で確立されるのである。

富者はルソーが熟慮された計画と呼ぶものを構想する。それは欺瞞であるのだが、「もっともらしい理由」[60]をもつ。彼らは持たざる者たちに、戦争状態の終結、そしてすべての意志をただ一つの意志へと集結することを提案する。これが至高の権力の形成、欺瞞に満ちた「非常に一般的な取り決め」[61]だ。

ルソーはここで非常に古典的な理論を取り上げ直しているが、彼が示したいのは、このように構想された契約は欺瞞としてしか理解されえないということだ。『社会契約論』においてルソーは、契約が欺瞞なしに生じうる諸々の抽象的な条件を探求するのである。ルソーの先人たちは契約のうちに安全と自らの自由との交換を見ている。ルソーはそこに契約の効果を見ることを受け入れるが、それはその契約がひとつの欺瞞であり、同意によっては獲得されえないという場合に限ってのことである。

(1)論理的論証。私たちが取り決めを受諾するのは他人への依存に陥らないためである。(2)心理学的論証。自然に隷属へと向かうような性向は存在しない。(3)社会学的論証。これは社会の状況と家族の状況との同一視を可能にするような父権的権威の主張に対する反駁である。(4)道徳的論証。生命と身体的存在としての私が一体であるのと同様に、自由と道徳的存在としての私は一体である。生命も自由も譲渡することはできない。

ルソーは、われわれが自らの自由を失ったことを否定しない。それはまさに契約によるものだったのだが、われわれは騙されたのだとルソーは考える。欺瞞を完全に免れるものと定義できる契約はありうるだろうか？　それこそ『社会契約論』が検討する問題である。まず歴史的な検討によると、従属と結合という、契約の考えにおける二つの主題がある。

従属について。十六、十七世紀では、一方が臣民、他方が主権者である二つの契約当事者が存在することが認められていた。これに対するホッブズの反論は、主権が二重になっているというものだ。これでは諍いを裁くために第三の権勢が必要になってしまう。

結合について。それはあらゆる意志を一つに集結することである。臣民となる人々の間に多数の契約行為があることになる。ルソーの批判は次のようなものだ。ホッブズは結合が最初のものであることをよく理解していたが、従属を結合に還元するという点で間違っている。〔ホッブズにおいては〕われわれは、契約に入ることのない主権者との関係によって臣民として構成されることになる。

ルソーにとっては、まずは結合がなければならない。この結合は富者が貧者に提案した集結の産物である。つまりまずは公衆を形成するのである。しかし、ここには欺瞞がある。その起源に欠陥があるのだ。貧者はこの意志が共通のものでないことに気付きうるからである。したがって、必然的に政府の契約が必要となる。これが二つ目の欺瞞である。というのも、どんなに行政官が誠実であろうと、その起源上の欠陥のために行政官になるのは富者であるからだ。

正義に対するわれわれの感情は、いまだ弱く、せいぜいこのようなペテンの実現を許す程度のものでしかなかった。悪人であることの利益が現れるのはこのときである。

人間は悪人であることが自らの利益になるのを発見する。なぜなら、所有権はわれわれに正義〔公正〕の感覚と同時に個別の利益を与えるからである。所有権は内的運動によって不平等を発展させると、ルソー以前の経済学者はみな口を揃えてそう言う。ルソーの見解はより複雑である。重要なのは内的運動ではなく、新たな欲求と他人の労働の搾取という二重の作用であるとルソーは考える。それは不正な取得の段階である。道徳的種としての人間と、自らの個別の利益とともにある個人との間の二元性が広がっていく。

悪人であることの個別的利益は執拗に人に迫ってくるものである。それに対し、正義の声は弱いため、そうした利益に供することになってしまう。ここから出てくるのが富者のまやかしじみた提案である。富者は富者から是認されるよう、まるでそれを前提するのが当然であるかのように正義をもち出してくる。こうした正義は『社会契約論』に見られるそれと同じものだろうか？　ここでの契約はまやかしである。なぜなら、この契約は不平等な二者間で締結されたものだからだ。それが援用する、当事者関係を定めた正義〔公平〕の原則にしても、〔不平等である〕当事者を平等なものとしているのである。『社会契約論』では、正義は、別個の者である複数の当事者の間の関係とは全く別のものによって形成されている。社会契約によって産み出されるものは譲渡不可能なものである。

社会契約の問題は次の通りである。その本性上、方向を変えることがありえず、いかなる譲渡にも応じず、われわれの悪しき利害心によって利用されえない、そのような正義の形式があるだろうか？　実際には、ルソーは、こうした正義は譲渡されるとたびたび述べている。臣民と主権者の関係は悪意に供する事態へと移行しうる。たとえば、国家のうちで部分的結社が形成されたりするだけでそれには十分である。したがって正義は、それ自体では譲渡不可能であるにもかかわらず、譲渡されうるのである。まるで全体を考えているかのように見せかけることのできた部分的結社によって正義は悪用されうる。但し、これは、実際には当事者間の関係ではないにもかかわらず、そのようなものであると見なされる正義〔公平〕のことではない。

『不平等起源論』において展開された次のような二つの考えが『社会契約論』において再び取り上げられている。

(1)　社会は一方の他方に対する服従関係の上には創設されえず、あらゆる服従は実際には結合を前提としている。

(2)　結合が別個の当事者の間の関係として提示されている限り、契約は欺瞞である。

この考えは『社会契約論』を予期させる論理的な論証である。社会契約は結合の契約として定義されるのであって、別個のものと見なされる二者間で確立されてはならない。彼の先人たちに対し、ルソーは攻撃的なカリカチュアを描いている。彼らが構想するような契約は実在の社会の基盤であるとルソーは認める（結合に先立つ服従など）。しかし、ルソーが言うには、まさにこのことによってこそ、実在の社会は本質的に欺瞞に満ちたものなのであり、そこでは自由はもはや存在しないのである。

人間という社会的存在はその原理そのものが、そうした欺瞞によって堕落させられているのだ。それゆえルソーは人間が社会的存在であることを原罪と決めつけるのである。人間が社会的存在であるとは、人間が悪い利害心に奉仕する道徳的存在だということである。

いかにしてそこから抜け出すか

それがまだ遅すぎないときには政治的行動によって、すなわち革命によってである。以下の箇所を参照してほしい。(1)『人間不平等起源論』、第二部[62]。(2)『エミール』第五編[63]。リュクルゴスは農地を共有化し、それによって欠陥を抹消しようとする。他方、ソロンは負債を帳消しにするだけにとどめ、根本的には何も変えない。(3)『社会契約論』第二篇八章[64]。

手遅れのときには革命は不可能である。しかし、まだ家庭教育が残っている。

教育の意味は退廃、悪い利害心を抹消することである。それには、二つの方法がある。一つ目はジュリの方法であり、美徳によるもの。二つ目はヴォルマールの方法であり、これは英知によるものである。

家庭のレベルで、個人と道徳的種〔としての人間〕は和解する。しかし、こうした教育は主観的で消極的なものに留まっている。

そうした教育だけでは十分な和解にはならない。というのも、私がそこから逃れるにしても、社会的な生は続くからである。個人と道徳的種との積極的で客観的な和解が必要なのだ。しかし、そうした和解が可能になるのは私的教育の後でしかない。私人は市民〔公民〕を復元することができるだろうか？　契約は自然の人間、すなわち『エミール』によって形成された人間を前提としている。

それにもかかわらず、『社会契約論』においては自然状態へのそれとない言及が残っている（第一篇六章、第一篇八章[65]）。

『エミール』の最後である問題が立てられる。エミールは市民《シトワイヤン》〔公民〕になることができるのか？　つまり「同国人《コンシトワイヤン》たちとの君の市民的関係[66]」の問題だ。ルソーがエミールに自然状態について考察するよう勧めるのはこのときである。つまり、このような考察が私人から『社会契約論』の市民への移行を助けることになるのである。

したがってここでは、

〈自然状態における人間〉―〈社会的人間〉と〈自然状態〉―〈社会契約〉が類比関係を成している。

こうした考察は、人間は自然状態において自由だと我々に示すことになるはずだ。ここから「契約」の可能性が生じてくるのであって、その「契約」のもとでは正義はもはや譲渡不可能になるのである。

ルソーの作品の統一性

自由は確かに絶えず現れる術語である。だがそれは自由がつねに問題であるという意味でのことである。したがって、統一の要素となりうるのは自由ではない。

統一性を生み出しているのは個人と人類種との関係という問題である（これはカントの解釈である）。(1)身体的種と身体的個人。これらは調和している。(2)発生的観点からすると、身体的受動性から身体的能動性へ、そして身体的能動性から精神的種への発生がある。(3)道徳的種としての人間なるものが存在するが、個人と種との間には断絶がある（『不平等起源論』の論じる人々の欺き合い、『新エロイーズ』で描かれる自分自身による欺きを参照）。(4)道徳的な意志の行為、それが個人と精神的種との間の主観的な統一を復元する（『告白』と『新エロイーズ』第二部）。(5)個人と道徳的種との客観的統一を確立する政治的行為を規定すること（『社会契約論』）。

社会契約

十六世紀の法学者は社会契約を、臣従する者がその一方で、支配者がもう一方であるような二者間の関係とした。したがって主権者は分かたれている。すると諍いを裁くために第三の審級がなければならない。権力と主権は分割される。ルソーが言うには、こうした考え方は社会と政府を混同している。彼にとって、あらゆる政府は先行する結合を前提としている(『社会契約論』第一篇五章)[67]。臣民の元首に対する服従はすでに臣民としての人間の成立を、したがって結合を前提としている。だが、たとえ服従が契約であるとしても、その契約が最初のものであるわけではない。『社会契約論』が進んでいくうちで、結合なしでは服従はありえないと述べられている(第三篇十六章)[68]。

主権は譲渡不可能である。法学者らは正反対のことを述べている(例えばプーフェンドルフ)。彼らにとっては主権は服従のなかで譲渡されているのだ。ルソーの考えでは、主権の譲渡は贈与あるいは売却としてなされうる。贈与は強いられたか、あるいは暗黙のものであり(第一篇第四章)[69]、そうでなければ自らの意志で進んで行われたものである。同様に、売却も強いられたか、あるいは暗黙の、自らの意志で進んで行われたものである。

主権の強いられた贈与や暗黙の贈与はいかなる権利の源泉でもない。主権の贈与が意志によって進んで行われたものであるとすれば、それはただ純粋に狂気の沙汰である（そういうわけで自分たちの自由を譲渡してしまう人民は狂っていることになるのである）。〔主権の〕売却においては、安全と引き換えに自らの自由が交換される。これは政府についての誤解であるとルソーは言う。というのも、ひとはそのとき政府を、主権を委任されたものあるいは主権と同等のものとして考えているからである。一般的な法をあらかじめ前提とする個別の政令《アクト》を、政府の行為《アクト》として定義することはできないのだ。政府はひとつの委員会と同一視される他ないのであり、政府の行為は主権者の現れなのである。政府は根本的に主権者に従属しているのだ。ここから、主権者が主権者に従属する審級に自らを委ねることはありえないと結論することができる。

　主権者による自己の譲渡を次のように考えてみることができる。すなわち、主権は立法権を委ねられた人々によって代表されることになる、と。だが、ここでもまた、主権者は代表へと譲渡されることはできない[70]。主権者はそれ自身によってしか代表されない（第三篇第十五章においてルソーは次のように言う。すなわち、「主権は代表されえないのだが、それは、主権が譲渡されえないのと同じ理由によってである。主権は一般意志からなっており、そして意志は代表されるものではない」[71]）。

　政府が主権を専有することができず、主権の委員会でしかないのと同様、代表者は人民の委員にすぎない。政府は代行者もしくは委員にすぎない。というのも、政府は判断を行う機能しか行使しない（法の下に入る事例を規定する）のであり、その機能は意志する能力とは別のものなのだ。

同様に代議士は判断を行う機能しかもっていない。代議士は法を構想し、その法によって彼らは一般意志を明らかにするのである。それは仮言的な法律なのであって、代議士がそれを義務づけたり、実効的なものにすることはできない。ただ主権者のみが代議士によってなされた提案を決定する。代議士（立法権を有する者）は法律を提案し、ただ主権を有する人民のみがそれを批准する。それだから、イングランドの人民が自分たちは自由であると思っているのは間違いであり、彼らが自由なのは代議士の選挙のときだけなのである。選挙が終わると彼らは代表者の奴隷になるのだ。

これらの論証によってルソーは絶対君主制に反対し、代議制政府についての批判を行うことができたのだ。

古代都市国家の立法の状態は次の通りである。すなわち、立法者が提案し、人民が決定する。それは勇敢な政府であるとルソーは言う。代表者という考えは彼にとっては封建的な考えである。代議制の議会は封建領主らが君主制と闘うための手段だった。

古代において構想された立法権は規模の小さい都市国家であること、市民に余暇があることを前提としている。

にもかかわらず『ポーランド統治論』[72]では、ルソーはこの国家が巨大であるため、次のような条件を付けて代議士による代表制を構想している。その条件とは、頻繁な選挙と被再選資格の規則の厳格な遵守、そして最後に、公の批評による代議士の検査といったものだ。これらの手段によって、代議士は委員の身分にとどめられることとなる。

したがって、人民が指導者あるいは代議士に身を委ねるや、それに平行して、人民の自己の譲渡が存在することになる。


主権者をある一人の個人やある一つの集団に帰することはできない

第一の論証。これは非常に攻撃的な論証である（ミラボーへの手紙[73]）。

第二の論証。主権者を主権者たらしめる行為は、主権者を一般意志として構成するものでしかありえない。この一般意志が個別意志と一致することもありえないわけではない。しかし、それはそもそも偶然起こるものである（『社会契約論』第二編一章[74]）。

第三の論証。主権者はそれが一個人であったならば譲渡されうるだろう。だが、主権者は抽象的で集合的な存在しかもたない法的人格である（『ジュネーヴ草稿』を参照せよ[75]）。


主権者はその目的において分割不可能である

ホッブズにおいては、主権者はその原理において分割不可能なものである。ホッブズにとって契約とは、それによってすべての人が、その契約には入っていない第三者にとっての臣民となる行為であり、その第三者こそ主権者に他ならない。

主権者は契約を経ていないため、臣民が主権者に背くことは認められていない。つまり、主権者の譲渡不可能性があり、主権者は代表されることもありえない。

ホッブズは主権者をある一人の人物、もしくは特定の集団に帰する。主権者が分割不可能であろうとも、主権者が複数の異なった権力を含むことは妨げられない。主権者が絶対的権力を持つためには、それがすべての権力を保持する必要がある。したがって主権者はその原理においては分割不可能だが、その目的においては分割可能である。

ルソーは『社会契約論』第二篇のなかでこの主張を批判している。[76]

ルソーにとって、主権者は絶対的に分割不可能な「単一なるもの」である（第三篇第十三章[77]）。

主権者には唯一つの目的しかない。それは法である。平和か戦争かを決めること（ホッブズはこれを主権の行為と考えているわけだが）、これは先行する法律を前提とする政府の行為に過ぎない。

以上のことから、次のように結論づけられる

(1) 契約はしたがって服従の行為ではない。

(2) 契約はそれを通じて全ての人が第三者にとっての臣民となるような行為ではない。

(3) 契約はそれを通じてすべての人が主権者として構成される行為であるが、そこでは政府への譲渡とか代議士による代表などの可能性は排除されている。

(4) 契約がこのようなものだとすると、それはもはや当事者間の関係と見なされ得ない(この考えは、おそらくスピノザを除いた全ての先人たちに反するものである)。

契約の積極的な性格とは何だろうか

契約を関係として置くのならば、それは公衆対個人、もしくは臣民対主権者の関係を意味する。しかし、人民や公衆は契約に先立っては存在しない。ルソーにおけるこの表現は暫定的なものにすぎず、最も深いものではない。『社会契約論』第二篇第四章の第二段落の注を参照されたい。[78] そこでルソーはこれらの用語を正確に定義することの困難さを強調している。

絶えず出てくる三つの用語がある。

・一個の人間、個人、あるいは人（私人）
・臣民
・市民

この三つの用語は相互の関係において役割を変えうる。第一篇第七章の第一段落を参照しよう。[79] そこでは中間項が個人であり、それが二つの関係のもとで考察される。このとき個人は臣民であり、また主権者の一員である。第二段落に進むと、今度は臣民こそが中間項になって二つの関係のもとで考察される。

このように契約は一個の人間をある関係の下では臣民として、別の関係のもとでは市民として構成すると言うことができる。あるいはまた、臣民は主権者との関係においては一個の人間として捉えられ、また一個の人間すなわち個人との関係においては主権者の一員として捉えられる。このように、契約は相互の関係において役割を変えうる三つの用語を介在させるのだ。その際、中間項は二つの関係の下で捉えられねばならない。

第一の仮説において、中間項となるのは個人である。個人は主権者との関係において自らを臣民として構成する。また、個人は他の諸々の人間たちとの関係において自らを主権者の一員として構成する。

最終的には臣民のみが二重の関係を有す。第一に主権者と関係があり、そしてさらにそれは主権者の一員である。したがって、臣民こそが中間項である。契約の基礎となる行為とは、それを通じて個人が臣民になると同時に主権者の一員になるような行為である（もし臣民になるだけで主権者の一員になれないのであれば、個人は単に奴隷であることになってしまう）。

社会契約には三つの定式があり、それらは順に深まりを見せていくようになっている。

(1) 契約は二項間の関係である。

(2)　契約は三つの項の発見である。
(3)　二つの関係のもとで捉えられるのは臣民それ自体である。

契約とともに義務が生じる。誰が義務を負わせられるのだろうか？（第一篇第七章）それは個人ではない。なぜなら、法的に考えると、個人は自らで自らに義務を負わせることはできないからだ。

それでは主権者が義務を負わせられるのか？　そうではない。なぜかと言えば、主権者は自ら存在条件以外の何ものにも従属しないからだ。主権者は自らの存在の諸条件を規定する諸々の法則にしか従わない。主権者はそれ自身、何ものをも義務づけられない。「主権者を存在させている行為を踏みにじるならば、主権者は自らを無に帰することになる」（第一篇第七章）[80]。

臣民のみが義務に服する。二つの関係の下で把握されうるものは臣民のほかにはない。このようにして二つの関係の下で把握されるということこそ義務の条件である。

義務の源泉は何だろうか。それは「自らに義務を負わせる者による自由な約束」（「山からの手紙六」[81]）である。自らに義務を負わせることのできる項は臣民だけである。義務の様々な源泉についていろいろ話はできるだろうが、この臣民という源泉は特別である。

約束という行為の本性

この行為には全面性と即時性の二つの特徴がある。第一篇第六章を参照しよう。この行為〔社会契約〕は全面的な譲渡である。

全面的というのは、すなわち、それはすべてに関わっているという点で完全であり、各個人が完全に譲渡されるという点で普遍的だということである。

この譲渡が完全なものであり得るのは、それが他人の利益にならない譲渡だからである。もし他人の利益になる譲渡であったとしたら、譲渡は全面的ではありえない。なぜなら自由は譲渡不可能だからだ。

この譲渡の本質は一つの全体を構成することにあるのであって、他人に自らを依存させることにあるのではない。ここから各個人が同一の条件に従うという結論が導かれる。「各人は自らをまるごと与えるのだから、条件はすべての人にとって等しいのである」[82]（第一篇第六章）。

譲渡の多寡に応じて個人の間に差異が出てくるのは、各人が全面的には自らを譲渡しないか、あるいは何かを留保している場合に限られる。全面的譲渡には平等がすでにそこに含まれている。

即時性についても参照されるべきは第一篇第六章である。「即時に、この結合は道徳的で政治的な団体を産み出す[83]」。

私が自らを譲渡するのと同じ瞬間から、同時に私は主権者を構成し、私はすべてを取り戻す。事情は別様ではありえない。主権者は私に、〔私が譲渡した〕そのすべてであるいはそれ以上を別の形式の下で返還する（『社会契約論』第一篇第九章）。例えば主権者は個人が主権者に譲渡した所有物の合法的な所有を保証する。主権者は共同体にとって必要不可欠なものしか保持しない。そこでは主権者には道徳的義務は存在しない。これが主権者の存在条件である。そうした返還を実行しなければ、主権者は打倒されてしまう。

「だが、主権者のみが何が重要であるかを判断する者であることは認めなければならない」[84]。ただ主権者のみが、何が共通の利益であるかを決められる。共通の利益は状況、事態、社会形態に応じて多種多様に変化する。

所有者に対するそうした部分的な返還の見返りとして、主権者は所有者に課税する。所有者は公共財産の預かり人にすぎない。主権者による返還行為によってのみ、所有者は所有者として存在する。即座の返還は私有物と私的な意見、すなわち臣民の関心の対象ではない私的宗教にかかわっている（『社会契約論』の終章を参照[85]）。

なぜ主権者は一般意志を構成するのか？

契約は必然的に一般意志を形成する。共通の利益と一般意志を混同してはならない。共通の利益とは、主権者との関係における臣民の利益である。これは私が自らを主体に構成する行為、すなわち契約へと即座に差し戻される。すべての人は一つの等しい条件に従っているのだから、彼らは一つの同じ利益をもつのだ。この平等を消し去ることは共通の利益すべてを打ち壊すことになる。

私は各々の臣民がその一員であるような主権者との関係において、また諸個人との関係においてのみ、自らを臣民として構成することができる。この観点からすれば、各人が立法者である。すると、諸個人との関係において主権者が欲するものとして導き出されるのは、もはや平等ではなく自由になる。一般意志とは主権者の一員である限りでの、すなわち市民である限りでの各人の意志である。

「意志を一般化するもの、それは共通の利益である」[86]、こう語るときルソーは何を言おうとしているのだろうか？　共通の利益は一般意志を構成するものではなく、一般意志を可能にする条件である。個人が自らを臣民とすることが主権者を形成するにあたっての条件である。共通の利益を規定するこの行為がなければ、主権者は存在しえず、したがって一般意志も存在しない。

いかなる意味において、私たちはルソーの「功利主義」について語ることができるだろうか？　有用性の概念は次の二つの意味において現れている。

ある能力が発展するのは、ただその能力が有用である場合だけである。欲求はこうした能力を創造することはできない。ただし、有用であることが果たしうるのは、能力を実現するという役目だけである。

契約の共通の利益は一般意志が可能になるための条件であり、その原理ではない。

一般意志は何を意志するか？

一般意志は自らの条件を、すべての臣民の条件が平等であることのうちに見出す。一般意志が何らかの選好によって規定されることはあり得ない。この意味で、一般意志はそれ以外の何かによって規定されることがないのだから、一般意志とは自由の意志（カント）のことである。一般意志が意志することができるのはただ法だけである。法は諸個人に対する関係を未規定のままにしておく。法は立法者の仕事によってのみその対象を特定する。法はそれ自体においては、法は市民としての臣民のもつ意志の形式でしかない（「山からの手紙六」[87]）。

一七六七年のリヴィエールのル・メルシエ宛ての手紙もまた参照してほしい。そこで言われているのは、人間の上に法を置くような政府の形式を見出さなければならないということだ。

『社会契約論』第三篇第一章では、次の二つの事柄を区別せねばならないと言われる。[88]

(1) 意志はそのような行動を意志することが可能かどうかという問い（カント的に言えば道徳的可能性の問い）。これは立法する能力〔立法権〕である。

(2) そのような行動を実現する可能性をわれわれはもっているかどうか、もちうるかどうかという問い（カント的に言えば物理的可能性の問い）。これは執行する能力〔執行権〕である。

法によって規定される一般意志は、行動をその物理的可能性において考えるのではなく、抽象的可能性において考える。

法には義務が結び付けられている。法という語は命令的《プレスクリプティフ》という意味においてしか厳密には使用されえない。義務の源泉が、私が自らを臣民にする行為である場合には、法は市民的なものでしかありえず、法は契約のなかに自らの基礎をもつ。

これは十分な回答だろうか？

このような回答が意味しているのは、ルソーが当時の自然法の考え方を大いに批判していることである。『人間不平等起源論』はこの方向性に向かう。不平等は自然法によって認められているのだろうか？　ルソーはこの問いには答えず、自然法の概念は誤った解釈に満ちていると述べる。[89]

しかしながら、ルソーが自然法を引き合いに出し、自然法は契約自体よりも高位にあると述べるテクストが存在する。

一七五八年十月の手紙がそれである。[90] ルソーは主権者に依存せず、その高位に立つ三つの権威を認めている。その三つの権威とは神の権威、自然法の権威、名誉の権威である。これらの権威と対立があった場合に譲歩するべきは主権者なのである。『新エロイーズ』では、自然法（愛）、名誉、神というヒエラルキーが現れる（名誉に関する手紙は『新エロイーズ』第一部、サン＝プルーの手紙を参照[91]。
「山からの手紙六[92]」。契約は自然法に反するものではないことを証明しなければならないと言われる。
『エミール』第五編。「自然と秩序の永久の法が存在する。その法は賢人にとっては実定法の代わりになる[93]」。賢人とは社会を逃れた人物のことだ。

　契約は一方でより高い審級である自然法に関連づけられているのに、契約が第一の原理であるのは、すなわち市民の法や義務がそこから生ずる原理であるのはどのようにしてであろうか？

『不平等起源論』の冒頭を参照しよう。ルソーにおける自然法の批判には二つの方向がある。

　その批判はまず古代の人々（プラトン、アリストテレス、ストア派）に反対することから始まる。自然法は彼らにとって正しい理性《レクタ・ラチオ》であり、事物のその目的との合致である。ルソーは、彼らは間違って法《ロワ》という語を使用していると言う。彼らは法という語を、自然が自らに課す法則《ロワ》という意味で使用していたのであって、自然が命ずる法《ロワ》という意味では使用していなかった。ところで法の概念というのは自然の存在条件ではなく、本質からして一つの命令である（『人間不平等起源論』の序文[94]）。

　近代人はこの命令的性格を理解していた。近代人にとって法は知的かつ自由な存在に対して命じられた規則である。自然法は命令を受け取ることのできるこの存在に適用されるのである。

ホッブズにおいては、自然状態はもはや完全性の秩序ではなく、力、情念、動機のシステムである。このとき、情念に満たされた存在にとって法は、この存在に対立する義務となる。

自然状態とは力のシステムであり、それに対応する諸々の自然権を伴っている。こうした構造に二つ目の構造が付け加えられる。すなわち自然法の構造である。この法をもたらす動機とは暴力による死に対する恐怖であり、この恐怖は理性の原理そのものなのである。法はそれなしでは私が自らの生命を保全できないような法を命ずる。しかしながら自然法は仮言的にしか命令を下すことができない。この法が与えるのは、他の人々も同じくこの法を望んでいるという条件の下で私が私の生命を保全する手段に過ぎない。ここから、どのようにすれば法を義務的なものにできるのかという問題が出てくる。法は義務づけられたものになりはするが、それは、すべての個人がお互いの間で契約を結び、そしてとりわけ、その契約に参加していない一人の主権者に彼ら自身の権力を譲渡するからである。このことによって自然法は市民的なものになるのである。

ルソーによれば近代人の誤りは次のようなものである。彼らは自然法を自然状態のなかに据えるのだが、彼らはその状態のなかに理性をすでに備えた存在を想定してしまっている（理性がなければ法もないからというのがその理由だ）。

ルソーは法の命令的性格を受け入れている。だが、彼の同時代人は法が何に基づいているのかを見なかった。法は仮言的なものでしかありえなかったからだ。

ルソーにとって自然法は自然状態の中にあるものではない。というのも、自然法は自然状態からの潜在性の発生的展開だからである。

その潜在性は社会の中に見られる諸々の客観的な状況においてのみ実現されるという意味で、この自然法は社会を前提としている。例えば、正義の感情が実現されるのは、その感情が有用であるときだけであり、その感情が有用であるのは社会があるときだけである。しかしながら、社会が自然法の発展を構成することはない。

社会契約は自然法に関係づけられねばならない。なぜなら、市民の法の絶対的基礎である契約は自然法に帰されなければならないし、契約は全面的な譲渡であるのと同時に即時の返還であるからだ。自然法と矛盾しているならば、契約は破綻する。

ルソーにおける市民の法の観念

法は主権者の行為そのものであり、一般意志の直接的な表現である。政令《デクレ》と法との間には本性上の差異がある。法はあらゆるものに行き渡り、臣民を全体として、様々な状況を抽象的なものとして捉えている。これは主権の行為である。
政令は人を指名し、臣民たちを一個の人間と捉え、行動を具体的に見ている。政令は政府の行為である。法は政府の形態や、あらゆる臣民が政府にアクセスできるために満たされるべき諸条件を規定する。

主権者と一般意志の関係。『社会契約論』第三篇第四章を参照しよう。主権者は「共同の自我[95]」であり、「感受性を備えた生」である。一般意志とはこの生に対応する運動である。社会契約は主権者の形成のようなものであり、一般意志とは主権者が自らを保全する際の形式である。

社会契約はそれだけでもう一般意志である。社会契約は形式的な意志を規定する。契約はそれ自体において、意志を一般化し、形式化する。したがって主権者はすでに形式的な意志なのだ（個別意志はつねにその好むものを追い求めるが、一般意志はつねに普遍的な善を追い求める。この区別はいまだカント的とは言えない）。このような一般化は個別意志を足し算して得られるものではない。

一般意志は何を意志するか？　一般意志が意志するものは一般的に、すなわち形式的に規定されねばならない。それが意志するのは平等と自由である。主権者とは、自由と平等を意志する限りでの一般意志のことである。

法が形式的なものであるとは、法が具体的な人、そしてその人の他の人々と結ぶ関係を考慮に入れていないということである。そうしたものと関わりをもつのは政令である（この意味で、政府は判断を行う機構である。どれが法の下に入る事例であるかを規定するのである）。しかしながら、法は一般的に規定するという意味では形式的なものであるにしても、平等や自由の規定でない法は存在しないのだから、〔この意味では〕法は形式的なものではない。

最良のもの、たとえば善き法とは何だろうか？　善き法は事物や対象との関係を考慮に入れないわけにはいかない。ルソーにとって、具体的な人との関係からわれわれを救ってくれるのはいつも事物との関係である。したがって法は与えられた社会の客観的な状況（資源、人口等）が考慮に入れられてはじめて完全に規定されることになる。法は具体的な人々との関係を考慮にいれないが故に形式であるが、事物との関係を無視しはしないという意味で法は形式的ではないのである。

以上より言えるのは、法を規定するには一般意志では十分でないということである。意志による形式的な規定に、当の社会の客観的な事情の内容が付け加えられねばならないのである。

したがって、一般意志は善を意志はしていても、それを知らない（私人の場合と逆の事態である）。形式的であるがゆえに、一般意志は盲目なのだ。

したがって、一般意志はけた外れの知性に助けを求めなければならない（それは諸能力の心理学を社会的平面の上へと転換することである）。すなわち外部から、やってきた立法者の知性がこの意志を照らすのである。立法者がいなくとも一般意志は自身が形式的に意志しているのは何であるかを知っている。しかし、一般意志は自らを実質的に規定するために立法者を必要とする。善き法というものは、形式的側面からすれば個別具体的な人を考慮してはならず、実質的側面からすれば具体的状況に適応せねばならない。

したがって、法は意志に帰される形式と立法者に帰される実質との複合体に他ならない。法をその形式からアプリオリに演繹することが問題にもなり得ないのはそのためである。

訳注

1　原語はl'Etat de nature。ルソーは「自然の状態l'etat naturel」と「自然状態l'état de nature」とを区別していたことが指摘されている。前者は原初的で実在したことのない観念上の状態を指し、いわゆる「自然状態」よりも抽象度の高い概念とされる（ルソー『不平等論』戸部松実訳、国書刊行会、二〇〇一年、三〇九頁以下を参照）。ドゥルーズは本講義において上記の区別をすることなく「自然状態l'état de nature」という語のみを用いている。

2　原語は droit naturel。この箇所のみ内容上は「自然法」とも訳せるが「自然権」に統一する。なお、ドゥルーズは一九八〇年一二月九日のスピノザ講義において droit naturel の内実がホッブズによって大いに刷新されたことを詳述している。

3　キケロー「善と悪の究極について」、『キケロー選集〈10〉哲学Ⅲ――善と悪の究極について』永田康昭・兼利琢也・岩崎務訳、岩波書店、二〇〇〇年。具体的な参照箇所は不明だが、第五巻とりわけ二三章（三一一〜三一三頁）あたりかと考えられる。

4　プラトン『法律』875C-D（森進一他訳、一九九三年、岩波文庫、下巻二二〇〜二二一頁）。

5　ホッブズ『市民論』本田裕志訳、二〇〇八年、京都大学学術出版会、三一〜三二頁。

6　原語は"Carnets"モンテスキューのどの著作をさすか不明。

7　『学問芸術論』山路昭訳、『ルソー・コレクション――文明』川出良枝監修、白水iクラシックス、二〇一二年、三二頁。ここでのドゥルーズの引用は文字通りのものではない。

8　ヘーゲルのどの著作からの引用からか不明。むしろ『法権利の哲学』273節においては、君主政と民主政のどちらがより優れた形態かというのは無意味な問いであると述べられている（ヘーゲル『法権利の哲学』三浦和男訳、未知谷、一九九一年、四五四頁を参照。）

9　スピノザからの直接の引用ではないように思われる。おそらくは『神学・政治論』第十六章および第二十章の内容を受けている。

10　『告白』第九章でルソーは『感覚的道徳あるいは賢者の唯物論』という著作の構想を語っているが、この書は未完のままに終わった。但し、かなりの量の草稿が残されている。

11　Pierre Burgelin, *La philosophie de l'existence de J. J. Rousseau*, Vrin, 1973. p. 455.

12　プラトン『パイドロス』246A-B（藤沢令夫訳、岩波文庫、一九六七年、五八頁）参照。プラトンは人間の魂を一台の馬車に見立て、黒い馬、白い馬、御者の三つに分ける（いわゆる魂の三分説）。黒い馬は欲望的部分、白い馬は気概的部分、御者は理性的部分にそれぞれ帰される。ブルジュランは前注で示した箇所において、参照先として『国家』第四巻441A（藤沢令夫訳、岩波文庫、一九七九年、上巻、三三一〜三三二頁）も同時にあげている。

13 『新エロイーズ』のテクストにこの文言を見出すことはできなかった。第三部手紙一八の内容を要約しているものと考えられる。

14 白水社の全集版では原注が訳出されていないため、この箇所の邦訳は岩波文庫の訳書を参照（『新エロイーズ（二）』安士正夫訳、岩波文庫、一九六〇年、三六二頁）。なお、この箇所以外の『新エロイーズ』からの引用については白水社のルソー全集九巻、十巻の邦訳（松本勤訳、一九七九年）を参照した。

15 第三部手紙二〇、注(a)、参照については同上。

16 『新エロイーズ』第四部手紙一二、白水社ルソー全集第十巻、一二九頁。

17 原文テクストでは「手紙一八」とあるが、内容上『新エロイーズ』第四部一七が正しいと思われるため訂正した。

18 『新エロイーズ』第四部一四、白水社ルソー全集第十巻、一四五頁

19 『新エロイーズ』第四部一四、白水社ルソー全集第十巻、一四六頁

20 『新エロイーズ』第四部一四、白水社ルソー全集第十巻、一四六頁

21 『新エロイーズ』第四部一四、白水社ルソー全集第十巻、一四七頁

22 『新エロイーズ』第五部手紙三、白水社ルソー全集第十巻、二一六頁

23 ルソーからソフィー・ドゥドト夫人に送った『道徳書簡』ならびに『エミール』の続編である

『エミールとソフィー』を参照したが、訳者は引用と合致する箇所を見つけることができなかった。

24 『書簡集（下）』原好男訳、白水社ルソー全集第十四巻、一九八一年、一七六頁

25 「ミラボー侯爵への書簡、一七六七年一月十三日」『書簡集（下）』白水社ルソー全集第十四巻、三五六頁

26 『孤独な散歩者の夢想』、「第五の散歩」永田千奈訳、光文社古典新訳文庫、二〇一二年、一一六頁。なお、ここでのドゥルーズの引用はやや不正確である。ドゥルーズは le présent "qui dure toujours sans néanmoins marquer sa durée, sans sentiment de succession" と述べているが、プレイヤード版では "le présent dure toujours sans néanmoins marquer sa durée et sans aucune trace de succession." となっている（*Rousseau : Œuvres complètes*, tome 1, Gallimard, 1959, p. 1046）

27 『孤独な散歩者の夢想』、「第五の散歩」、光文社古典新訳文庫、一一七頁

28 ドゥルーズはプレイヤード版の pp. 400-401 も同時に挙げているが、p. 400 は『告白』第八巻の末尾の頁、p. 401 は第九巻の最初の頁と巻数をまたぐ箇所であり、内容上も pp. 408-409 を参照するだけでこと足りるため、pp. 400-401 は本文中から削除した。邦訳は『告白』小林善彦訳、白水社全集第二巻、一九八一年、一九～二〇頁

29 『エミール（上）』今野一雄訳、岩波文庫、一九六二年、二四頁

30 『エミール（上）』岩波文庫、二八頁

31 『エミール（上）』岩波文庫、二九頁

32 原文は注二となっているが、注十二の間違い。また括弧とじがないため文中の（は削除した。『人間不平等起源論』（『人間平等起源論 付「戦争法原理」』）坂倉裕治訳、講談社学術文庫、二〇一六年、一七七～一八二頁

33　ホッブズ『リヴァイアサンI』第十三章参照（永井道雄・上田邦義訳、中公クラシックス、二〇〇九年、一六九〜一七〇頁）。

34　『言語起源論』竹内成明訳、『ルソー・コレクション――起源』川出良枝監修、白水iクラシックス、二〇一二年、一八一頁

35　同上

36　『人間不平等起源論』講談社学術文庫、七五頁

37　『エミール（上）』岩波文庫、一〇四頁周辺の議論を指しているか。

38　自然状態とアタラクシアの比較については、『人間不平等起源論』講談社学術文庫、一四一頁。この「各人は自分自身に対してすべてである。」という文言の出典は見つけることができなかった。

39　『エミール（上）』岩波文庫、一七一頁

40　ドゥルーズの指示している第三部手紙一一にこの文言は見当たらない。だが、続く引用箇所の直前において、エドワードが「あの二つの魂（ジュリとサン＝プルーの魂）は、それぞれお互いのために自然の手から生まれたのです。」と言っている。（『新エロイーズ』第二部手紙二、白水社ルソー全集第九巻、二一八頁）

41　『新エロイーズ』第二部手紙二、白水社ルソー全集第九巻、二二〇頁

42　白水社ルソー全集第七巻（西川長夫訳、一九八二年）に所収。『エミール』に対するパリ大司教クリストフ・ド・ボーモンによる論難に対して再反論を試みたもの。

43　『ジュネーヴ草稿』第一篇第二章（『ジュネーヴ草稿』『社会契約論／ジュネーヴ草稿』中山元訳、光文社古典新訳文庫、二〇〇八年、三〇五〜三二一頁）。

44　『新エロイーズ』第六部手紙三、白水社ルソー全集第十巻、三一九頁

45 『社会契約論』（『社会契約論／ジュネーヴ草稿』）中山元訳、光文社古典新訳文庫、二〇〇八年、三一頁

46 エンゲルス『反デューリング論（上）』秋間実訳、新日本出版社、二〇〇一年、一九八～二〇〇頁、および二二五～二二七頁

47 『人間不平等起源論』、講談社学術文庫、四三頁

48 『人間不平等起源論』、講談社学術文庫、一四一頁

49 『人間不平等起源論』、講談社学術文庫、三一頁

50 E・カッシーラー『ジャン＝ジャック・ルソー問題（新装版）』生松敬三訳、みすず書房、二〇一五年、とくに二一～三四頁あたりの内容を受けていると思われる。

51 「人間の歴史の臆測的始原」望月俊孝訳、『カント全集14　歴史哲学論集』岩波書店、二〇〇〇年、一〇四～一〇七頁参照。

52 『人間不平等起源論』、講談社学術文庫、八九頁

53 ゲーム理論におけるいわゆる「スタグハントゲーム」の原型でもある。

54 『エミール』第四編に挿入されている長大な宗教論（『エミール（中）』今野一雄訳、岩波文庫、一九六三年）。

55 『エミール（上）』、岩波文庫、二七一頁

56 原文ではl'homme moral。ルソーの文章においてmoralは多義的な言葉であり、physique（身体の、物理の、自然の）の対義語として、「道徳の」の他に「精神の」あるいは「社会の」といった意味が含まれていることに留意されたい。以降moralという語は、文脈に沿って訳語を使い分けている。

57 文字通りの引用ではない。『人間不平等起源論』、講談社学術文庫、一〇一頁を参照。
58 文字通りの引用ではない。『人間不平等起源論』、講談社学術文庫、一〇二頁を参照。
59 『人間不平等起源論』、講談社学術文庫、一〇六頁
60 『人間不平等起源論』、講談社学術文庫、一一六頁
61 『人間不平等起源論』、講談社学術文庫、一二一頁
62 『人間不平等起源論』、講談社学術文庫、一三三〜一三四頁あたりの議論を指しているか。
63 『エミール（下）』今野一雄訳、岩波文庫、一九六四年、二三四頁
64 『社会契約論』、光文社古典新訳文庫、九六〜九七頁
65 『社会契約論』、光文社古典新訳文庫、三八頁、および四八〜四九頁
66 『エミール（下）』、岩波文庫、二三一頁
67 『社会契約論』、光文社古典新訳文庫、三七頁
68 『社会契約論』、光文社古典新訳文庫、一九八頁
69 原文では第一篇第一章の参照が指示されているが、むしろ第一篇第四章の議論を参照されているように思われる。『社会契約論』、光文社古典新訳文庫、二七〜二九頁
70 原文では第一篇第二章の参照が指示されているが、この「主権者は代表のうちへと譲渡されない」というテーマについての言及は指示された箇所にはなく、続く文の括弧内で参照が指示されている第三篇第十五章が妥当な参考箇所だと思われるため、本文中から参照先を削除した。
71 『社会契約論』、光文社古典新訳文庫、一九一頁
72 『ポーランド統治論』永見文雄訳、『ルソー・コレクション――政治』川出良枝監修、白水iクラシックス、二〇一二年、一三六〜一三八頁

73　「ミラボー侯爵への手紙、一七六七年七月二十六日」『書簡集（下）』原好男訳、白水社全集第十四巻、一九八一年、三八二〜三八六頁。ルソーはこの書簡でミラボーの「合法的専制政治」という考えを批判している。

74　原文は第一篇第一章を参照指示しているが、第二篇第一章が正しい参照先と考えられる。『社会契約論』光文社古典新訳文庫、五九頁

75　『ジュネーヴ草稿』（『社会契約論／ジュネーヴ草稿』）、光文社古典新訳文庫、三三五頁

76　『社会契約論』第二篇第二章、光文社古典新訳文庫、六一〜六三頁あたりの議論を想定していると考えられる。

77　『社会契約論』、光文社古典新訳文庫、一八五頁

78　『社会契約論』、光文社古典新訳文庫、七五頁

79　『社会契約論』、光文社古典新訳文庫、四四頁

80　『社会契約論』、光文社古典新訳文庫、四六頁

81　「山からの手紙六」川井清隆訳、白水社ルソー全集第八巻、一九七九年、三四二頁

82　『社会契約論』、光文社古典新訳文庫、四〇頁

83　『社会契約論』、光文社古典新訳文庫、四二頁。ドゥルーズはルソーのテクストを縮約して引用している。ドゥルーズの引用は、A l'instant, l'association produit un corps moral et politique. で、ルソーの原文はA l'instant, au lieu de la personne particuliere de chaque contractant, cet acte d'association produit un corps moral et collectif.

84　『社会契約論』、光文社古典新訳文庫、六八頁（光文社古典新訳文庫では当該箇所でSouverainを「共同体そのもの」と訳しているようだが、本翻訳では文字通り「主権者」と訳す。）

85　『社会契約論』、光文社古典新訳文庫、二七一～二七三頁あたりの議論を想定していると思われる。
86　『社会契約論』、光文社古典新訳文庫、七一頁
87　「山からの手紙六」白水社ルソー全集第八巻、三四四頁
88　『社会契約論』、光文社古典新訳文庫、一一九頁
89　『人間不平等起源論』、講談社学術文庫、三三～三四頁
90　「法律家たちへの手紙」『書簡（上）』原好男訳、白水社ルソー全集第十三巻、一九八〇年、四六二頁
91　『新エロイーズ』第一部手紙二四、白水社全集第九巻、八三～八六頁
92　「山からの手紙六」白水社ルソー全集第八巻、三四三頁
93　『エミール（下）』、岩波文庫、二五七頁。原文は第二編を参照先にしているが、第五編が正しいと思われる。
94　『人間不平等起源論』、講談社学術文庫、三三～三四頁
95　『社会契約論』、光文社古典新訳文庫、四二頁（第一篇第六章）

3

女性の記述——性別をもった他者の哲学のために

凡例 3

＊本稿はGilles Deleuze, « Description de la femme : pour une philosophie d'autrui sexuée », *Poésie 45*, n° 28, oct.-nov. 1945, pp. 28-39を翻訳したものである。

＊このテクストはGilles Deleuze, *Lettre et autre textes*, edition préparée par David Lapoujade, Minuit, 2015に収録されており、その邦訳書『書簡とその他のテクスト』（宇野邦一・堀千晶訳）では「女性の叙述——性をもつ他者の哲学のために」と題されている。今回の翻訳作業にあたってはこちらも参考にさせていただいた。

＊ドゥルーズによる引用のうち、邦訳が入手できたものについてはそれを参照したが、基本的には新たに訳出している。

＊訳者によって補った語句は〔　〕で示した。また斜体による強調には傍点を振った。

＊原注は非常に簡素なものであるので、本文の中に組み込み、章末の訳注で情報の不足を補った。

アラン・クレマンに捧げる

女性には今もなお哲学的な位置づけがない。これは喫緊の課題である。数ある他者の哲学はどれも奇妙なもので、読んでいても居心地が悪い。その理由はとても単純であって、他者の哲学によって我々に示される世界が性別を欠いた世界だからである。そこでは相互性、コミュニケーション、交感といった意識上の混合物が、精神の純粋な活動になっている。ハイデガーは「現存在」を性別なきままにしていると非難したサルトルには、他者の哲学のこの欠陥が分かっていたように思われる〔『存在と無』——原注[1]〕。そしてサルトル自身はといえば、〔『存在と無』において〕欲望と愛にそれぞれ一章を割いている。だが、その進展も見せかけだけのものだ。例えばそこでは、性別をもっているのは性行為を行う者、すなわち愛する側の者のことであって、愛される側の者のことではない。愛される側の者がそれ自身において性別を有するようになるのは、その者自身が愛する側の者となる場合に限られてしまっている。こうして再び、意識の相互性についての古典的な錯覚が見いだされることになる。すなわち、他者とは単にもう一人の私であり、このもう一人の私は他者が主体である限りでそれに固有の構成をもつという錯覚だ。これは他者の問題を解消してしまうことに他ならない。これではまるで、愛する側の者だけが性別を有し、愛する側の者こそが愛される側の者に自らと反対の性別を付与するかのようである。もっといえば、通常の愛も少年愛も本質的には異なることがないかのようである。物事をうそ偽りなく描いていれば、もう一人の私ではなくて他者こそが、性において姿を現すのだし、客観的に見て愛されるべきものであるし、また愛する側の者にとって必要不可欠であるはずなのだが、先の見方はこれにことごとく反している。現象学は愛される側の者の現象学でなくてはならない。つまるところ、サルトルの描く世界は、他者なるものよりもよっぽど困ったものである。それは客観的には性別なき者たちの世界だが、そこで考えられているのはその者たちと性行為を行うことだけだ。これはまさしく恐るべき世界である。

☆

大原則がある。物事は意味をもち始めるにあたって私のことなど必要としていない。あるいは少なくとも言えるのは、記述的な面から見ると同じことになるが、物事が私のことを必要としていたとしても、私はそれを知らないということだ。意味というのは物事の中に客観的に書き込まれる。例えば、何か疲れさせるものがある。それだけだ。この大きな丸い太陽があり、この上り坂があり、腰のくびれのあたりに疲れがある。私はただわけもなくそこにいる。疲れているのは私ではない。私は何も作り出してはいない。私は何かをしようともしていない。私はこの世界に何ももたらしてはいない。私は何でもない。私は何でもない。まずもって無ではない。一つの表現でしかない。私が物事に私のささやかな意味を引っかけるのではない。対象は意味などもたない。対象がその意味なのだ。すなわちこの場合なら、疲れさせるもののことだ。ところで、この厳密に客観的な世界、主体なき世界は、それ自身のうちに自らの否定の原理、自らを消滅させる原理を隠している。それは数ある対象のうちの一つだが、にもかかわらず自らの特殊性をもっている。対象の中でも最も対象的であるそれは、他者と呼ばれている。他者はこの疲れさせる世界のうちにあるのだが、にもかかわらず、その態度、そのあらゆる挙動、例えば軽やかな足取りであったり、穏やかな息遣いであったり、余裕の態度などによって、疲れさせるものが存在しない世界を表現することができる。他者とはまさしくそれ、すなわち「一つの可能世界の表現」である〔この表現を私はミシェル・トゥルニエの未公刊の文書から借りている――原注[2]〕。それは不在の外的世界の表現であり、表現されるものなしで何かを表現するものである。他者によって表現される世界、つまり、他者がそれであるところの宇宙全体は、ヴァレリーが「不在の事物がもたらす、現前している働き」と呼んでいた対象のカテゴリーのなかに含まれている。それは空虚のうちに現前する働きだが、以前あった世界を私の中で押しつぶし、私に前言を撤回させ、今度こそは疲れているのは私なのだと自覚させるには十分である。疲れさせるものから疲れたものへの魔法のような変化が生じるのだ。〔疲れているのは〕私だ、私だけだ。背負わされた責任は余りにも大きい。耐えがたい。偶然の出来事と同じものだというのに。私は恥ずかしく思う。この恥、つまり、あらゆる客観的で冷静な記述を打ち壊してしまうこの自覚、他者についてのこの意識、それは臆病な心であり、他者に対しての、表には現れない憎しみである。だが、他者とは単に敵、あるいは憎むべきものなのだろうか？　それは外部にある一つの可能世界の表現でしかないのだろうか？他者はまた友情の申し出でもあるのではないか？　私が疲れを克服し、太陽を、上り坂を、そして疲労すらをも、それらに見合うだけの励ましへと変え、報酬など期待せずに自らを捧げ、私のものとなり、私そのものとなったこの疲労、この価値ある疲労を捧げ、遂には、他者によって私に示された、この不在の外的世界を実現するのだ。一言で言えば、私は他者と仲間になってチームを組む。楽天的な見方だろう。この見方はどれだけのことを犠牲にすればその正しさが証明されるだろうか？　当然考えられる見方に比したとき、ここでの憎しみと友情それぞれの意味は何だろうか？　これこそがまさしく他者の問題である。そしてこれは我々がここで取り扱うべき問題ではない。この件を語ったのは、女性の記述が常に男性としての他者を参照して行われているという事実があるからに過ぎない。

☆

男性としての他者とはこのようなものである。それは意識でもなく、もう一つの私でもなく、客観的に、可能なる外部性として定義される。女性は全く別だ。ここでは話を単純化し、素朴なイメージで満足しなければならない。そのイメージとは化粧をした女性である。脆くて女嫌いで陰鬱な時期を過ごす若者を悩ます、化粧をした女性。それこそが問題なのだ。この化粧をした女性の顔に不在の外部世界を探し求めても無駄である。彼女においてはすべてが現前である。女性はいかなる可能世界も表現しない。というよりむしろ、女性が表現する可能性は、ひとつの外部世界ではなく、彼女自身である。女性は彼女自身以外の何も表現しない。つまりそれは自己を表現することであり、無垢であり、静謐なのである。こう述べてもよいだろう。女性は、何も表現しない純粋な対象と、自身とは別のもの、すなわち外部世界を表現する男性としての他者との中間なのである、と。女性はわれわれを他者の発生に立ち会わせる。他者は対象から生まれ出るわけだから、それはつまり、対象から他者への移行に立ち会わせるということだ。だがその一方で、男性としての他者と女性ははっきりと区別することができる。私は、自らの眼差しのもとで、他者を笑い者にし、深刻なまでに侮辱し、他者が表現する世界の可能性を踏みにじることができる。

それは言い換えれば、他者を、通り一遍の馬鹿げた純粋な振る舞いに還元することである。じっさい、「振る舞い」と呼ばれているものは、女性がその裏面を描き、不在によって表現している可能な外部世界からは切り離された表現そのものなのである。振る舞い、それは表現されるものから切り離された表現するものである。他方で、男性としての他者の場合、表現されるものは不在であるのだが、それにもかかわらず、表現するものは全面的にそちらの方へ向かっていく。自らのなかで閉じていて、自らの超出から切り離された他者は、不条理の雰囲気を纏い、脈絡のない身振りへと還元されている。その反対に、女性は自らの驚くべき存在のうちにあるのであって、その存在は否定したり侮辱することもできないし、切り離しを行うこともできない。そこではつまり、外部世界がなく、表現されるものが表現するものになっているということだ。女性は分解不可能なひとつの塊として与えられ、突如として現れる。また女性においては内的なものは外的であり、外的なものは内的なのである。意識というのは、この表現するものと表現されるものの一致のことである。その意識は外部から客観的に定義されるが、それ自体としては極めて個別的なものである。その意識は状況の中に置かれているのではなく、自らを表現する純粋な意識であり、何かについての意識ではなく、自己についての意識なのである。女性の肉体すべてが意識であり、女性の意識すべてが肉体なのである。女性は自らに固有の可能的なものであり、女性は自らを可能性とする。

こうしたことが女性の神秘であり、優雅さである。これは十分に注目されてこなかったことだが、優雅さは重さと軽さの混合によって定義される。重さが最も軽く、軽さが最も重い。女性の身体は肉体の、あるいは物質性の圧倒的な勝利なのだ。「服を着てはいても見えてしまうのが腹の柔らかさだ。服は女性のありふれた部分、脚や腕といったものを包み込んでいる。だが腹の柔らかさは特別だ。太陽が照れば血が沸きたたせる。そして彼女の身体には二つの眩い光、つまり乳房がある。その上には、いつも閉じられた分厚い唇を携えた彼女の顔。——ああ、思慮深くなければならぬ！——そして、美しいハイタカのようにいつも歌っているあの瞳〔ジオノ『世界の歌』一二〇頁——原注[3]〕」。女性はその本質からいって受肉したものである。しかし、女性は物質性のなかに入り込めば入り込むほど、さらに非物質的になり、自分自身の表現によって自らを取り戻すこととなるのだが、そのとき、女性は自分という存在のもつ可能性そのものになっている。事物である限りで女性は意識的であり、意識的である限りで女性は事物なのである。女性は存在の可能性であると同時に、可能なるものの存在、可能なるものの肉体なのであって、両者は分かち難く結びついている。別の言い方をすれば、重さの軽さであり、軽さの重さだ。それは優雅さであり、対立するものの合一であり、物質的なものと非物質的なものの厳密な同一性である。女性に固有の重さや、世界のなかに自分が埋め込まれていることや、自らの固有の重みについての意識である（ここで言っているのが、自らの重さで呻くことではないのは承知しておこう。そういうことではない。意識をもつとは、一つの意味としての自らの重さに耐えること(「重すぎる、けれどもまだ大丈夫」)ではない。問題は純粋な意識なのだ)。「腹の柔らかさ」とジオノが表現したように、意識とは柔らかさである。醜悪な重みのように女性にのしかかっている危険とは、女性がその柔らかさを、つまり意識を失うことであり、女性がもはや腹部に、すなわち圧倒的な物質性に過ぎなくなって、つまりは崩れた化粧になることだ。女性はそのとき、ひとつの物になってしまう。この話はやめよう。そんなことはつらすぎる。自らの存在を失った女性など。なぜなら女性の存在とは、意識と肉体との驚くべき統一であるのだから。女性はひとつの意識であるが、自分自身に対して外的なものをいっさい表現しない。女性はひとつの無益な意識である。無償であって、土着のものであって、処分することのできない意識。そうした意識は何の役にも立たない。それは贅沢品である。

贅沢品の本質とは、それがなんら重大なことの役には立たないということである。無益であることには二通りのあり方がある。まずはとにかくあまりにも貴重であり、そして、あまりにも繊細、あまりにも大事であると、使いどころが失われてしまう。この余分な対象はあまりにもはっきりとその持ち主に訴えかけるため、持ち主は何か行為するにもその対象を頼りにすることができない。事実、行為する私は常に置き換え可能であり、多かれ少なかれ誰であってもよいのであって、決して代えがたいものではない。行為する私の向こう側で、贅沢品が、より深く、より内面的で、より女性的な私に訴えかけている。例えば、一本のタバコに特に意味もなく自分のイニシャルが印刷されているのを見てうれしがっているような私のことだ。贅沢な存在が用いる贅沢品というのもある。その存在が今度はあまりにも一般的で、あまりにも広大であるため、その贅沢品の用法が極めて特殊なものになってしまう。この意味では女性は宇宙的である。女性は事物であり意識であり、意識における事物であり、事物における意識である。そして純粋意識、自己意識は物質を備えており、この物質を宇宙的係数へと割り当てるとともに、それを歪めて自己への回帰としてしまう。女性の意識は不在の外的世界の複数性には開かれておらず、それが可能にし普遍化する物質のなかに閉じ込められている。女性とはひとつの具体的普遍である。ひとつの世界なのであって、外的世界ではない。むしろ世界の裏側、世界の温かい内面性、内面化された世界の圧縮形態なのである。女性が性的に大いに気に入られることがあるとすれば、それはこうしたもののためである。つまり、女性を所有するとは世界を所有することなのだ。女性の「必要性」と呼ばれているのは、存在と可能的なもののこうした綜合のことなのだ。

☆

決して女性は友とはなり得ないというのが、以上より導かれる道徳的帰結である。われわれの世代の若い男女には、ぜひこうした偽善的な説を捨て去って欲しい。友情とは他者としての男性がわれわれに提供する可能なる外的世界の現実化である。女性はわれわれ男性に提示すべき外的世界をもっていない。女性には、私がかつて客観的だと信じていたこの世界を、一点の曇りもない申し出によって敢然と否定することなどできない。たとえば、人を疲れさせずにはおかないこの世界を、もはや疲れさせるものの何もない別の世界に置き換えて否定することなどできないのである。女性とはその本質において、その他の事物への関心を私から奪い去る力をもつ。なぜなら女性はそれ自体、他の事物との関係をもたない一つの事物であるから。女性はそれ自体、外面性を欠いたひとつの世界であるから。人が「この女はそそる」と口にするときに表現しているのはこのことなのだ。

　これは良く知られている事実だが、友人と愛される者の根深い対立というものがある。「この女はそそる」というとき、その女にその意味を投影しているのは私ではない（先の大原則を思い出して欲しい）。彼女を欲望しているのが私なのではなく、彼女は私の前に「欲望をそそるもの」として現れるのである。だが反対に、彼女を中心とするこの世界のただ中で、私の友人は彼女を軽蔑すべき醜い者として見出すことが考えられる。つまりそこでは、彼女が愛されるべき価値などもたぬ者であるという可能世界が暴露されているわけだ。愛と友情の間の有名な衝突がこれである。私は私に向かって他者を暴露するこの可能なる外的世界を現実化することになるのだろうか？　女性はこの愛と友情の対立を感じ取ると、そのどちらかを選び取り、私と友人との関係をぎくしゃくさせようとするか、あるいはその友人を誘惑しようとする。つまり後者の場合、彼女がそそるものとなるような世界の表現をその友人に押し付け、友人を私の脇にいるライバルという隠れた存在に還元しようとするわけだ。彼は私が嫉妬心を抱くライバルとなり、もはや複数の世界の対立の中にのみ存在する友人ではなくなるのだ。こうしたことは数えきれないほど多くの小説の題材になってきた。

男性としての他者と女性とのこの対立を覚えておこう。とはいえ、女性には可能な外的世界の表現は不可能なのだろうか？　女性も男性としての他者と同じように、疲れさせる世界とか疲れさせるもののない世界などを表現できないのだろうか？　これについては、それは女性の役割ではないし、そうなったならば女性は自らの本質を失うだろうということに尽きる。女性が外的な世界を表現するのを見て喜びを覚える男のことを私はサディストと呼ぶ（害のない形態のサディズムから、より巧妙で進んだ形態のサディズムまで、そのどこでも女性は苦難と恐怖の表情を押しつけられるわけであって、それこそが悲痛な世界の表現なのである）。ひとつだけ例を挙げよう。男性としての他者における皺、つまり何かをよく見て、よく理解しようとする際の皺が寄った訝しげ額は、可能世界を表現している。つまりそこには、深く洞察されるべき、外的な抵抗が表現されているのだ。大きくて広い皺。それはくっきりとしていて、均等な肉のたるみで隔てられている。これが皺の優美さというものだが、それがまさしくそのために作られたと言うべき額の中にあるわけだ。ああ！逆に女性の額に出来る皺の方はどうだろうか。無秩序で、かくもぎこちなくできた無数の小さな裂け目。その無数の皺は短くてすぐになくなってしまうし、そのすぐ下に再び現れるかと思いきや、うまくいかない。まるでポケットナイフで出来た無軌道な切痕のようでもあり、ぐしゃぐしゃになった紙のようでもある。その額がよじれる仕方のまとまりのなさといったら涙が出てくる程であって、実に滑稽であり、また心を打つ（滑稽であるとともに心を打つというのは、言葉の奇妙な協調関係であるけれども、いつもどうしてもそのように思わざるをえないのである）。サディストは女性にこう言い放ったのだ。そこに座れ、額に皺を寄せろ。

肉体の悪魔。女性たちは他者をめぐる、性別をもたない哲学を求めていると言えるかも知れない。自分たちの敗北をわざわざ追い求めているのは女性たち自身なのだ。女性たちは外的世界を、あらゆる可能なる外的世界を表現したがっている。男性としての他者がいる水準まで這い上がり、彼らを乗り越えようとしている。女性たちはそうすることで自らの本質を失うことになる。二重の危険が彼女らにのしかかっているのだ。しかも年齢の問題は全く関係がない。「年を取りすぎる」と、女性は表現や表情をもたない事物に還元されてしまう。「若すぎる」と、女性は男性としての他者のように事を為したいと望んでしまう。もう一度の過度な単純化をしなければならない。女性たちの場所は外部にはない。

女性の場所は家に、つまり内側にあるのだ。屋内生活《ヴィ・ダンテリウール》と精神生活《ヴィ・アンテリウール》。言葉は全く同じである。

☆

女性はそれ自身可能的なものである。女性は外的世界ではなく内的世界を表現する。内的な生つまり精神生活というのは、より正確にいえば、物質的なものと非物質的なものの同一性であり、それが女性の本質を成している。男性としての他者はなによりもまず外部によって自らを定義するが、女性は驚嘆すべき、熱烈な、生き生きした内面性であるのだ。化粧とはこの内面性を形成するものである。自己意識がいかにして自己意識と関わる物質を非物質化し、内面化するのかについては既に見た。この自己意識をわれわれは常に外側から規定してきたことを忘れないでおこう。この観点からすれば、化粧は顔の表情、表現を覆い隠すための仮面のようには思われない。それは女性的なペルソナそのものとして現れるのであって、超自然的な秩序を打ち立てる、つまりは自然を内面化するのだ。期待はさせるけれども、結局はその期待に応えてはくれないタイトルの本の中で[4]（『化粧をした女』七八頁——原注）、アンドレ・ビリーは「肉体と白粉の不可分なこのある種の一致」「肉体と文明とのなんだかわからない一致」について語っている。いまやわれわれは自然とペルソナの間の一致を支えているものが何かを知っている。それは自然をペルソナの形式のもとに内面化する活動そのものであり、意識である。この意識は本質的に首とくるぶしのなかに位置づけられる。優雅さの場所というものがある。くるぶし、もっといってしまえばハイヒールは、身体の重さを意識する場所であり、首は頭の重さを意識する場所である。その逆に、男性としての他者にあっては首は決して意識されない。

化粧は二つの種類に分けられる。まずひとつは表面の化粧である。ファンデーションやパウダーによって作られるこの化粧は表面を絶対的に滑らかにする。つまり、この形容詞の元々の語源的な意味で「何も意味しない《アンシニフィアン》」ものに、すなわち無表情《イネクスプレッシフ》なものにし、また、何らかの状況にさらされることのないよう、外面的な（皺や疵痕のような）痕跡から表面を保護する。もうひとつの別の種類の化粧は孔の化粧である。ここで重要なのは、あらゆる内面性を浮き出たせることだ。あるときには外的なものは内面化される。例えば眼の周りを縁取るマスカラは眼差しを沈み込ませることで、眼の周りを眼それ自体に対して内的なものにする。そしてまたあるときは、内的なものが外面化するのだが、それは外面化の向こう側で、その内的な存在を保っている。例えば、赤く紅をぬった唇は厚みをもった内面の出口である。この赤はまさしく身体の内面の色であって、それは常にどこまでも赤いわけだけれども、その赤が内面へと、肌の下、それが赤いバラの色に染めている表面の下へと広がっていくと言うこともできるだろう。そうなると、孔の化粧は表面をも支配していることになる。唇だけではなく爪についてもそうだろう。ここでも赤が広がっていく。広がっていくことで、爪の根元の半月を白いままにしておくという馬鹿げた習慣も失われることになる。

これら二つの化粧が交わる問題と同時に、眉毛の問題が提起される。女性における髪の毛が示しているのは繁茂であり、内的な豊穣さであり、尽きることの無い内面の繁殖力である。だが、多少の違いはあれど、普通の体毛の意味もまた同じではないだろうか？　だとすれば、女性が眉毛を抜くのはなぜなのだろうか？　それはつまり、その見かけに反して、眉とは外面性の徴であり、あるいはむしろ内的なものと外的なものとの境界の徴だということである。眉のすぐ下にあるのは眼という内面性であり、すぐ上にあるのは額という外部性である。だが、女性は内的なものと外的なものの境界線をなくし、外的なものを内的なものへとできる限り還元しようとすることで、内的なものの優位を確立しようとしている。眉を抜くのはそのためである。毛を抜くことによって、二つの化粧の交差が生じるのだ。

内的な繁茂の徴としてもうひとつ、ほくろが挙げられよう。顔に出来るそばかすについては以下のようにいわれる。「そばかすを瑕疵と考えてはいけない。そばかすは顔色を飾りたててくれる。そばかすは女性の肌をより希有な本質をもつようにみせてくれる。ちょうど貴重な材木にも同じようなことがある。私は一度ならず、そうとも知らずに美しい顔にこの染みがないか探して、それが見つからないと少しばかり失望するようになったのだが、それ以来……」〔ジュウル・ロマン『善意の人々』第三巻、六〇頁――原注〕。なぜ女性がそばかすを恥ずかしく思い、化粧の力を借りてそれを何とかしようとするのか、そしてまた反対に、ほくろを大事にするのか、あるいは少なくとも長きにわたってほくろを大事にしてきたのか、私には全く理解しかねる。このことは女性が自らの本質について思い違いをしているとしか説明のしようがない。そばかすは神秘的で完璧な跳躍を、そして時折、パチンコから放たれた流れるような弾道を思い起こさせる。どこからともなくやってきたシャボン玉がそうであるように、そばかすは肌の表面に現れはするが、肌を膨らませるわけではなく、量感も鮮やかさも欠いている。そばかすを撫でようとしても上手くいかない。手には引っかからないし、出っ張っているわけでもない。それは単に肌の表面における開花であり、厚みのない繁茂であり、挑発的な魅力である。そばかすは見ることはできても触れることはできない。そばかすの輪郭は端的に視覚的なものであって、染みそのものは手の届かないところにあるのだ。つまり、そばかすは私の二本の指でつまんだり、輪郭をなぞったり、浮きだたせることはできない。だがそれにもかかわらず、そばかすはそこにあり、私の手の届くところにあり、どこにも逃げたりはせずに静かにじっとしている。そばかすはナルッキソスの水面に映った像や、あるいはタンタロスの刑罰に似通っている。すなわち、手の触れられる範囲にはあるのだが、手に入れることはできない。この無関心で容赦のない現前、つまり見ることはできても触れることはできないもの、私はこれをヌーメノンと呼ぶ。ヌーメノンはまさしく外的なものに対する内的なものの象徴であり、それは自らの外部性を超えて自らの内的な存在を保持しているのだ。したがって、究極的には、ヌーメノン的なもの、すなわち、見ることはできても触れることはできないものになろうとすることが化粧というものに他ならない。内面性とは不可侵のものである。髪型を崩してはならない、化粧に触れてはならない。これは女性が声高に主張する禁止事項であるが、これらの言葉の向こう側で化粧の存在論的な真の意味が明らかにされているのだ。それに対し、ほくろには用心しなくてはならない。ほくろは厚みをもち、輪郭をなぞられたりするのであって、ヌーメノン的ではない。さらに、ほくろは単独で存在していて、グループを作ろうとはしない。ほくろは際立たされた黒である。要するに、ほくろは「アイロニカル」な転倒を準備するとともにそれを呼び起こす。顔がほくろをもつのではなく、ほくろが顔をもっているのであって、顔全体が黒い種のまわりで組織化されるのである。これは実に酷い効果と言うほかない。それに対してそばかすはと言えば、その多様性に鑑みるに、その洗練された軽快さと完全性によってそのような効果がもたらされることはあり得ない。

　秘密は隠された内面性以外のなにものでもない。内的な生すなわち精神生活の頂点に位置づけられるとはいっても、だからといって秘密はその最も興味深い側面というわけではない。女性はこの秘密について考えているし、それこそが女性を微笑ませるのであり、男性はこれを決して理解することがない。女性を前にしたときの臆病さと、それとは別の臆病さ、つまり先に述べたような男性としての他者から喚起される臆病さは全く別物である。女性は何か他者のようなものではないし、新たな世界を開示することもない。女性は単に私を見つめ、私について何かしらのことを考え、そうして考えたことが彼女を微笑ませる。何かをほのめかされたり、様々な解釈や、私には分からない秘密や、私のことを一顧だにしないひそひそ話がもたらす効果によって、私は当惑する。それに対し、私が行った誘惑の試みは、女性に自らを印象づけたいという意志でしかなかった。つまり彼女のもっている解釈を、純粋な表現へと還元しようとする意志、私が自分自身についてそうでありたいと願い、そしてなんとか自分自身がそうだと信じているように映し出してくれる鏡へとそれを還元しようとする意志でしかなかった。他方の極では、サディズムは暴力的な誘惑であって、それは女性が自らのうちに有している秘密を破壊しようとする。そうすることで、女性がそれであるところの秘密を破壊せねばならないことになってしまうのだ。というのも、主体としての女性が秘密をもつとすれば、対象としての女性は秘密そのものであり、ほのめかされるものに他ならないからである。秘密とは完全に事物のカテゴリーであり、声高に語られることなく、その本質からして、言葉で十分に語られることなく理解されねばならないものだからである。なるほど確かに子どもたちにとっては、秘密は単なる事物のカテゴリーではないし、すべては、厳密な意味ですべてが、秘密である。秘密の文字、ウインク、子どもたちは肘でつつき合い、何でもないことに笑いを浮かべる。これは純粋な状態で行われるほのめかしであり、つまりは質料なき形相である。他方で、この子どもたちは絶対的に自由闊達であり、素朴で純粋な意識をもっており、自分たちにはまるで解釈する気などない事柄を映し出し、また表現する。こちらはつまり、形相なき質料だ。だが思春期を迎えると、質料なき形相と形相なき質料が出会うことになるわけだが、これが生じるのは少女、つまりは女性においてである。女の子が通りがかると若者たちは肘でつつき合う。だが、もはや、わけなく肘でつつき合ったりはしないのである。秘密が受肉してしまったのであり、秘密の形相が物質化し、質料が形相化してしまったのだ。秘密とはしたがって女性であり、そしてまた性に関連するあらゆることが秘密であるのだ。これは躓きの石である。われわれの人生全体に鈍い影響を及ぼしてくる思春期のコンプレックスはそこから生じる。田舎暮らし、すなわちドアからドアへと人が小さい声で秘密を話し合う生活を想像してみればよい。

嘘とは保護され、守られた内面性である。女性が非常に多くの嘘をつくことは良く知られている。それは本当に嘘なのだろうか？　それはむしろ女性的な真理の主張に過ぎないのではなかろうか？　嘘には二種類ある。第一には、外的なものがもたらす攻撃的な回帰に対して内的な生が防御を行う、そのような嘘である。嘘は最も強固な外面性を消化するための想像的な消化液のようなものであり、あらゆる外在的な規定の体系的な拒否である（女性と実年齢の関係を見てみればよい）。もう一方は、女性の内的な生を求めてくる恋人に対してそれを明け渡すのではなく、内的な生を外在化してしまう前に、それを変形、変質させ、ほとんど停止させてしまおうとする、そうした嘘である。これは愛の保険のようなものだ。

眠りは自らの身をさらす、委ねられた内面性である。それは改めて姿を現した本質的な内面性である。これはわれわれが化粧をするようになって以来失ってきた内面性であって、久しく隠されていた、あるいはあらゆる外的な侵害から保護されていた内面性ではない。そうではなくて、外的なものに対して自らのすべてをさらけ出し、身を委ねる内面性である。但し、内面性である限りにおいて、この内面性もまた不可侵ではある。なぜわれわれはこの内面性を失ってしまっていたのか？　いまや私はそれを知っている。眼差しは女性のペルソナ、つまり化粧の本質的な要素を為すもののひとつである。その視線こそがわれわれに本質を断念させ、二次的で派生的な精神の内面性、すなわち秘密と嘘へと向かわせたのである。ここでこそ女性の本質が改めてより良く理解されることになる。なぜならいまや眼は閉じられているのだから。もはや誘惑を気にかけることはない。彼女は眠っているのだ。物質的なものと非物質的なものの純粋な同一性、存在と可能なものの純粋な同一性は、鼓動する心臓、規則正しく上下する胸としてはっきりと現れている。このとき女性は私の手の届くところにある。ではわれわれは再び化粧のときと同じ経験、つまり手の届くところにいるが、手に入れることはできないという経験を再び見出すことになるのだろうか？　外的なものに対し、内的なものとして与えられるこの内面性にはどんな意味があるのだろうか？　よくよく考えてみれば、そのような内面性は決して外的なものに対しては現れえないし、与えられることもありえない。われわれは内面性を隠しているもの、内面性を覆っているものを知るだけだ。完全な内面性を作ろうとして身体の周りに何重にも重ね着をしたり、家の周りに壁を張り巡らせたりしても無駄である。私の外部に与えられる壁だけ、衣服だけというのは、定義から言って内的なものではありえない。だが、これらの二律背反には警戒が必要だ。これは偽の二律背反だからである。単純な身振りひとつでもって、これら二律背反が打ち破られればよいのだが。衣服を何重にも着込むなど単なる強情さに過ぎない。幼稚な仕方で間違いに陥っているだけだ。女性が自分自身に対して最も内的になるのは、女性が裸であるとき、すなわち眠っており、自らのすべてを外部性に委ねているときをおいて他にない。女性の生の本質はまさしく「手の届くところにいるが、手に入れることはできない」。秘密、ただし本質的な秘密、つまり精神的でも肉体的でもない秘密。それはヌーメノンである。偶発的な秘密ならば、人はそれを有している。つまり、ある秘密を有しているということは、秘密を秘密としては消失させてしまおうとするあらゆる外面性から逃れるために、その秘密を防護し、囲い込んでしまうということだ。秘密が秘密であるのは、他者に対してそれが埋められるべき欠如として、知られるべきなのだが知られていないものとして現れる限りにおいてのことである。反対に、眠っている女性は秘密そのものである。もはや、精神的な秘密であれ肉体的な秘密であれ、何か秘密を所持しているのではなく、秘密というものの可能性、秘密というものの存在そのものであり、それは外面性の中にさらけ出され、その秘密である存在をこの外面性の向こう側で保持しているのだ。内実〔質料〕を欠いた、隠されることなき秘密。ここでは知られるべきものは何もない。秘密は不可侵である。なぜなら身体以外、何も侵すべきものがないからである。

☆

だがそうだとしても、この内面性は解きほぐされたり、結び目を解かれたり、崩されたりすることはあり得ないのだろうか？　少なくとも愛する者の行為、愛撫ならばそれもあり得るのではないか？　この最後の希望は断念されねばならない。というのも、愛撫はそれを崩すのではなくて、現実化するものだからだ。われわれはこれまでたびたび、内的なものとして外面性に身を委ねる内面性について語ってきた。より正確にいえば、内的なものは外的なものに穿たれた窪みであり、外面性の捻れである。それは厚みの否定、穿たれた厚みだ。ならばもっと先へと進んでいこう。単なる質料なき秘密、形相と質料の区別のない秘密、秘密という秘密、秘密自身についての秘密だけでなく、そのさらに向こう側、どんな厚みをも欠いた秘密へと進んでいこう。そのようなものこそ、女性が向かいながらも到達することのない、理想的な終着点である。だが、女性がその終着点に近づくのは、愛撫のもとをおいて他にはない。愛撫と荒々しくまさぐることとを混同してはならない。実際、あらゆる厚みを否定するのが愛撫なのであり、愛撫は絶えず外面性を折り畳み、外面性をそれ自身の中へしまい込み、外面性をそれ自身にとって内的であるように変えながら、優美でしなやかな曲線をなぞっていく。愛撫が本質的な意味において表現しているのは、存在と可能的なものの総合であり、肉体を自らの盾とする自己意識であり、つまりは物質的なものと非物質的なものの同一性、外的なものと内的なものの同一性なのである。これは恋に落ちた彫像家が何度も示す身振りである。さて、愛する者が行為としての愛撫によって女性の本質に近づくことができるのは、女性自身が愛撫としての存在であり、厚みを欠いた秘密であるからだ。だが、そこではその存在は決して現実化されず、果てなく再生し続ける外面性の残留物によって常に下の方に留め置かれるため、また愛撫を繰り返さねばならない。完全な非物質性とか、しまい込まれるべき厚みを欠いた純粋な内面性など存在しない。しかも、この厚みの完全な否定というものはずいぶんと期待はずれなものなのだ。それは水面やその反射ではないとしたら、いったい何だというのだろう？　このイメージについては、そばかすのシミ、水面に映ったナルシスの像、ヌーメノンといった、見ることはできるが触れることはできないものとしてすでに考察しておいた。だが女性はそこではすべてを失ってしまう。反射において実現される完全な内面性は、固有の存在をもつことはないだろうし、存在するにしてもそこに映し出されたものを拠り所として存在するに過ぎない。不在の形式のもとで描かれた理想を現実化しようと、点で描かれたものを埋め尽くすのは相当に危険である。純粋な内面性のなかでは女性は自らを溶かし、水に変わってしまうだろう。愛する者はそこに彼女の反映を見出すのだろうが、女性は愛撫としての存在に還元されて、その実体を失っていることだろう。だが幸運にも、愛撫としての存在は窪みとして描かれていて、愛する者の手を取って導いてくれるのだ。ちょうどこの存在が化粧という作業をも導いたように。それはつまり、行為としての愛撫の必然性を基礎づける純粋な不在に他ならないのである。そして女性もまた愛する者を必要としている。愛する者とは彼女を愛撫する者のことであり、ただそれだけである。女性の真の存在論的位置づけは次のようなものになる。女性という存在は決して現実化しない。矛盾と解体なしには現実化しえないのである。その存在は他者の行う行為の形式のもとでのみ実在する。女性は客体でも主体でもないし、所有されるものでないばかりか、存在するものですらない。女性は主体性へと向かう対象の跳躍である。したがって世界のなかにある対象ではないし、可能世界の主体でもない。女性は主体ではなく、存在に到達することはない。

ただ窪みとして描かれ、現実化されることのない、そういう存在である。このことから、優雅さの最後の側面と、女性を保護したいという男性が感じる馬鹿げた欲求の理由はここに由来する。

愛撫は愛のすべてを語り尽くしているだろうか？　確かに愛撫は愛の可能性を基礎づけている。だが、愛撫の向こう側で、愛は全く異なる別の問題を提起する。淫らさという問題である。これは女性の力動的な性格、あるいはいってみれば道徳的記述の一部をなしている。こうしてわれわれは本質の記述という領域を立ち去ることになる。

訳注

1　ジャン＝ポール・サルトル『存在と無』、松浪信三郎訳、第三章第二節、ちくま学芸文庫、二〇〇七年、第二分冊、四一五頁

2　詳細は不明だが、トゥルニエの哲学小説『フライデーあるいは太平洋の冥界』（榊原晃三訳、世界文学全集、Ⅱ－09、河出書房新社）に連なる文書と思われる。

3　Giono, *Le chant du monde*, Gallimard, 1934 p. 120.（ジャン・ジオノ『世界の歌』山本省訳、河出書房新社、二〇〇五年、一二四頁）

4　André Billy, *La Femme maquillée*, Flammarion, 1932, p. 78.

5　Jules Romains, *Les Hommes de bonne volonté*, tome III, Flammarion, 1932, p. 60.（ジュウル・ロマン『善意の人々Ⅱ』（『現代世界文学全集3』）、川崎竹一訳、三笠書房、一九五四年、五〇頁）

4

口にすることと輪郭

凡例4

＊本稿はGilles Deleuze, « Dire et profils », *Poésie 47*, n° 36, dec. 1946, pp. 68–78を翻訳したものである。

＊このテクストはGilles Deleuze, *Lettre et autre textes*, edition préparée par David Lapoujade, Minuit, 2015に収録されており、その邦訳書『書簡とその他のテクスト』（宇野邦一・堀千晶訳）では「発言と輪郭」と題されている。今回の翻訳作業にあたってはこちらも参考にさせていただいた。

＊ドゥルーズによる引用のうち、邦訳が入手できたものについてはそれを参照しているが、それに従わずに新たに訳出している場合もある。

＊訳者によって補った語句は〔 〕で示した。また斜体による強調には傍点を振った。

＊原注は非常に簡素なものであるので、本文の中に組み込み、章末の訳注で情報の不足を補った。

法を外れた感情というのはそのどれもが防御の反応である。ある種の人々にとっては根本的だけれども耐えがたい情念というものが存在するわけだが、彼らは悪徳という形の行為によって、そうした情念の輪郭を浮き彫りにしてしまう。そこに現れるのは奇妙で、ときとして矛盾してもいる輪郭である。それらは混じり合い、相互に関わり合い、重なり合う。それはまるで、明かりに照らされた壁に子どもたちが指を組み合わせて作るような怪物的な輪郭である。だが、哲学は我々に、事物や存在からそれらの有する侮蔑的な意味を剝ぎ取ってしまうことを教える。すなわち重要なのは説明することであり、それが全てだ。記述することこそが肝要なのであって、事物はわれわれの非難にも弁明にも何も負うところはない。以上述べたことが、ある不愉快な世界への導きとして役に立てばよいのだが。

☆

私は疲れているのだろうか？　これはまずは大したことは意味していない。というのも私の疲れは私のものではなく、疲れているのは私ではないからだ。「疲れさせるものがある」のだ。私の疲れは世界のなかに刻み込まれており、事物自体の、たとえば太陽、上り坂、埃や砂利といったものの客観的な確かさ、柔らかな厚みという形をとっている。だが、私の側にあるこの客観的な世界のなかでは、他者が私に対して可能なる外部世界を開示することがありうる。他者はその軽やかな足取りや穏やかな息づかい、あるいはそのゆとりでもってそれを表現する。疲れさせるものの存在しない外部世界をだ。これによってそれまでの世界は否定され、私の疲労には客観的な確かさなどないことが示される。疲れているのは私、まさしくこの私であること、自由に行為したにもかかわらず突如その行為について肩にのしかかる全面的で冷淡な責任を感じた私が、その行為の中で諸々の事物に、疲れさせるものという意味を付与していることが示されるのだ。あの世界、なおも私にとっては慰めであったあの疲れさせる世界は私のものに再び戻っては来る。ただ、それはもはや私のなかにしか存在せず、私が何とかして表現しようと躍起になっている不在に他ならず、もはや私の疲れた身体を支えてはくれない。[1]私の衰弱した身体は孤独なまま取り残され、表現されることなく表現を行っているが、それが自らの表現する世界によって支えられることはもうない。そう、それが私だ。こうして私なるものを把握することはそれを何らかの形で特定することであるわけだが（なお、疲労の代わりに喜びや幸福を例に挙げることもできただろう）、それはまた実存を凡庸さ[2]として捉えることでもある。私なるものはそれ自身、孤独において知られるものであり、そして私なるものは憎しみのうちで男性の他者を知るのだが、それでも自らの孤独を断ち切るわけではない。それというのも、考えうるいかなる親密性も、いかなる内的生も、太陽に対する影のようなものであって、それが現れて孤独を断ち切ることなどないからだ。私なるものの凡庸さ、われわれが根本的情念と呼んだものは内的でも外的でもなく、端的にそれはあるのであって、それだけだ。それは何かに特定されることもなく、そこにある。他方では、男性の他者は凡庸であることへの憎しみをかき立てるけれども、それはただ可能なる外的世界を開示することによってである。この他者はその全てが外的であり、内的生をもっていない。それは可能な外的世界の表現なのである。ここでは以下のことが理解されている必要がある。我々は男性の他者について、これをあるひとつの匿名的な塊として、存在論的に、そして何らの条件もなく定言的に、不意に現れるものとして語っている。ここで語っているのはアプリオリな他者のことであって、その人格のうちに内的生を確固としてもちうるあれこれの特定の他者のことではないのだ。

☆

なるほどこの世界は唯一のものではない。なぜなら実のところ、男性の他者が開示する可能世界は友情の申し出とも呼べるからだ。私が自らの疲労を乗り越え、疲れさせるもののない世界を現実化し、私が他者とチームを組むようにとの申し出だ。それはスポーツのチームでもあるだろうし、社交団体であるだろう。ただしおそらくは、このチームの世界をしっかりと把握してそこにうまく参加するためには、別の世界の方も知らなければならない。その別の世界とはある種の脅威としてこのチームの世界に重なっているもので、ことあるごとにチームのメンバー間に生じ、その絆を断ち切り、対立させ、ライバル関係を作り上げてしまうような世界である。ともかくこのようなチームなるものこそ、凡庸さから逃れるためのただひとつの手段である。だが多くは恨みを選ぶことしか出来なかったというのは分かっておかねばならないことだし、彼ら自身がまさしく自分たちの愛によって恨みへと投げ返されてしまうのである。彼らの役回りというのは取るに足らないものであって、寝台の上で居心地のよい場所を見つけるためにひっきりなしに寝返りを打って向きを変えるというようなものである。そしてそれも結局は無駄であり、力を尽くして狭く重苦しい位置に体を置くだけなのである。

☆

哲学は極度の努力を必要としている。願わくは、凡庸さというこの言葉そのものから侮蔑的な意味が取り除かれんことを。説明するとはおそらく慈愛の観念に結びついているのだ。なぜそうであってはいけないだろうか。

☆

もし男性の他者がひとつの外的世界を表現するのであれば、その逆に女性は並外れたひとつの内的世界である。女性が表現する可能世界、それは彼女自身である。純粋質料としての女性の肉体そのものは女性自身の表出によって精神性を与えられ、優雅なものとなる。外的なものに身をささげ、この外部性の向こうで、内的なものとしての自らの存在を保つ内部性。自身にとって内的なものとして、外的なものに身をささげる内部性。それは秘密と呼ばれているもののことである。ただし、女性のもつ種々の秘密ではなく、女性という秘密そのもののことだ。確かに女性も可能な外的世界を開示しうる（その世界は疲れさせるものでも、そうではないものでもありうる）。だが、その場合に問題になっているのは、もはや本質としての女性ではなく、この特定の女性、たとえば恋人の女性であろう。だからそのとき、凡庸な人は彼女が外的世界を表現するのを見て憎しみではなく喜びを感じるだろう。安らぎ以上に苦しみに満ちた可能な外的世界。ただ、この世界が安らぎで満ちているときでさえも、その世界がもたらす喜びは正確にはサディズムと呼ばれるものにほかならない。

☆

凡庸さを乗り越えてチームなるものへと向かうことの出来ない者たち、あるいはそれを望まない者たちには、「何かをしなければならない」とか、少なくとも自らに欠けている内的な生を獲得しなければならないとか、凡庸性を内面化しなければならないなどと必要に迫られる形で二つの手段が提供される。

まずは自慰行為、つまり凡庸な私なるものの「歴史化」である。——歴史的な対象とは実際のところ何なのだろうか？　博物館の文化財、たとえばある時代のライフルを例にとってみよう。そのライフルは我々の手の届かない壁の上にしっかりと掛けられており、我々にそれを肩にあてることの出来た人物のことを想像させる。歴史的な城砦とそこに住んでいた人々についても同様だ。「彼〔フレデリック〕は次のような人たちについて思いを巡らせていた。つまり壁に囲まれたこの場所に頻繁に通っていた人たち、つまりカール五世、ヴァロワ王家の人々、アンリ四世、ピョートル大帝、ジャン＝ジャック・ルソー、『正面桟敷で紅涙にむせぶ乙女たち』、ヴォルテール、ナポレオン、ピウス七世、ルイ＝フィリップ。こうした騒がしい死者たちに囲まれ、彼らを肩で触れ合うほど近くに感じられる。こうした混乱したイメージは彼を茫然とした気にさせるのだが、彼はそこにいくらかの魅力をも見出していた」[3]〔フローベール『感情教育』——原注〕。さて、このライフルが（特定の時代に属するものとしてもつ個別性ではなく）他のあらゆる歴史的対象との間にもちうる無条件の一致について考察を進めよう。この歴史的なライフルはただそれ自体、肩にあてられるだけのものである。想像など必要ない。歴史的対象はそれ自身で充足しており、ただそれ自身を参照している。歴史的対象は自分自身に触れるもの、すなわち自慰行為をするものなのだ[4]（博物館に「触れるべからず」という注意書きがあるのはこのためだ）。そしてあれら見事な書物にしても、決してだれにも読まれないのはそれら書物自体が自分を読むからなのだ……。こうしたものが歴史なるものの生である。

もう少し述べておこう。社交界への出入りは、この上なく輝かしく自身の本質に関与している者を歴史的存在に変える。〔『失われた時を求めて』の登場人物である〕ローム大公夫人はあるサロンに参加するが、「彼女は、寛大な気持ちからやって来ただけのこのサロンで、特に格上の家柄を誇示したいわけではないことを示すため、かきわけるほどの人数でもなく、通してやるべき人がいるわけでもないのに肩をすくめて入ってくる」[5]〔プルースト——原注〕のである。夫人はみずから自身をかきわけ、自分自身を通してやるのである。

ひとはできるだけ自らを歴史化しようとする。自慰行為とは凡庸な人々、孤独な者たち、そして子どもの社交生活なのである。

☆

少年愛はよりいっそう強い意味で、凡庸な人による内的生の獲得、すなわち秘密の獲得だと言うことができる。根本的な凡庸さは先行する世界の中にアプリオリな他者が現れるとともに生じたわけだが、これが秘密に、つまり卑しくて辛い自立のしるしとなる。秘密をもった人間はこのしるしを子どもと共有し、それ以外とは対立する。少年愛者は自分を女性にしようとしているのだなどと考えるのは馬鹿げている。少年愛の悪徳に満ちた可能性は女性の例を根拠にしようとすると間接的にしか説明できないのだ。

☆

自慰行為や少年愛趣味など、一言で言えば悪徳と呼ぶべきこれらのことが、チームからは外れたところにある内的な生であり、また秘密でもあるというのは間違いない。えてして少年愛趣味はインテリのやることだと思われている。とある高校で私は、二人の青年の間で交わされた大胆だがためらいがちな会話をふと耳にしたことがある。教師についてであった。簡略化すると次のようなことだ。「うちの教師、あいつはモルヒネ中毒だよ」「マジか、うちの担任、あいつは少年愛者なんだぜ……」。彼らの言っていたことが本当でないのは間違いない。我々がいま取り上げているのは、〔悪徳への〕強迫観念にかられている青年たちのことだ。ただ、重要なのは、彼らはいずれも最良の教師を欲しがっていたのであり、生徒として、まるで悪徳の誉れ高き本質に関わるかのように自分たちが関わってきた一つの内的な生を、この「最良」なるものに捧げていたということである。結局のところ彼らは拙くも中傷を試みていたのだ。すなわち、事実と異なることを言おうとしていたのではなくて、事実を向こう側へと割り当てて、本質の面の上で内的生の怪物的な純粋さを指でなぞり、その輪郭をハッキリさせようとしていたのだ。そして彼らはその輪のなかに引きずり込まれたいと願っていたわけだ。この青年たちは肘で互いを小突き合ったりと兄弟のように打ち解けていたが、お互いのライバル関係や競争といった、勝者が存在するために必要なことがらを忘れたりはしていなかった。この若い男たちは自分たちの内的生となりそうなものなら何でも追い求めていた。そして、そうやって自分たちが追い求めていたものを指し示そうにも、その達者な口元から意図せずこぼれ出てくるのは、中傷の言葉に含まれる諸々の悪徳の観念だけであった。なんと、彼らは事実の領域を飛び越える術を知っていたのだ！　事実と異なることを述べる嘘がこんなにも遠くまで及ぶ効果をもっていたとは！　悪徳が青年に及ぼす驚くべき威光に匹敵するとともに、それと一戦交え、ある意味ではそれに打ち克つ事柄が一つだけある。それは青年の抱く自らの健康への気遣いである。青年が関わるのはつねに他者の悪徳であって、その秘められたる称賛の叫びには悪徳への穏やかな非難の面影が残っている。青年が多くの少年愛者を知っていて、悪徳についてすすんで語っているということは、家族にとっては十分に安心できることである。医学ではなくて医者が果たしうる道徳的な役割とはいかなるものでありうるのかが、ここに見出されるのである。

内的生や他者の悪徳となった凡庸さが青年にとっては魅力として働き、彼が言葉や夢を通じてその魅力に関わるというのは間違いない。この意味で、思春期と結びついたロマンティシズムとは、本質的に、凡庸さを偉大さと名付けるための言葉の上での操作に他ならない。その逆に、すでに見たように、それ自体としての凡庸さはそれが説明されうるものである限り、道徳的な用語としては現れない。道徳的な用語が、英雄的精神とか偉大さといった賞賛の言葉であるときにはなおさらのことだ。他者の「悪徳」に関わらねばならないという強迫観念にかられた青年たちは、ときとして、異質でひとの心を打つ道徳家になる。例えばこういうことだ。

☆

「僕にはプルーストを読んだあと自ら命を絶った友人がいるんだ……」。
ああ！　そう口にしたときの彼の悲しく、打ち砕かれつつも、満足気な調子。そして死者に愛情をもって接することによって、彼にはすぐさま威光が与えられることとなる。

そう話す青年は先の青年と同じ人物なのだろうか？　それとも、死に対する恐れと自由とをかくも立派に話していたのは先とは別の人物なのだろうか？　憂いを込めて彼は現存在《ダーザイン》について語る。そして、彼が吐き出しているのは言葉なのかそれとも上っ面だけのものであるか、もはや誰も分からない。毎朝鏡の前で、彼は額を苛んで皺を刻み、両頰を飲み込むようにすぼめ、万年筆のペン先を目の前にもってきて眼差しを彫刻したものだった。紅がさした頰、清らかな額、いつも変わらぬ健康は彼にとって残念なものだった。彼がたびたび夢に見ていたのは、恐ろしくて苦しい病気にかかること、ただそれでいて深刻でないものにかかることだった。

☆

凡庸な青年が口にすること。——俺は汚い言葉を使ってしか愛の告白なんてものを思い描けなかった。映画館から出て少しばかりの空想に浸るといつも同じことが浮かんでくる。俺は友人の家でクローゼットに隠れている。すると若い娘が入ってきてこう叫ぶ。「ピエール（もしくはポールかジャックか、それともやっぱり俺の名前か）は嫌らしいゲス野郎で、不潔で、キモくて、ホモだわ。おまけにオナニーばかりしていて、友達が彼女に堕ろさせる手助けなんかをしてる。それに遊び半分で十二歳の男の子三人を自殺に追い込んだのよ。その子たちのご両親はいまもそれで涙にくれているわ……」。そこで俺はクローゼットから出て言うのさ、「俺だよ」と。その続きはほとんどどうでもよい。なんたって俺は複雑に絡まった紐みたいな彼女の罵詈雑言をほどいて、彼女に愛の告白をさせる術を知っていたんだから。だけど本当のところ、その娘が実在するかどうかなんていうのはそもそも全く肝心じゃない。むしろはるかに大事なのは、クローゼットが現実に実際に友達[6]の部屋にあるということだ。さらに言えば、クローゼットはある程度大きくて、近づきやすさだとか、風通しはどうだとかいったもっともらしい条件がそろっていることがどうしても必要なんだ。こういうのが想像力の強固な法則というやつで、クローゼット抜きには俺は自分のお気に入りの空想に客観的な確かさを与えることが決してできなかった。そういうクローゼットは見つかりそうかって？　俺は友達を探してるよ。

☆

この爽やかな入浴をすませたからには、凡庸さや悪徳のより確固とした輪郭を見出すときが来た。ここからは凡庸さや悪徳はもはや他人のそれではないという意味において威光を欠くこととなる。

すでに見たように一方の極には秘密がある。その反対の極にはひけらかされる凡庸さがある（ここでの凡庸さはもう秘密としてのそれではなく、むしろその反対のものだ）。そしてその凡庸さは身体や身体の一部という形でひけらかされる。凡庸な人はこの世界のなかの一つの対象、一つの事物にならねばならない。つまりは世界の奥底に座する一つの事物にならねばならないということだ。ここで我々が「座する《サスワール》」という語を用いるのは単にはずみでそうしているわけではない。凡庸な人は一つの事物、一つの鉱物にならねばならない。つまり凡庸な人は自らを鉱物とせねばならない。そしてまた、その企てに効力をもたせるべく、凡庸な人は自らの身体と一致しなければならない。というわけで一方では、彼は自らの身体の短く重苦しい諸々の部分を見せつけるようになる。彼のうちで純粋に肉体であるもののすべてを見せつけるのだが、意識はそれにほんの少ししか届かないし、それを軽くする力ももたない。他方、露出狂は、この小石だとかランプだとかがそうであるのと同じ資格で世界のなかの事物とならねばならないのだとしても、彼がそうなりうるのは他人のまなざしのもと、女性のまなざしのもとでしかない。したがって、〔露出狂の〕この凡庸さは自らを外面化し、露出するとしても、それは結果として、暴力と不意打ちによって女性の内的生に関わるにすぎない。「他者」に投げかけられた挑発行為としての露出趣味の特徴を定義付けるのは、この二重の制限なのである。

☆

更に進んで、挑発も非合法ももはや存在しないような領域へと向かおう。私の念頭にあるのは身体の病や懲罰である。実質的なカテゴリー表を作りたいのならば、こう言うこともできよう。すなわち、露出趣味は根本的な凡庸さと身体の病の媒介である、と。アランディ医師[7]は『ある病める医師の日誌』において、脚についての心理的意味付与から生じたコンプレックスの実例を挙げている。そこではコンプレックスは変容し、事物となり、脚部の（身体的な）障害として具現化する。脚、そしてより一般的にいって身体全体は合法的な関心の対象になる。苦痛のなかで自らの身体全体と一致する病人は医者を自分のもとに呼び、私の脚を見てくれ、私の身体を見てくれなどと言うのである。さらには、凡庸さは身体の病つまり合法的な病になるだけでなく、解剖学的な器官という形式のもとで考えられる対象になる。同様の性質が詐病にもあるが、それは何をしてでも手に入れなければならない合法性の要求に他ならない。他方で、子どもが受ける懲罰、つまりお尻たたきの罰においては、それとは別の合法性が問題になっている。その合法性はもはや組織化されてはおらずむしろ散らばっており、社会的ではなく家庭的である。ここでは子どもの頃のルソーが受けたお尻たたきを思い浮かべればよい。

☆

露出趣味は二重の制限によって枠を定められている。身体の特定の部分だけが露出されることになるが、それが露出と言えるのは他者のまなざしのもとで挑発的な身振りをとるときだけである。そして身体の病はこの第一の制限とは袂を分かっているとしても、第二の制限は残り続ける。だからもっともっと先へと進んで行かなければならない。凡庸な人は他人のまなざしのものでではなくて、自分自身に向かって自らを事物にしなくてはならない。彼の身体は自分自身に向かって事物となり、丸まって自らのうちに閉じこもり、皮膚の下の骨に至るまでその全体が指で作った同じ編み目のなかに包み込まれなければならない。彼の身体は燃えて、生地であるかのように「固まり」、ニスであるかのように「光沢をもた」なくてはならない。ナルシスは自分自身を愛撫し、（馬鹿げていると思う人もいるだろうが、こういう言い方が許されるなら）彼は自分の体をひっかくのだ。だが、ナルシスには失敗がなかったか？

☆

凡庸なナルシスが口にすること

純潔で近づきえない
ひっかくことの能わぬ意識のように
私のうちからくる耐えがたき有限性の呼び声のように

そしてまた
　私は神でないという呼び声のように
事物は私のうちにあれども私のものでなし
私のうちで肌の下でなされる拒絶のように
ヌーメノンとしての肩甲骨は
ねじれから離れている。

（またの機会に[8]彼は回答を待たずにこう言った。マンドリンの高鳴りだろうかそれともアキッツガムシのニンフだろうか。）

☆

ではいったい勝利はどこにあるのか？　それを見つけるためには美学の領域へと進んで行かなければならない。それはパントマイムである。真のパントマイムはのろくて重い。しかし、その鈍重は一瞬のそれであり、その一瞬（時間にはさみ込まれたその一瞬）は至上の軽やかさに他ならない。子どもたちはその一瞬を感じ取っている――少なくとも、熊のようにもたもたと踊ることはできて、自分たちですし詰めになろうと努め、こわばったしかめ面をして疲れ果てている子どもたちは感じ取っている。パントマイム（そしてとりわけ手と指のゆっくりした生気、ここでもまた、それは固まるパン生地のようなものである）は、石化、鉱物化への傾向に他ならない。パントマイムほど反ロマン主義的なものはない。ロマン主義の主要な考えは人間と事物との間の対立という考えである。ロマン主義はその視覚上のこだわりにおいてすぐれて美学的なのかどうかと問うてみればよい。真のパントマイムは事物のパントマイムである。それは充溢した存在の獲得である。そして感情が事物になるとき、私たちは憎しみや愛を身ぶりで表すことになる。ポンジュは、事物が感情になることを望む。彼は次のように述べている。「なぜといって、幾千もの感情が認識されなければならず、経験されなければならないからだ……。やれやれ！　私はどうしても言いたい。私はといえば、私とはまったく別の事物であって、例えば、ネズミやライオンや網に共通する私の所持するあらゆる質のほかに、ダイヤモンドの質を私はもっているぞと主張し、さらには、私は海と連帯し、それと同じように海が押し寄せる崖やそれから生じる小石と連帯するのだ」[9]。ポンジュ、あるいは反パントマイムとはこういうことだ。パントマイムは反対に感情を事物に変える。だが、これらの反対のものが一つの同じ世界に属しているということ、そして事物が感情になる限りにおいてのみ、感情は事物に変容するということを忘れないようにしよう。

☆

パントマイムが口にすること

注意深く実りに富んだ
彼は鏡の前に自身を置いて
それから目を引き攣らせた
そうして目をもう一つ
鼻の頭に
誕生させた

故障の原因は電気にあった
宇宙的なまばたきのように
それがあまりに正確なので
私は神に乞う
私を電球みたいにまばたかせたまえ

我々は同様の性質を有していたように思われる一連の感傷的な行為を見てきた。露出狂、身体の病、罰の受け入れ（あるいは誘発）、自分自身を愛撫してひっかくような行為、そして最後にはパントマイムである。ところで、秘密としての自慰行為とは対照的に露出狂は秘密の無さを表現していたのに対して、愛撫とパントマイムに関していえばまさにこの対立軸自体がもはや意味をもたない。かくしてただ一つ問題になるのは、事物になること、それも複数の他者にとっての事物ではなく、事物それ自体になることである。そして事物とは、秘密と秘密の無さ、自慰行為と露出狂といった相反するものの統一なのである。

☆

「秘密」に話を戻そう。他者に関する秘密は自分自身の秘密に由来する以外はあり得ない。少年愛者は「中傷する者」となろう。

☆

悪口と中傷には二重の意味がある。まず、それらには心理的な意味と道徳的な意味がある。悪口を言うというのはひとを悪し様に言うことであるが、その際、嘘はつかないものである。中傷するというのは、不正に、それも根拠なく悪し様に言うことである（つまりそれは、悪なるものが言うことなのだ）。さらに、その二つには形而上学的な意味もある。悪口も中傷も言語ないし言葉に準拠してはいる。ただ、悪口においては明確な事実が援用されるか、いつでも援用される状況にあるので、要は検証可能である。そこでは言葉の役割はそうした事実を提示し、強調し、説得的でかつ不実な関係をそれら事実の間に編成することに尽きる。それと全く異なるのが純粋な中傷である。いまだ純粋でない段階では、中傷はでっち上げられた事実に訴えかけるのであって、単に正確ではないという特徴によってのみ悪口と区別されるだろう。だが、真の相違がみられる段階がやはり存在する。その相違とは、悪口は事実に訴えかけるのに対して、中傷はいかなる事実にも訴えることはなく、完全なる純粋さにおける言葉の本質、ある種の至高にして精神的な侮辱のようなものを暴き出すとともに、他方では、その中傷自身が打ち倒そうとしている人物の本質を規定しようと努めてもいるということだ。ここでは言葉はそれ自体で充足しており、王のごとく超然としているとでも呼ぶべき意味を纏っている。言葉は苦しめる。古典悲劇に見られるように、どこから来たかも分からない人々が、特徴をもたない部屋に、どのようにしてかは分からないが集まり、言葉でもって互いを苦しめ合い、苛み合う。そして、それらの言葉は言葉そのものだけに関係している。これこそが様々な本質の領域なのである。そして悲劇は貴族的である。ちょうど苦悩が中傷に由来するように。

☆

ありふれた例を出そう。[10] 愛される側の者〔恋人の女性〕についてのおそろしい事実があばかれている匿名の手紙を、愛する側の者が受け取る。ここで大事なのは「匿名」という語だ。第一に、匿名の手紙は私に可能な外的世界を開示している。そこでは愛される側の者はもっぱら私に愛されている者としてのみ現れるのであって、それはもはや愛すべき者ではなく、むしろその反対に軽蔑すべき者である。第二に、その手紙はある「友人」によって書かれており、より正確にいえば、友情の申し出として〔あなたのために、あなたの為を思う何者かによって〕与えられている。第三に、その手紙はアプリオリな他者によって書かれている。誰か特定の他者によってではない。手紙が匿名であるというのはつまり、その書き手は何ら規定されずに名前も個体性ももたないということである。

匿名の手紙、それは凡庸な人が自らを他人とってのアプリオリな他者とするために見つけた手段である。確かに、私はやきもきして誰がその手紙を書いたのか探ることができるし、色々な名前が踊っているのを思い浮かべて〔あの人かな？　それともあの人か？　いやあの人かも？〕、アプリオリな他者を誰か特定の他者に還元することもできる。だが、この還元の試みが申し出られた「友情」の拒否に他ならないことにしっかりと気づくべきだろう。友情が存在論的に生まれでるためには、一般的で未規定な他者が私のそばで密やかに存在している必要がある。手紙が私に開示する可能世界を特定の誰かに還元することは、結局のところ、平等な精神によってこの可能性そのものを否定してしまうことである。それは手紙を拒否することでもあって、そのときその手紙はもっぱら下劣な行為、私に嫌悪感を抱かせるものとして現れる。これが匿名の手紙の挫折である。

☆

それではこの匿名の手紙の勝利とはなにか？　もはや誰がそれを書いたかなどはどうでもよい。ただひとが苦しむ。匿名の手紙は成功だ。それは私に一つの可能世界を開示し、その世界が私に食い込んでしまっている。そして、苦しめるのは言葉、十分なまでに効力をもつ言葉であり、この言葉は誰もそれを自分のものとして引き受けていないが故に独立している。手紙は匿名である。ここにおいてもまた、私が数々の事実（かくかくの日時、どこそこの通りの某番地といった事実）でふくれた手紙について語っているのではないことは言うまでもない。むしろ私が考えているのは、純粋な中傷であることを目指している手紙、言葉の悲劇的、貴族的な効力以外の何ももたらさない手紙のことである。だが、この純粋な中傷、事実に準拠していないこの言葉の効力とは何だろうか？　我々の選んだ例においては、愛される側の者がレズビアンではないかという疑念である。

☆

我々はいかなる意味において女性が「定言的」であるかをすでに見た。それに加えて、その意味において女性は秘密であることも見てきた。かくして、女性と愛される側の者との間の対立は全面的である。愛される側の者は個人性をもっており、その人は特定の女性であり、純粋な現前であって、本質といったものではない。嫉妬とは愛される側の者のただ中での女性なるものの開示ということになろう。そしてこの開示は二つの継起する形式の下で表出される。第一には不在の形式の下で。午後五時に私と一緒にいないときに、愛される側の者は何をしていたのだろうか？　愛される側の者は秘密をもつ。彼女は純粋な現前ではなく、すでにして女性なるものなのであり、その不在によって、かえって浮き彫りにされた本質が提示されるのだ。第二には罪の形式の下で。ここでは愛される側の者は秘密である――そして、比類ない嫉妬をかきたてることで、彼女は女性の本質を存分に実現することへと向かい、その本質の輪郭をできるだけ細かに定める。但しこれは同じ性別の者を相手にする、つまり彼女がレズビアンである限りでのことだ。それでも愛する側の者は、愛される側の者のただ中に立ち現れてくるこの見知らぬ女性をもう一度縮減しようと試みるだろう。彼は愛される側の者に向かって、秘密を自ら告白するよう乞い願うが、これは彼女が純粋な現前に戻るためのただ一つの手段だからである。それでも彼は回復するために、かつて自分に苦痛をもたらしたのと同じ手法を用いるのだが、単純な否認を聞くだけで満足し、証拠も要求せず、確かめようともしない。彼には言葉だけで十分で、少なくともその言葉とは彼が述べる次のようなことである。「ねえきみ、ぼくが不愉快なのはよくわかるのだけど……。よくおわかりのはずよ、などとは言わないでくれ。どんな女性ともそんなことは決していたしませんでしたわ、と言っておくれ」[11]〔プルースト――原注〕。だがそうしたことのすべては虚しく、その悪はどうしようもないものなのだ。

☆

少年愛、中傷、レズビアニスムのこの循環は必ずしもこうでなければならないわけではない、偶然的なものであって、我々の選んだ例に依存している。それに対し、偶然的とは言えないものとは、少年愛とレズビアニスムの間で枠を定められた中傷の身分そのものである。中傷は媒介である。これは全面的に女性の秘密へと向けられているが、他の極においては、中傷は己自身についての秘密に由来する。凡庸な人の輪郭がこれより悪し様に示されるようなことは決してないだろう。

訳注

1 *Lettres et autres textes*（『書簡とその他のテクスト』宇野邦一・堀千晶訳、河出書房新社、二〇一六年）所収のテクストと、本翻訳の底本である雑誌（*Poésie 47*, no° 36, déc. 1946, pp. 68-78）掲載時のテクストでは異同がある。初出では « …il n'existe plus qu'en moi, il n'est plus qu'une absence que je m'entête à exprimer, il ne soutient plus mon corps fatigué. » であるが、『書簡とその他のテクスト』では « …il n'existe plus qu'en moi, il n'est plus mon corps fatigué. » となっている。

2 本論のキーワードである mediocre は「凡庸さ」と訳した。これはハイデガーが『存在と時間』において使用する（日常性 Alltäglichkeit とほぼ同義であるところの）「平均性 Durchschnittlichkeit」という現存在の非本来的な在り方を示す用語を意識していると思われるが、論考の性質から考えて「（日常的）平均性」よりもむしろより「くだらなさ」「つまらなさ」を強調する「凡庸」という語を採用した。同様に、le mediocre の場合は「凡庸なひと」、la mediocrité は「凡庸さ」と訳した。

3 フローベール『感情教育』第三部の一シーンから。主人公フレデリックは愛人のひとりであるロザネットを連れ立ってフォンテーヌブローの古城を訪れ、そこに出入りしていたであろう歴史上の人物に思いを馳せる。「正面桟敷で紅涙にむせぶ乙女たち〔les belles pleureuses des premières loges〕」とはルソーの『村の占い師』がフォンテーヌブローで初演（一七五二年）されたときの観客たちの様子のルソー自身による表現（『告白』）。以下を参照。『感情教育』山田𣝣訳、河出文庫、二〇〇九年、下巻、第三部註38。

4　ここで用いられている se toucher という表現には「自分自身に触れる」という意味と「自慰行為を行う」という意味がある。

5　プルーストの『失われた時を求めて』、第一編「スワン家の方へ」から（吉川一義訳、「スワン家の方へII」、岩波文庫、第二分冊、二〇一一年、三一七頁）。

6　底本のテクストは « une de mes amis » となっており文法上の誤りがある。『書簡とその他のテクスト』では « une de mes amies » と訂正が施されているが（そのため「女友だち」と訳されている）、« un de mes amis » が正しいと思われる。

7　René Félix Allendy（一八八九～一九四二）は、フランスにおける初期のフロイトの受容者であり、アントナン・アルトーやアナイス・ニンと親交があったことでも知られる（『書簡とその他のテクスト』では Allenby になっている）。

8　フランス語の nymphe は、いわゆるギリシャ神話の妖精であるニンフを指すとともに、幼虫をも指し示す。アキツツガムシはダニの一種で、人の皮膚の下にもぐり込んでかゆみを引き起こす。

9　フランシス・ポンジュ『人・語・物』、「小石への序論」、阿部良雄訳、筑摩書房、一九七四年、三七～三八頁。

10　ここで「ありふれた例」として例示されているのは、実際にはプルースト『失われた時を求めて』、第一編「スワン家の方へ」のエピソードである（吉川一義訳、「スワン家の方へII」、岩波文庫、第二分冊、二〇一一年、三一七頁以下）。

11　同上、三八一～三八二頁。

5
ザッヘル・マゾッホからマゾヒズムへ

凡例5

＊本稿は Gilles DELEUZE, « De Sacher Masoch au masochisme », *Arguments*, 5ᵉ année, n° 21, 1ᵉʳ trimestre 1961, Paris, Editions de Minuit, pp. 40-46 を翻訳したものである。

＊このテクストは Gilles Deleuze, *Lettre et autre textes*, edition préparée par David Lapoujade, Minuit, 2015 に収録されており、その邦訳書『書簡とその他のテクスト』（宇野邦一・堀千晶訳）では「ザッヘル゠マゾッホからマゾヒズムへ」と題されている。

＊本稿は『みすず』二〇〇五年四月号に掲載されたものであり、書誌情報の変更および若干の表現の訂正以外には手を加えられていない。また掲載時の訳者解説を章末に付した。

＊訳者によって補った語句は〔　〕で示した。斜体による強調には傍点を振った。語頭大文字による一般名詞等の強調は〈…〉で指示した。

＊原注、訳注ともに章末に収録した。

ザッヘル・マゾッホ（一八三五〜一八九五）[1]はガリツィアのレンベルクに生まれた。[2]祖先を遡ればスペインとボヘミアの出身である。生家はオーストリア＝ハンガリー帝国下の官吏一家。父親はレンベルクの警察署長だった。警察という主題はマゾッホの作品にその後も憑いてまわることになる。だが、彼の着想の主たる源泉の一つとなるのは、少数民族（ユダヤ人や小ロシア人等々）[3]の問題である。マゾッホは、ドイツ・ロマン派の大いなる伝統を受け継いでいる。彼は自らの作品を倒錯的なものとしてではなく、人類そのものを描き出すような百科全書的なものとして構想していた。壮大な規模の連作巨編が、『カインの遺産』という表題のもと、人類の自然誌を[4]作り上げるはずだった。当初の計画にあった全六部（愛、所有、金銭、国家、戦争、死）のうち、書き上げられたのは最初の二部である。とはいえ彼の考えでは、愛〔という主題〕ひとつとっても、文化的、政治的、社会的、そして民族学的な諸要素が複雑に絡み合った複合体と分かつことはできない。恋愛に関するマゾッホの嗜好はよく知られるところである。彼にとっては、筋肉こそが本質的に女性的な素材である。彼は、愛する女が毛皮を纏い、鞭を手にすることを欲していた。愛を受ける女はサディストの気性などいささかも持ち合わせていない。だが、あてがわれた役割に相応しい女となるよう、じんわりと説き伏せられ、調教されていくのだ。マゾッホはまた、その女と自分とが、厳密な条項を具えた契約によって結ばれることを欲していた。しばしば彼は、それらの条項の一つが定めるところに従い、使用人の扮装もすれば名を変えもする。[5]彼は自らと愛する女とのあいだに第三者が介入することを渾身の思いで願望し、実際にそうした状況を作り出していた。彼の代表作、『毛皮を着たヴィーナス』には、詳細に記された一通の契約書が登場する。マゾッホの伝記を著したシュリヒテグロル[6]、そしてクラフト＝エビングは、マゾッホの契約書の他の例を自著で紹介している[7]（『性的精神病質』[8]、二三八〜二四〇頁を参照）。このクラフト＝エビングが、一八六九年、或る倒錯症状にマゾヒズムという名を付与したわけだが、当のマゾッホにしてみればこれは不愉快千万な話であろう。ザッヘル・マゾッホは呪われた作家ではなかった。彼は敬意を表され、祝宴にもてなされ、勲章を授けられるような人物だった。フランスにその名を轟かす著名人だったのである（凱旋訪問ともいうべき熱烈なもてなし、レジオンドヌール勲章、『両世界評論』誌への作品掲載）。だが死の床に臥した彼は、既に自らの作品が忘却の淵に飲み込まれていることに苦しんでいたのだった。

*

ひとが、その望むと望まざるとにかかわらず、自分の名を或る障害ないし疾患に付与する場合、そのひとはそれらの障害なり疾患なりを考え出したとは見做されない。そうではなく、例えば、その疾患を「隔離」したと、すなわち、それまで一緒くたに扱われてきた諸々の症例からその疾患を区別し、その疾患によって示される諸症候を、いままでにない決定的な仕方で突き止め、分類したと見做されるのだ。病因学はまず第一に、出来のいい症候学に依存している。症候学上の特殊性が最初にあるのであって、原因因子の特殊性は常にその次に来る相対的なものである。それ故、マゾッホの場合、マゾヒズムの専門家たちがその作品の内容にほとんど何の関心も示してこなかったことが悔やまれることになるはずだ。往々にして専門家たちは、マゾッホその人において見出されるそれに比べはるかに不正確で、はるかに混乱した症候学に甘んじてきた。サディズムとマゾヒズムとは二つで一つの単位を成すかのように言われているが、そうした考えこそがこの混乱を助長してきたのである。他の場合と同様ここでもまた、症候の特定の仕方が悪かったために、病因学が益体《やくたい》もない方向へ、ともすれば不正確な方向へと導かれてしまったのだ。(原註1)

マゾッホの作品をサドの作品と比べてみると、我々はサディストとマゾヒストの出会いなど不可能であるという事実に驚かされる。彼らの置かれている環境、彼らの行う儀式は、何から何まですっかり違っている。彼らの要求には相補的なところなどいささかもないのだ。サドの着想はなにより機械論的で道具主義的である。マゾッホのそれは髄まで文化主義的で美学的である。諸感覚は芸術作品をその対象とするときはじめて自らがマゾヒストであると感じる。毛皮に包まれた女の力とその肉付きとをマゾッホに啓示するのはルネッサンスの絵画である。女が愛を受けるのは、ひとえに彼女が一体の彫像に類似していることによる。そしてマゾヒストは、芸術が彼に与えるものの一切を芸術へと差し戻す。すなわち、自らを絵画に描かせ、あるいは写真に撮らせるとき、また、鏡に映じた自らの像にはたと出くわしたときに、マゾヒストは、自らを感じ取り、そして自らを知る。諸感覚が「理論家」になるということ、〔例えば〕眼の向かう対象それ自体がひとつの人間の対象となったとき、すなわち、人間から発して人間に宛てられる対象となったときに、眼というものがひとつの人間の眼になるということを我々は知った。ひとつの器官は、芸術作品を対象とするときに人間のそれとなる。マゾヒズムはかくの如き転換の苦しみとして描かれている。動物はすべて、自らの諸器官が動物的であるのをやめるときに苦痛を覚えるのだ。ゲーテの言葉を受けて、マゾッホはこう言い続ける。私は超官能主義者であり[9]、超感情主義者ですらある、と。(原註2)

マゾヒズムの第二の――そしてサディズムとの対立をより顕著に示す――特徴として、契約への嗜好、並々ならぬ契約欲がある。マゾヒズムの定義は、痛苦を催させると言われるその内容によってではなく、もっぱらその形式上の特徴によってなされるべきである。ところで、そのあらゆる形式上の特徴の中で、契約より以上に重要なものはない。女との契約なくしてマゾヒズムはありえない。だが、本質的なのは、その契約が、男と〔その男に対して〕支配的な位置を占める一人の女との関係の中に投影されるということである。通常、契約というものは、父権制社会に密に依存した機能をもっている。契約が交わされるのは、男同士——父と息子も含め——の間に確立されるような権力関係や協同関係の中の非物質的なもの、精神的なもの、あるいは制度によって打ち立てられたものを表現し、ひいてはそれらを正当化するためである。それに対し、物質的で、冥府の神々に支えられた絆、われわれを女に結び付け、子を母に結びつけるその絆は、そもそも契約に基づく表現形式には適さぬように思われる。女が契約に参入するとすれば、それは、男たちのもとに「やって来て」、父権制社会のただなかにおける自らの依存的地位を認めたうえでのことである。ところが、マゾッホの契約においてはすべてが顚倒させられている。ここで契約が表現しているのは、女性の物質的優位と母性原理の優越性なのだ。こうした顚倒、こうした投影を司るマゾヒストの意図についてひとは疑問を抱くことだろう。契約は男性的社会を基礎づけるものだと想定するとして、マゾヒストはそのような契約が時間とともに進化していくその運動をも別のものへと移し替えてしまうのだから、尚更のこと疑問を抱かざるを得ない。というのも、いかなる契約も、語の厳密な意味においては、一定の期限をもつこと、第三者が介入しないこと、譲渡不可能な一部の所有物（例えば生命など）がその対象から除外されることといった諸条件を要求するからである。だが、社会というものは、自らの永遠不変を公準として前提し、契約を交わしていない第三者に対しても自らの支配力を行使し、臣下に対する生殺与奪の権を自らに付与することなくしては存続し得ない。これらの運動はマゾヒストが女性と交わす契約において再び、それもより顕著な形で見出される。マゾッホの契約は必要に応じて期限を無条件に設定するけれども、この期間をいくつかの区切りに分割することによってそれを長続きさせるのは、女性の側の自由とされている。[12] 密かに付け加えられる条項によって彼女には生殺与奪の権が与えられる。[13] さらには第三者の場所さえも、巧みな法的用意周到さによって予め用意されることになる。女は、自らの権利を保持し、それを幾倍にもする〈絶対君主〉のようであり、マゾヒストは、自らの諸権利を事実上ことごとく失っているその臣下のようである。あたかも、マゾッホの文化主義は審美的である以上に法的であるかのようだ。マゾヒズムは契約なるものから切り離せないのだが、しかしマゾヒズムは、支配的な位置にある女に契約を投影すると同時に、その契約を極限まで押し進め、その歯車をはずし、そしておそらくはそれを嘲弄の対象にしてしまうのだ。

　第三に、マゾッホの契約は、風変わりな歴史的パースペクティヴにおいてしか理解できない。マゾッホはしばしば、うるわしき〈自然〉の時代、ヴィーナス-アフロディテ[14]の司る古代世界にそれとなく触れる。そのような世界においては、移ろいやすい男女関係を律する唯一の法は、対等なふたりの間の快楽である。マゾッホのヒロインたちはサディストの気質などもちあわせていない。本人たちの言うところによれば、彼女らは異教的で、古代的で、英雄時代的な気質の持ち主なのだ。[15] ところがうるわしき自然は、気候の激変や氷河の融解によってその均衡を失ってしまった。自然法則はそのとき、母の胸の中に、そしていくらか温もりをとどめている女性原理の中に引き受けられる。男たちは「反省の子」[16]となった。男たちは、自律した精神性に到達しようと努力するうちに、本性を、あるいは〈魂〉を失ってしまった。「あなたがたは自然であるや否や、卑俗なものとなってしまう」[17]というわけだ。マゾッホの女たちが身に纏う毛皮の意味は多様だが、その意味の第一にあげられるのは、彼女らが氷河環境のなかで寒さに凍えているということだ。マゾッホの女主人公たちは、毛皮に身を深くうずめ、たえずくしゃみをしている。毛皮を父性的イメージとする解釈には、まったく何の根拠もない。毛皮は何よりも母を直接に象徴するものであり、女性原理の中への法の撤退、息子たちの熱望によって脅かされる「母なる自然」〔*mater Natura*〕の中への法の撤退を指し示している。[18]熊はアルテミスの動物であり、[19]毛皮に覆われた牝熊は〈母〉そのものであり、毛皮は母性を表す戦利品である。また、このようにして〔母の胸の中、女性原理の中に〕引き受けられることによって、〈自然〉の法は恐るべきものとなる。というのも、その毛皮は、女性支配制を布く専制的な貪り喰う〈母〉の毛皮なのだ。マゾッホは、愛する女が熊にその姿を変えて、彼を締め上げ、彼を引き裂くことを夢みる。冥府や月の女神たち、偉大なる女狩人たち、豪腕のアマゾンたち、君臨する遊女たち、彼女らこそ、母性原理と同一であるこの自然の法の厳格を証言しているのだ。『カインの遺産』において、長男、農民で、母のお気に入りであるこの息子は、〈母〉そのものの物質的イメージとして理解されねばならない。彼は、〈父〉が、羊飼いであるもうひとりの息子とのあいだに結んだ精神的絆を断ち切らんがために、罪を犯すに至るのだ。だが、父性的、男性的、あるいは氷河的な原理の最終的勝利は、アニマ[20]の抑圧、新たな法の到来、そして次のような世界の創設を意味する。その世界では、精神的な結びつきが、血による母系的な絆に対して優位を占める。すなわちローマ的世界、そしてそれに続くキリスト教的世界である。そこにはもはやヴィーナスの居場所はない。「ヴィーナスは、この抽象的な北方の地、この凍てつくキリスト教世界にあって、身体を冷やすことのないよう、大きな重い毛皮にくるまっていなくてはならないのです」。「あなた方の極北の霧の中に、あなた方のキリスト教の香の中にじっとしていなさい。私たち異教徒のことは、瓦礫の下に埋もれるがままにしておいてください。溶岩の下に休ませておいてください。私たちを地中から掘り起こしたりしないでください。あなた方には神など必要ではないでしょう。私たちはあなた方の世界では凍えてしまうのです[21]」。

熱心に論じられ、単純化され、小説にも描かれたバッハオーフェン[22]のかの有名なテーゼ、原始の娼婦制、女性支配、父権制という人類の三状態に関するテーゼがここに認められよう(原註3)。バッハオーフェンの影響は否定できない。また、人類の自然誌を記述しようというマゾッホの野望もそれによって説明される。だが、マゾッホに固有のものとは何かといえば、それは退行的空想に他ならない。それを通じてマゾッホは、父権制そのものを利用して女性支配を復興させ、女性支配を利用して原始共産制を復興させることを夢見るのだ。

アニマを地中から掘り出した者は、この退行のなかへと入っていく。抑圧されているだけに尚一層のこと恐るべきものであるアニマは、父権制的諸構造を利用し、貪り喰う〈母〉の力を再発見することができるだろう。『黒いロシア皇后』においてマゾッホは、九〇〇年にツァーの愛を受けたある囚われの女の物語を語っている。その女は毛皮を纏った熊を狩って、戦利品を奪う。アマゾンの連隊を編成して、ロシア貴族たちの命を奪い、ひとりの黒人女にツァーの首をとらせるのだ。ひとりのコミューンの男、ひとりの「コミュニスト」が、彼女の行動のはるか遠い目的であるように思われる。(原註4)『サバタイ・ツヴィ』では、ひとりのメシアがある女と三度目の結婚式を挙げることになるのだが、この女は彼にからだを許そうとしない。スルタンは婚姻の成就を望む。女は自らの夫を鞭打ち、茨の冠をかぶらせ、婚姻を成就させて後、彼に言う、「わたしがあなたをひとりの男にしました、だからあなたはメシアではありません」。「信仰を捨てましょう、一日も早くメシアが来られますように」、(原註5)と。マゾッホにおいてはつねに、真の男は、復興された女性支配のもつ幾つもの過酷さから抜け出すこととなり、力づよい女性とその復興は、本来の方向から逸らされた父権制の構造から抜け出すことになる。退行的空想においては、家庭内の関係、夫婦の関係、そして契約上の関係さえも、恐るべき〈女〉ないしは貪り喰う〈母〉を利するべく結ばれるのだ。

したがって、マゾヒズムにおいて、〈父〉のイメージが、フロイトによってこのイメージにあてがわれた役割を担っているかどうかは甚だ疑わしいように思われる。フロイト派の精神分析は往々にして父のインフレに苦しんでいる。マゾヒズムという特殊事例において我々は、いかにして父のイメージがまず超自我に内面化され、ついでそれが女のイメージへと再外在化されるのかを説明するために、驚くばかりの曲芸へと招かれる。(原註6) あたかもフロイトのなす諸々の解釈は、しばしば、無意識の最も表面的で最も個体化された層にしか到達しないかのようである。フロイトの解釈は、〈母〉のイメージが父の影響にいかなる負債をおうこともなく自らの名義で君臨している諸々の深い次元にまでは入っていかないのである。サディズムとマゾヒズムは二つで一つの単位を成すという考えについても同様だ。父の役割を拠り所とするあまり、フロイトの解釈は、無意識がもつ最初の幾つかの厚みの向こう側については注意散漫になっているのだ。無意識には起源も価値も異にする極めて多様な複数の層があるということ。それら諸層は性質の異なる複数の退行を引き起こすとともに、互いの間に対立や補償や再組織化の関係をもっているということ。ユングにとってなくてはならないこの原則がフロイトに認められることはなかった。なぜなら、フロイトは無意識を、単なる欲望するという事実に還元していたからである。意識が無意識の表面の諸層と結びつくのを目の当たりにすることがあるが、この結びつきは、血縁によって我々を包囲しているより深層の無意識の活動を阻害するためのものである。無意識においてもまた、仮象以外の何ものでもない物がある。しかしながらフロイトは、本来的に対象に向かうものである無意識の向こう側に、ある同一化の無意識の存在を発見したとき、そのことを予感していた。ところで、対象関係の点から見たときに無意識において支配的であるイメージはどれも、深層の領域においては、そのあらゆる価値を失い得るし、別の物をも意味し得る。多くの神経症患者は父に固着しているように見えるが、しかし実際には母のイメージによってつきまとわれ、押し潰されているのだ。母のイメージは表層的無意識には備給されないため、このイメージは尚更のこと強力である。一般的な規則として言えるのは、支配的人格というのは、分析が到達する水準に応じて変化するということである。最初の近似値を出すにあたって、不活発で、目立たない、卑下すらされた母のイメージを示すような分析を行う人々には用心しよう。マゾヒズムにおいては、おそらく、父の形象がはびこっているのはただ見せかけだけのことに過ぎない。おそらくそれは、より深い目的のための単なる一手段、より遠くにまで及ぶ退行——つまり父の規定がことごとく〈母〉の利益へと転じる様が見うけられるような退行へと向けた単なる一段階に過ぎないのだ。

我々は次のように問うていた。なぜマゾヒストは自分と支配的な女との関係の中に契約を投影するのか、と。それは、上述のごとく、父の法の適用が、より深いところで、〈女〉あるいは〈母〉の手に委ねられるからなのだ。この転移にマゾヒストは次のことを期待する。法によって彼に禁じられていたはずの快楽を他ならぬその法が彼に与えることである。

というのも、父の法がその厳格さを少しも損なわれることなく女によってマゾヒストに適用されるや否や、マゾヒストは、父の法が禁止している快楽を、他ならぬその法によって味わうことになるからだ。最初の幾つかの仮象の背後に発見されるのは、マゾヒストの真の性格である。実のところ、マゾヒストが示す極限的服従は、彼が父と父の法とを嘲弄の対象にしてしまうということを意味しているのだ。マゾヒズムについて書かれた書物の中で、ライク[23]の著作は最も優れたものの一つである。それは彼がマゾヒズムの本質を規定するにあたって諸々の形式上の特徴から出発したからである。彼はその特徴を四つに区別していた。マゾヒズムの実践に不可欠な準備手続きとしての空想の本源的重要性。最終的な快楽が最後の最後まで延期されるとともに、その快楽が、不安を抑制、解消する期待に置き換えられてしまう宙吊りという要因。顕示という特徴、すなわち、マゾヒズムに固有の顚倒した露出行為。マゾヒストが「別の人物にそれを強いることを強いる」という挑発という要因[24]。ライクが契約を考慮に入れなかったのは奇妙なことだ。だが、最前の諸要因に関する研究だけで彼は既にこう結論づけるに至っている。すなわち、マゾヒストは我が身の消滅を夢想するような、脆弱で従順な人格などこれっぽっちも持ち合わせてはいないというものだ。挑戦、復讐、愚弄、怠業、嘲弄、ライクにとってはそのいずれもがマゾヒズムを構成する特徴である(原註7)。マゾヒストは父の法を利用して、他ならぬ父の法が禁止している快楽を獲得する。みせかけの、更には過剰なまでの服従によって、法が本来の方向から逸らされてしまう例を我々はいくつも知っている。例えば、子どもはタバコを吸ってはいけないという法は人目につかない場所や出入りを禁じられた場所、つまり法が適用されにくい場所ではすり抜けられてしまう。だがその子どもは、その法がきちんと適用されていたかのように振る舞うことができる。なぜならその法は、そうした場所でタバコを吸うことを、そして、他の場所では吸わないことを命じているからだ。より一般的に言えば、法が我々を快楽から引き離す操作を解釈する仕方には二通りある。法は快楽をどれも等しく一様に延期し、遠ざけているのだと考えるなら、快楽はその法の破壊によって得られることになる（サディズム）。あるいは、法は快楽を自制し、それを自身のためにとっておいたのだと考えるとすると、法にぴったりと寄り添い、法とその帰結に律儀に従うことによってこそ、我々はその法によって禁じられた快楽を味わうことになる。マゾヒストは更に先へ進む。すなわち懲罰の執行こそが第一となり、それこそが我々を禁止された快楽へと導くのだ。「時間における倒置は、ある内容の倒置を指し示している。〔……〕〈お前はこれをしてはならない〉は、〈お前はこれをしなくてはならない〉に変えられてしまった。〔……〕懲罰の不条理性は、或る禁止された快楽へと向けられたこの懲罰こそが、他ならぬこの同じ快楽を作り出してしまうという事実を示すことによって証明される」[25(原註8)]。違反した場合にはそれ相応の懲罰が科されるとの規制によって私に欲望の実現を禁じているその法が、いまや、まず最初に懲罰を加え、そしてその結果として私に欲望の充足を命ずる法であるのだ。ここには、まさしくマゾヒズム的なユーモアの一形態がある。

ライクのテーゼは、マゾヒズムを、罰せられたいという欲望[26]によって説明しようとはしない点において優れている。確かに、罰せられたいという欲望は介入する。しかし、この欲望の充足とマゾヒストが感じる性的快楽とを混同することは不可能である。ライクによれば、マゾヒストとは、懲罰の後にしか快楽を感じることのできない者である。それは、彼が自らの快楽を（あるいはそれでないなら、二次的な快楽を）、懲罰それ自体の中に見出しているということではない。それは、懲罰が第一次的な性的快楽にとって不可欠な条件をなしているということを意味しているに過ぎない。罰せられたいという欲望は、マゾヒズムを説明するどころか、マゾヒズムを前提しているのであって、それはただ或る派生的な利得[27]を指し示しているだけなのだ。[原註9] しかしながら、懲罰がなぜ、そしてどのようにしてそのような条件となるに至るのかを説明しようとする段になると、ライクの論調は説得力を欠いたものとなってくる。彼は、懲罰には不安を解消し、それを支配する動的な役割があると考える。[原註10] このようにして罪責感を間接的に参照しても、我々は一歩も前に進むことはできない。罰せられたいという欲望の理論とこの考え方との現実的な差異がいかなるものであれ、この考え方が我々に提供しているのは、マゾヒズムがもつ「局所論的」諸特徴を考慮に入れていない機能主義的な説明である。我々のもとにあるのは次のような問いである。いかにして（いかなる局所論的状況において）懲罰は不安の解消という機能を全うするのか？

マゾヒストへの懲罰が性的快楽の条件のひとつとなるのは、懲罰が不安を解消するからではない。父に対して犯された過ちを「罰する」という務めが、懲罰によって、母に帰されることとなるからだ。あるいはこう言った方がよいだろうか、懲罰が実際に不安を解消するのはこの置換えによってであるのだ。我々の思うに、ライクの間違いは、見え透いた父のイメージに尚も満足しており、女への投影の重要性、あるいは母への退行の重要性を評価できていないことにある。そのことによって彼はマゾヒズム的嘲弄の真の本性を見誤ってしまう。父が嘲弄の対象となり、父の法そのものが裏をかかれることとなるのは契約の投影によってだが、但しそれは、退行が母へ向けて行われ、父の法の適用が象徴的に女の手に委ねられているように見える限りにおいてのことである。しかしながら一見しただけでは、このような置換えの中には不安をやわらげるものなど見あたらない。つまり、貪り喰う〈母〉の並々ならぬ寛大さをいつでも当てにできるはずがない。だが我々は、父の法そのものが母との近親相姦を禁じていると考えねばならない。ユングが示したように、近親相姦が意味するのは、第二の誕生、すなわち、英雄的な誕生、単為生殖である（もう一度母の胸に入り、新たに誕生すること、あるいは、再び産み落とされること）[原註11]。父が近親相姦を禁止するのは、彼が女を奪われるからではない。第二の誕生が彼抜きで行われるからなのだ。しかるに、〈母〉が同じ理由から近親相姦を禁止したり、あるいは近親相姦の欲望を罰したりするわけでないことは明白である。母の法は息子が父の属性の一切を放棄することを要求する。但し、母の法はそれを近親相姦の条件として、そしてその成功の条件として要求するのである。そういうわけで、〈母〉は、単に母のイメージが抑圧されているという理由から貪り喰う母であるのではなくて、それ自身において独力で、貪り喰う母であるのだ。母は息子に恐るべき試練を課す。それは息子が、彼女ひとりの手によって、男としてもう一度誕生するためである。例えば、アッティスやオシリスの去勢、龍 - 鯨や貪欲な大魚の腹に呑み込まれる体験、蛇に咬まれること、母なる木に吊るされること[28]、これら〈母〉への回帰の象徴がすべて何を意味しているのかといえば、それは、父から受け継いだ性器期的な性を犠牲にしない限り、新しい独立した男性性を我々に与えてくれる再生を手に入れることは出来ないということである。かくしてヘラクレスはオムパレによって女性化された[29]。オシリスはイシスと結ばれるが、但し、影としてである。つまり、近親相姦は常に恋愛関係として考えられているけれども、逆説的なことにその恋愛関係の有効性は、前性器期的な性への回帰を前提にしているということである。我々は、母の法と父の法とが、或る点（去勢）において、奇妙な符合を呈するのを見出す。だが、父の視点から見て近親相姦を妨げる脅迫やそれに制裁を加える懲罰であるものは、反対に母の視点から見れば、近親相姦を可能にし、またその成功を確実なものとする条件であるのだ。（原註12）それ故、〈母〉への退行こそが、父の法がどのようにして時間においても内容においても逆転させられているのかを説明するのだ。

　マゾヒストが、この符合を利用して、〈母〉のイメージに父の法の適用と懲罰の執行とを投影するとき、二つの結果が続いて起こる。母の法がそれによって補強され、生き返ったようになる。なぜなら、母の法は父の武器のことごとくを自らの利益にむけるからである。父の法が虚仮《こけ》にされる。なぜなら、父の法によって我々に禁じられていたはずの快楽を他ならぬその父の法が我々に与えることになるからである。フロイトは三種類のマゾヒズムを区別していた。その三つは次第にその深さを増していくものである。[原註13] 罰せられたいという欲望に相当する道徳的マゾヒズム。受動的姿勢、更には前性器期的な充足感にも相当する女性的マゾヒズム。苦痛と性的快楽の結合に相当する性愛的マゾヒズム。だが、マゾヒズムにおける罰せられたいという欲望は、父の権威を本来の方向から逸らせる企てと分かち得ず、この企ては、前性器期的な近親相姦の快楽を我々に与える母への転移と分かち得ず、そしてこの快楽それ自体が、近親相姦の成功の条件としての、すなわち、再生の条件としての試練あるいは痛ましい犠牲と分かち得ない。マゾヒストの空想は父のイメージから母のイメージへと、そしてそこから「コミューンの男」へと溯る。マゾヒストの空想はまた、ふたりの〈母〉という主題をも伴っている。この主題は二回の誕生を象徴するものである。[原註14] マゾヒズムを構成し、マゾヒズムという単位を形成しているのは〈母〉のイメージであり、このイメージへの退行である。但しそれは、この原始イメージ[30]をユング流に無意識の諸々の深層の元型として解釈するという条件での話である。マゾヒズムの問題はひどく複雑であった。

なぜなら、それを扱った人々は、母のイメージが備えるいくつかの特徴を女から取り上げておきながら、その後で都合良く、女がそれらの特徴を外から受け取ったのだと意外の感を示すことになってしまったからだ。他の場合と同様にここでもまた、イメージを何か雑多な物とすることで、そのイメージがもつ指導力や包括力を消し去ってしまっていたのだ。

一次マゾヒズムを発見したとき、フロイトは分析を大きく進歩させた。というのもフロイトはそのとき、マゾヒズムをサディズムから派生したものと考えるのをやめたからだ。確かに、それとは逆向きの派生の方がより説得的であるわけでもない。マゾヒストとサディストがひとりの同じ個人の中で結合する見込みはない。それは——〔マゾヒストとサディストに関する〕ある笑い話[31]に求められている場面とは裏腹に——彼らが外部で出会うことが見込めないのと同じである。だが他方で、フロイトが死の本能[32]を出発点としながら一次マゾヒズムに与えた説明は、彼が象徴や〈イメージ〉そのものを信じていなかったことを示していた。フロイト派の一般的傾向として、〈イメージ〉を解消してしまう傾向、それを何か雑多な物にしてしまう傾向がある。この雑多な物は、一方で、現実の出来事に差し向けられ、他方で、それ自体としては何ものをも「象徴する」ことがない諸々の還元不可能な欲望ないし本能に差し向けられる。例えば、フロイトによれば、「性的なものはけっして象徴ではない」。死の本能においては、現実的な死、そして、物質への回帰という還元不可能な本能が問題とされる。しかしながらフロイトは、本能の唯一の本質は退行にあること、そして、諸々の本能（例えば、生の本能と死の本能）の間の唯一の差異は退行の終着点にあることを認めていた(原註15)。フロイトは、〈原始イメージ〉の役割を把握し損ねたのだ。〈原始イメージ〉はそれ自身以外のものによっては説明されない。反対にそれは、退行の終着点であると同時に、本能を規定する原理、出来事それ自体を解釈する原理であるのだ。象徴は何かに還元されることもないし、何か他のもので構成されることもない。それどころか象徴は、欲望とその対象の構成を決定する究極的な規則であり、無意識がもつ唯一の還元不可能な与件であるのだ。無意識がもつ還元不可能な与件とは、象徴そのもののことであって、何か究極の象徴化されたものではない。実のところ、無意識においては、すべてが象徴である。性も、死も、余すところなくすべてがそうである。死はひとつの象徴的な死として理解されねばならず、物質への回帰は象徴的母への回帰として理解されねばならない。諸々の本能は〈原始イメージ〉の内的知覚に過ぎない。まさにそれが存在しているところで、無意識の多種多様な諸々の厚みにおいて把握された〈原始イメージ〉の内的知覚に過ぎないのである。マゾヒズムは母のイメージの知覚、あるいは貪り喰う母のイメージの知覚である。マゾヒズムは、まさにそのイメージが存在するところでそれを知覚するために、必要な迂回をいくつも行いながら道を進んでいるのだ。この道が失われないようにすることが肝腎である。諸々の神経症や障害そのものについて常にひとつの真理が存在する。治療の問題は、諸々の象徴を解消し、その代わりに現実的なものについての正しい見識を置くことではない。そうではなくて、それら象徴の中にある超現実的なものを利用して、我々の人格の中でなおざりにされてきた諸要素に、それらが必要としている発達をもたらすことである。神経症というものは総じてふたつの面をもつ。マゾヒズムにおいて、〈母〉への退行は、法によって押し潰された我々自身の一部分が行う病理学的な抗議のようなものである。だが退行は、この同じ部分を補い、それに規範を与える前進の可能性をも秘め、また含んでいる。それは再生に関するマゾヒズム的空想の中に読みとれる通りである。ここでもまた、治療の役目とは、病のもたらす障害の真理に一致するよう「病に道理を認めること」、すなわち、神経症の諸々の可能性を人格という集合体の中へと統合することによって、それらの可能性を現実化することである。(原註16)

原註

（1）ペリュルショ〔Perruchot 不詳〕氏は、近日公刊予定の研究において、マゾヒズムの諸症候の問題を検討し、マゾヒズムとサディズムとがひとつの単位をなすという考えを疑問に付している。

（2）ここに言及された主題はすべて、この後に挙げるものも含め、『毛皮を着たヴィーナス』（仏訳、アルカンヌ社、一九五二年）にその例証をみることができる〔Leopold von Sacher-Masoch, *La vénus à la fourrure*, traduit par Ledos de beaufort ; introduction de Willy-Paul Romain ; frontispice de l'édition originale d'après Bakalowicz ; un dessin de Jean Martin-Bontoux, Paris, Arcanes, 1952〕。

（3）バッハオーフェン『母権論』を参照（トゥレルによるバッハオーフェンの部分訳が一九三八年にアルカンヌ社から出版されている〔Johann Jakob Bachofen, *Du règne de la mère au patriarcat*, pages choisies par Adrien Turel, Paris, F. Alcan, 1938〕）。――同様の主題については、近年刊行されたピエール・ゴルドン氏の優れた著作がある。『性的通過儀礼と宗教の発展』、フランス大学出版局、一九四六年〔Pierre Gordon, *L'initiation sexuelle et l'évolution religieuse*, Paris, PUF, 1946 ; Paris, Arma artis, 1981〕。

（4）「コミュニズム」に関するマゾッホの見解については『ドニエストルの楽園』〔*Le paradis du Dniestr*〕を参照。

（5）サバタイ・ツヴィ〔Sabathai Zweg（Sabathai Cevi）〕は、一七世紀ヨーロッパを震撼させた代表的メシアのひとり〔一六二六～七六年。トルコでメシア運動を展開したユダヤ教徒〕。ガリシアでは、一七世紀から一八世紀にかけ、多数のメシアが現れている。グレーツ『ユダヤ人の歴史』の第五巻を参照〔Hirsch Grätz, *Histoire des Juifs*, 5 vol., traduit de l'allemand par Moïse Bloch ; avec une préface de M. Zadoc Kahn, Paris, A. Durlacher, 1897〕。

（6）精神分析は、そのうえ、自らが惹き起こしたこの問題をはぐらかそうとまでしている。女性対象は「男性的性質」を付与されているのだから、完全に女性的であるわけではないとされるのだ。マゾヒストはそれ故ある種の妥協に甘んじており、それによってあまりに明らかな同性愛的選択を逃れているとされる。以下を参照。フロイト「子供が叩かれる」、『フランス精神分析雑誌』、第四号〔Freud, *Un enfant est battu*, Revue fr. Psych. VI. 邦訳、『フロイト全集』、岩波書店、第一六巻〕。ナクト『マゾヒズム』、ル・フランソワ社、四〇～四一頁〔Sacha Nacht, *Le Masochisme, étude psychanalytique*, 2e édition, Paris, Le François, 1948. 邦訳、サーシャ・ナクト『マゾヒズム：被虐症の精神分析』、山田悠紀男訳、同朋舎、一九八八年〕。ライク『マゾヒズム』、パイヨ社、一八六頁〔Theodor Reik, *Le Masochisme*, traduction de *Masochism in modern man*, Paris, Payot, 1953 ; rééd. Payot & Rivages, 2000.〕。——以上の問題はすべて、精神分析が、そうしたことは到底あり得そうにないにもかかわらず、貪り喰う母、毛皮、鞭、等々が父のイメージであると最初に前提してしまったことに起因している。ライクも次のように言っている。「特殊事例を研究する機会に恵まれたとき、そのつど決まって我々は、懲罰を加える女のイメージの背後に、父ないし父の代理者を見出したものだった」（二七頁）〔『マゾッホとサド』にも同じ引用がある。*Présentation*, pp. 51-52〔邦訳、七五頁〕〕。しかしながら、同書でライクは幾度となく疑いを覚えてはいる。とりわけ一八七〜一八九頁を参照。だが彼はそこからいかなる結論をも引き出していない。

(7) ライク、一三二〜一五二頁。

(8) ライク、一三七頁。「彼は懲罰もその破綻も見せ物にする」(一三四頁)。

(9) ライク、「懲罰あるいは屈辱が充足に先行している。〔……〕マゾヒストにとって快楽は苦痛の後に訪れるものであるのだから、自明の事実として、苦痛が快楽の原因と考えられていた」(二三八〜二四二頁)。「マゾヒストも、我々皆と同じところから快楽を引き出す。だが彼は苦しみを味わった後でなければそれを手に入れることが出来ないのだ」(三五六頁)。

(10) ライク、一二二〜一二三頁。マゾヒズムにおける不安の役割については、ナクト『マゾヒズム』も併せて参照。

(11) ユング『変容の象徴』、第二部第四章、第五章〔Jung, *Métamorphoses de l'âme et ses symboles*, préface et traduction d'Yves Le Lay, éd. Georg, 1953, II, ch. 4 et 5. 邦訳、『変容の象徴』、上下巻、野村美紀子訳、筑摩書房、一九九二年、ちくま学芸文庫〕。

(12) 実際には成功の保障は我々が述べているほど大きくはない。英雄が完全には復元されないこともしばしばであるし、母に飲み込まれたままになってしまうことすらある。そこでは恐るべき〈母〉が、生を与える〈母〉に優ってしまっているのである。神話における堕落段階をそこに見るべきだろうか。事態はむしろ次のようであると思われる。すなわち、神話、そして後述するように神経症も、危険な退行ないしはそこから生じうる前進が際だってくるにつれて、二つの様相を呈するということである。マゾヒストの契約の経験において第三者は、上出来な結末すなわち最終的な成功の投影であるように思われる。言い換えれば、苦痛と四肢をもがれた状態から脱した新しい人間の投影であるように思われるということである。だが、まさしく、このような結末が確かなものではない限りにおいて、また、強調が退行におかれる限りにおいて、第三者は最終目的をゆがめてしまう。そのとき、第三者は、笑いものにされた父の復讐であり、サディズムという形態のもとでの父の再登場である。この父は母に対しても息子に対しても反発を示すのである。

(13) フロイト「マゾヒズムの経済論的問題」、『フランス精神分析雑誌』第二号、一九二八年〔Freud, *Problème économique du masochisme*, Revue fr. Psych., II, 1928. 邦訳、『フロイト全集』第一八巻〕。

(14) しばしば第二の母は一頭の獣、毛皮に身を包んだ動物である。マゾッホ自身のケースにおいては、第二の母の役割を果たしたのは彼の伯母のひとりである。幼少のマゾッホは、毛皮用の洋服簞笥に身を隠した際、結果的に彼女の様子を窺うことになってしまう（「体験記」、『ルヴュ・ブルー』誌、一八八八年〔*Choses vécues*, Revue bleue, Paris, 1888〕）〔*Présentation*, Appendice I, pp. 251-254〔邦訳、付録I、一六四〜一六八頁〕を参照〕。このエピソードは『ヴィーナス』に小説化されている。また、宙吊りの儀式もマゾッホおよびマゾヒズムにおいて、ある重要な役割を演じている。この役割は、それらの儀式が近親相姦の神話の中で担っていた第二の誕生という役割に類似したものである。ライクの言う「宙吊りという要因」を参照。

(15) フロイト「快原理の彼岸」を参照〔邦訳、『フロイト全集』第一七巻〕。

(16) フロイトとユングについて。こうした点はどれも概してフロイトとユングの差異に帰着する。これら本質的な差異をよりよく理解するためには、これら二人の著者が同じ臨床上の素材を取り上げたわけではなかったこと、同じ素材を特権視していたわけではなかったことを考慮しなければならない。フロイトの初期概念（たとえば抑圧）はいずれもヒステリーという刻印を押されている。フロイトは、彼が少しずつ掘り下げていった別の症例（強迫〔神経症〕、不安〔神経症〕、等々）との関係から、それら諸概念の手直しが必要であると感じる天才をもっていたけれども、それら諸概念は結局ヒステリーという刻印を押されたままであり続けた。ともあれ、次のような特徴をもった若年の神経症患者が何よりもフロイトの方法の適用を受けるべきであることに変わりはない。つまり、個人的な無意識的記憶《レミニッセンス》と関係する諸障害を抱えた患者、そして、諸々の内的葛藤がどのような役割を果たしているにせよ、現実的なものとの和解という問題（愛すること、愛されること、順応すること、等々）を抱えた患者のことだ。だが、それとはまったく別なタイプの神経症、精神病に似た神経症が存在する。[33] 成年の神経症患者のことである。彼らは、あらゆる経験を超越する複数の「〈イメージ〉」によって押し潰されている。彼らの問題は自己との和解である。すなわち、彼らが発達させることを怠ってきた彼ら自身の内のいくつかの部分を彼らの人格の中に再統合することである。それらの部分は危険な自律した生を諸々の〈イメージ〉から汲み取っているのだが、その〈イメージ〉の中で疎外されたような状態にあるのだ。これら最も重要な〈イメージ〉を扱うにはフロイトの分析的方法はもはや適当ではない。何ものにも還元不可能なこれらの〈イメージ〉は総合的方法の適用を受けるべきである。この方法は、主体がもつ経験の向こう側に神経症の真理を、そして、この真理の中に、それら〈イメージ〉の内容を主体自身が自らの人格の中へと同化する可能性を探し求める。それ故ユングは、フロイトは神経症の中にあった真の危険も、神経症が含みもっていた財宝をも発見することができなかったと彼を非難することができるのだ。ユングによれば、フロイトの神経症に対する視点は、これを過小評価するものである。何のことはない、ただの……、というわけだ。反対に、ユングによれば、「神経症の中には実のところ、いまだ発達させられていない人格の諸要素が存在している。それは、それがなければ人間が地獄に堕ちた者のように諦念と苦渋とを運命づけられてしまうような魂の貴重なかけらである。神経症の心理学は否定的な面しか見ない。それは産湯と一緒に赤子も捨ててしまうのだ」。「神経症の中には、我々にとって最も容赦ない敵、すなわち我々の最良の友が存在しているのだ」（『心理の治癒』に収録されているロイ〔Loy〕との一九三〇年の往復書簡を参照〔Jung, *La guérison psychologique*, textes de Jung, choisis et ordonnés par le Dr. R. Cahen, Genève, Georg, 1re éd. 1953 ; 6e éd. 2001.〕）。神経症も或る程度まではフロイト的解釈の適用を受けて然るべきだという主張もあながち排除すべきものではない。但し、無意識のより深い諸層のなかに入り込むにつれて、あるいはまた、神経症が年齢とともに発達し、変化し、生気を蘇らせていくにつれて、フロイト的解釈は自らの諸権利を失っていくのである。

訳注

1　本稿ではSacher Masochと表記されているが、正しくはSacher-Masoch。また、マゾッホの生年については、一八三六年（一八三六年一月二七日生、一八九五年三月九日没）とする記述が過半を占める。

2　ガリツィアGalicieは、現在のポーランド南東部・東部から西ウクライナ地方にかけての地域を指す歴史的名称。一四世紀以来ポーランド領であったが、一七七二年の第一次ポーランド分割によってオーストリア領となる。第一次大戦末期のポーランド独立に伴い同国領に復帰。第二次大戦後、東部はソ連領（現ウクライナ領）になった。レンベルクLembergはその東部の中心都市。「レンベルク」はドイツ名で、ポーランド語ではルブフLwów。現在のウクライナ共和国のリボフL'vovを指す。

3　「小ロシア」はウクライナの別称だが、いまではあまり用いられない。

4　「自然誌」と訳したhistoire naturelleは一般には「博物学」「博物誌」を意味する。histoireは必ずしも「歴史」的な観点に限定されない自然の網羅的な記述を指す。

5　『毛皮を着たヴィーナス』の主人公ゼヴェリーンは、愛する女ワンダの奴隷となることを切望する。その懇願を容れたワンダは、奴隷としての彼に「グレゴール」という名を与える（Sacher-Masoch, *La Vénus à la fourrure* in Gilles Deleuze, *Présentation de Sacher-Masoch*, Minuit, 1967, p. 181〔邦訳、『毛皮を着たヴィーナス』、種村季弘訳、河出文庫、一九八三年、一一四頁〕。彼が奴隷としてこの「別名」を名乗ることは、その後、ふたりのあいだに交わされる「契約書」にもワンダの手によって明記されることになる（Ibid., p. 195〔一三八～一三九頁〕）。

同書は、ドゥルーズの解説文「ザッヘル＝マゾッホ紹介」と、オード・ヴィルンによる『毛皮を着たヴィーナス』の仏訳を収録したものである。前者は『ザッヘル＝マゾッホ紹介 冷淡なものと残酷なもの』というタイトルで独立して翻訳されている（堀千晶訳、河出文庫、二〇一八年）。以下、参照箇所の指定にあたっては、「ザッヘル＝マゾッホ紹介」を *Présentation* と、『毛皮を着たヴィーナス』を *La Vénus* と略記し、それぞれの邦訳と併せてページ数を記す。

6 Carl Felix von Schlichtegroll, *Sacher-Masoch und der Masochismus : litterarhistorische und kulturhistorische Studien*, Dresden, H. R. Dohrn, 1901 ; München, Belleville, 2003.

7 シュリヒテグロルとクラフト＝エビングが共に自著に引用した「ワンダとザッヘル＝マゾッホ間の契約書」は、『ザッヘル＝マゾッホ紹介 冷淡なものと残酷なもの』に補遺として収められている（*Présentation*, pp. 256-257〔邦訳、二一三～二一五頁〕）。

8 Richard von Krafft-Ebing, *Psychopathia sexualis, étude médico-légale à l'usage des médecins et des juristes*, 16e et 17e éditions allemandes refondues par le Albert Moll, traduction française par René Lobstein, Préface du Pierre Janet, Paris, Payot, 1950 ; rééd., 3 tomes, Paris, Presses pocket, coll. « Agora », 1999.
原著：*Psychopathia sexualis, eine klinisch-forensische Studie*, Stuttgart, F. Enke, 1886.
邦訳：法醫學會譯『色情狂編』、法醫學會、一八九四年。大日本文明協會編『戀態性慾心理』、大日本文明協會、一九一三年。松戸淳訳『変態性慾心理』、紫書房、一九五一年。平野威馬雄訳『変態性欲心理学』（性問題研究会編集『世界性学全集』第七巻）、河出書房、一九五六年。現代性科学

研究会訳『異常性愛の心理』（現代性科学研究会編・訳『新版世界性医科学全集』第一四巻）、美学館、一九八一年。柳下毅一郎訳（抄訳）『クラフト＝エビング　変態性慾ノ心理』、原書房、二〇〇二年。

9　『ザッヘル＝マゾッホ紹介』でドゥルーズは、ゲーテの言う Übersinnlich は、suprasensible（超感覚的）ではなく、suprasensuel（超官能的）と訳されねばならないと強調している（*Présentation*, p. 21〔邦訳、三二頁〕）。

10　女性ないし母との結びつきを象徴する「物質的で、冥府の神々に支えられた絆」（lien matériel et chtonien）は後述のバッハオーフェンを参照している。例えば、J・J・バッハオーフェン、『母権制序説』、吉原達也訳、ちくま学芸文庫、一一〇～一一五頁を参照。バッハオーフェンによれば、神話において、女神は「地下なる神々《テオイ・クトニオイ》」として、女性は大地または物質的原理として表象されている。尚、『ザッヘル＝マゾッホ紹介』にも似たような表現がみられるが、そこでも説明は皆無（*Présentation*, p. 80〔邦訳、一四〇頁〕）。

11　ここで契約と社会の対立として説明されているものは、後に、『ザッヘル＝マゾッホ紹介』において、契約と法の対立として、より分かり易く整序されることになる（*Présentation*, p. 80〔邦訳、一三九～一四〇頁〕）。

12　期限を延長更新不可能なものとして設定し、しかし中断をはさむことで所定の有効期間を分割し、結果的にそれを引き延ばすことができる（「六箇月」という期間を分割し、例えば二年がかりで用いることができる）とする規定は、ザッヘル＝マゾッホがその実生活においてファニー・フォン・ピストール夫人とのあいだに交わした契約書に読む事ができる。『ザッヘル＝マゾッホ紹介』の補遺二を参照（*Présentation*, p. 255〔邦訳、二一二頁〕）。尚、『毛皮を着たヴィーナス』における契約の期限は、女主人公ワンダの意のままに定められることになっている。

13 『毛皮を着たヴィーナス』でワンダは契約書の他にもう一通の書面を用意する。それは「もはや人生に倦んだ」という内容の短い手紙で、ゼヴェリーンはその文面を筆写すること、すなわち、自らの「遺書」を作成することを命じられる。

14 原文には Vénus-Aphrodite とある。アフロディテはギリシャ神話の恋愛と美の女神で、ローマ人たちによって、ローマ神話のウェヌス（英語読みでヴィーナス）と同一視された。

15 例えば、『毛皮を着たヴィーナス』でワンダは「自分は異端より始末が悪い者、異教徒の女である」と言う（*La Vénus*, p. 135〔邦訳、一三五頁〕）

16 *La Vénus*, p. 121〔邦訳、一〇頁〕。ドゥルーズはここでルドス・ドゥ・ボーフォールの仏訳より les enfants de la réflexion と引用している。『ザッヘル＝マゾッホ紹介』に収録されたオード・ヴィルンの仏訳では fils de la réflexion と翻訳されているが、独語原文には Kinder der Reflexion とあるので、前者の方が正確。

17 *La Vénus*, p. 121〔邦訳、一〇頁〕。ドゥルーズはここでボーフォールの仏訳より « Dès que vous êtes naturels, vous devenez grossiers » と引用しているが、ドイツ語原文には « *Sobald ihr natürlich sein wollt, werdet ihr gemein.* » とあるので、ヴィルンの仏訳 « Dès que vous voulez être naturels, vous devenez grossiers. »（「あなたがたは自然なものであろうとするや否や、卑俗なものとなってしまう」）の方が正確であるし、この方が意味が通る。近代人は、〈本性＝自然の卑俗〉と〈非自然の高貴な精神性〉という対立に捕らわれてしまっているため（上の台詞は次のように続く――「あなた方の眼には自然が敵として映っているのです」(ibid.)）、自然であろうとすること、あるがままであろうとすることが、卑俗さへと直結してしまう。尚、『ザッヘル＝マゾッホ紹介』でも同箇所が引用されている（*Présentation*, p. 48〔邦訳、八二頁〕）。

18　このあたりの議論については、*Présentation*, pp. 48〔邦訳、八一〜八三頁〕も参照されたい。

19　『毛皮を着たヴィーナス』で、ゼヴェリーンはワンダが白い牝の熊になった夢を見る（*La Vénus*, p. 190〔邦訳、一三〇頁〕）。アルテミスはギリシャ神話の狩猟の女神で、ローマ神話のディアーナ（英語読みでダイアナ）にあたる。

20　「アニマ Anima」は本来ラテン語で魂を意味する語だが、ユングが分析心理学において専門用語として用いて以来、その意味で使用されることが多い。男性の患者の夢に多く特徴的な女性像が出現することに注目したユングは、そのような女性像が男性たちの普遍的無意識内に存在すると仮定し、それをアニマと名づけた。女性の場合は夢に男性像が現れるが、こちらはアニマの男性形を用いて「アニムス Animus」と呼ばれる。ユング心理学におけるいわゆる「元型 Archetypus」のひとつ。ユングによれば、人間は外的には男らしさや女らしさというペルソナ（「仮面」の意）を付けているが、その働きは、それと正反対のアニマないしアニムスによって補償されている。

21　*La Vénus*, p. 125, p. 121〔邦訳、一八頁、一一頁〕。

22　ヨハン・ヤコブ・バッハオーフェン Johann Jacob Bachofen（一八一五〜八七）。スイスのバーゼル大学のローマ法教授だったが、後にその職を辞し、在野の学者として西洋古典神話を研究。現在では『母権論』（一八六一年）の著者として広くその名を知られている。同書の邦訳には、岡道男・河上倫逸監訳『母権論』（みすず書房、一九九一〜九五年）や、吉原達也・平田公夫・春山清純訳『母権制』（白水社、一九九二〜九三年）などがある。また、その学説を知るための手頃な邦訳選集として、周到な解説と訳註を収めた吉原達也訳『母権制序説』（ちくま学芸文庫、二〇〇二年）がある。以下、バッハオーフェンの専門用語の翻訳は同選集のそれを参考にした。

23 テオドール・ライク Theodor Reik（一八八八～一九六九）。オーストリア、ウィーン出身の精神分析学者。フロイトの同僚。一九三八年にアメリカ合衆国へ移住する。ドゥルーズがここで取り上げている『マゾヒズム』の他、『告白欲求』、『神話と有罪』など著書多数。ウィーン時代、医師資格をもっていなかったためにもぐり診療の廉で裁判所に告訴されたことがあり、フロイトがその問題を論じて『素人分析の問題』（『フロイト全集』第一九巻）を著したことでも知られている。

24 以上に関しては、*Présentation*, p. 66〔邦訳、一一五頁〕を参照。

25 ライクからの全く同じ引用が『ザッヘル＝マゾッホ紹介』にもあるが（*Présentation*, p. 78〔邦訳一三六～一三七頁〕）、そこでは、「この同じ快楽を作り出してしまう produit」ではなく、「この同じ快楽を条件付けている conditionne」とある。

26 原語は désir d'être puni で、フロイトのいう「懲罰欲求 Strafbedürfnis / besoin de punition」を指すともとれるが、ここではドゥルーズの原文を尊重して翻訳した。

27 「利得」の原語は bénéfice で、いわゆる「疾病利得」を指すと思われる。患者が疾病から得る満足のこと。

28 以上の例はすべて、本稿原註11が言及しているユング『変容の象徴』第二部第四章「英雄の誕生」及び同第五章「母と再生の象徴」で論じられているので、詳しくはそちらを参照されたい。

29 リュディアの女王オムパレに奉仕する間、ヘラクレスは女の衣装を着ていたとされる。

30 原語は image originelle で、ユングがいう「原始心像 urtümliches Bild」を指していると思われる。人類共通の普遍的無意識の中に存在するイメージのこと。

31 『ザッヘル＝マゾッホ紹介』で紹介されている笑い話。「いためつけてくれ」と言うマゾヒストに、サディストが「ごめんこうむる」と答えるというもの（*Présentation*, p. 36〔邦訳、五九頁〕）。ドゥルーズ曰わく「およそ笑い話といわれているもののうちで、この話はことのほか愚かしい」。

32　フランス語原文には instinct de mort とある。フロイトの言う Todestrieb のことだが、その一般的な仏語訳は pulsion de mort である。ドゥルーズによる語の選択の意図を強調するために、ここでは、現在日本語で一般に流通していると思われる「死の欲動」ではなく、「死の本能」という訳語を用いた。ドゥルーズは『ザッヘル＝マゾッホ紹介』で、この語の選択の意図を説明している（*Présentation*, p. 100〔邦訳、一七六頁〕）。エロス（生の原理）もタナトス（死の原理）も、どちらもそれ自体として経験において与えられることはない。経験において与えられるのは、ただ両者が結合したものだけである。とはいえ、両者の関係は対等ではない。エロスこそが、この結合体（エロス自身とタナトスとの）をエスの中で快感原則に従わせるという役割を担っているからだ。したがって、エロスは「その声をあたりに響かせ、現実に顕著な影響を及ぼすものなのだ」。対し、タナトスは「本質的に口を閉ざしている」。「だからこそフランス語では、この超越論的な、沈黙せる審級を指し示すのに「本能」〔instinct〕、死の本能〔instinct de mort〕という言葉をとっておくべきだと思われたのである」（ibid.）。そこからドゥルーズは、「衝動」〔pulsion〕という言葉は専ら「与えられた結合体の構成要素」を指すために、すなわち、常にエスの中で混じり合っているエロスとタナトスとが経験において与えるものを指すために用いられるべきであると述べる。大雑把に言えば、instinct は原理を、pulsion は現れを含意している。ドゥルーズによれば、この振り分けにおいて初めて「死の本能」という原理が理解されることになる。

33　一般に、「精神病」〔psychose〕の患者は症状を自覚しておらず、その点で、症状に自覚的な「神経症」〔névrose〕の患者から区別される。フロイトにおいて既に両者の区別は問題にされている。フロイト「神経症および精神病における現実喪失」（『フロイト全集』第一八巻）、ラプランシユ・ポンタリス編『精神分析用語辞典』（みすず書房）の「神経症」の項などを参照。

解題

國分功一郎

本稿は一九六一年にミニュイ社刊の雑誌『アルギュマン』に掲載されたジル・ドゥルーズの論文、「ザッヘル・マゾッホからマゾヒズムへ」(Gilles DELEUZE, « De Sacher Masoch au masochisme », *Arguments*, 5e année, n° 21, 1er trimestre 1961, Paris, Editions de Minuit, pp. 40-46) の全訳である。

ドゥルーズのマゾッホに対する関心は、その著書『ザッヘル＝マゾッホ紹介――冷たいものと残酷なもの』(一九六七年) によって知られるところである。だが、『ザッヘル＝マゾッホ紹介』の知名度とは裏腹に、「ザッヘル・マゾッホからマゾヒズムへ」という論文はこの哲学者に強い関心を抱いている者の間でもほとんど知られていない。単行本未収録論文集『無人島』[1] に収められた編年体のドゥルーズ著作目録にはこの論文の名が見出されるものの、「『ザッヘル＝マゾッホ紹介』に再録」との理由から同書には本文は収録されなかった。だが、「再録」と言えるかどうかは相当疑わしい。確かに両者の間には共通するトピックが幾つもある。基本的な執筆動機も共通していると思われる。だが、読み比べてみればすぐに分かるとおり、「ザッヘル・マゾッホからマゾヒズムへ」が『ザッヘル＝マゾッホ紹介』の一部になったわけではないし、後者は前者の単なる増補版でもない。実のところその中には、『ザッヘル＝マゾッホ紹介』では紹介されなかったトピックも存在する。この二つは、ひとりの哲学者がひとりの作家について書いた別の文章と見なされるべきである。その意味で『無人島』にこの論文が収録されなかったのは残念なことである。

この論文が発表された年も無視できない。ドゥルーズは一九五三年に学位論文であるヒューム論

『経験論と主体性』を公刊した後しばらく著書を出版しなかった。だが一九六二年の『ニーチェと哲学』を皮切りに、『カントの批判哲学』(一九六三年)、『プルーストとシーニュ』(一九六四年)、『ニーチェ』(一九六五年)、『ベルクソンの哲学』(一九六六年)、『ザッヘル゠マゾッホ紹介』(一九六七年)、『スピノザと表現の問題』(一九六八年)等々の著作を矢継ぎ早に発表し、そのまま一息もつかずに、主著と呼ぶべき二冊の大著、『差異と反復』(一九六八年)、『意味の論理学』(一九六九年)へと辿り着く。「ザッヘル・マゾッホからマゾヒズムへ」が雑誌に掲載された一九六一年はちょうどこの怒濤の執筆時期が始まる直前である。ドゥルーズの哲学徒としての営みはヒューム研究によって始まったわけだが、仮にもう一つの始まりがあるとするなら、この論文はそれを記すモニュメントと考えることができる。

＊

論文の基礎にあるのは、マゾッホ本人の作品がほとんど読まれていないという事実への遺憾と、その事実故に生じているマゾッホおよびマゾヒズムに関する誤解への批判である。マゾヒズムの専門家ですらマゾッホの作品をほとんど読んでいなかったこと。マゾッホはまがまがしい性倒錯を書き綴る呪われた作家ではなく、尊敬に包まれた有名作家であったということ。マゾヒズムはいかなる意味においてもサディズムには通底していないこと。このようにまとめる限りでは、「ザッヘル・マゾッホからマゾヒズムへ」は、『ザッヘル゠マゾッホ紹介』のエッセンスを凝縮したものとも思えるかもしれない。何より登場する固有名が共通している。シュリヒテグロルとクラフト゠エビングは『ザッヘル゠マゾッホ紹介』でも言及されている。同書がマゾッホ論でありかつマゾヒズム論である以上、これは当然だろう。ドゥルーズの着眼点の独自性を伝える参照項、ライクやバッハオーフェンもその名が挙げられ、積極的に検討されている。更には、ナクトやグレーツやゴルドンらの書物も漏れなく言及されている。「ザッヘル・マゾッホからマゾヒズムへ」に挙げられた諸々の固有名は、ただひとつを除いてすべて『ザッヘル＝マゾッホ紹介』で再び取り上げられている。前者にあって後者にないもの、それはユングの名である。これは実に奇妙なことだと言わねばならない。「ザッヘル・マゾッホからマゾヒズムへ」においてユングは決定的な役割を担っているからである。フロイトのマゾヒズム解釈を批判したドゥルーズは、ライクの説を高く評価した上で、ライクの説を更に前進させるためにユング理論の応用を提案している。また、マゾッホにおける母への回帰というモチーフの後ろ盾をバッハオーフェンの歴史・神話研究に求めつつ、バッハオーフェンの説を理論的に補強するものとしてユングのイメージ論が取り上げられている。マゾッホおよびマゾヒズムに関わるテーマだけではない。ユング理論は無意識理論そのものの革新として評価されている。「無意識には起源も価値も異にする極めて多様な複数の層があるということ。それら諸層は性質の異なる複数の退行を引き起こすとともに、互いの間に対立や補償や再組織化の関係をもっているということ。ユングにとってなくてはならないこの原則がフロイトに認められることはなかった」。

ここでひとは次のように考えたくなるかもしれない――「ドゥルーズは最初ユングに関心をもっていたけれども、読み進める内にその問題点に気がついた。それ故、『ザッヘル＝マゾッホ紹介』ではユングへの言及を取りやめたのだ」。このような解釈の裏側には、ユングがある種の知的傾向の中でほとんど蔑みとも言うべき低い評価を受けているという事実がある。その評価はほぼ次のようなものではないだろうか。臨床における葛藤と次々と登場する新タイプの患者によって「理論」の絶えざる変更を迫られながら緊張感に満ちた思惟の痕跡を後世へと残したフロイト。対し、臨床から遊離して、誰もが易々と居座ることのできるグランドセオリーを普遍的無意識として打ち立て、治療には何の役にも立たない神話論・オカルト論へと後退していったユング……。だが、このようなフロイト／ユングのイメージに乗っかって、『ザッヘル＝マゾッホ紹介』におけるユングの不在を説明することはとても出来そうにない。なぜなら、その後、ドゥルーズのユングに対する肯定的評価が消えてしまったわけではないからである。『差異と反復』はそのビブリオグラフィーにユングの『自我と無意識』を掲げていた。ガタリとの共同作業において書かれた『千のプラトー』は、精神分析を批判するにあたって、「精神分析家は、ユングですらも、生成変化の問題を理解しなかった」と述べた。[2]『千のプラトー』も、『ディアローグ』も、フロイトの夢解釈を批判するにあたって、E・A・ベネット『ユングが本当に言ったこと』[3]を参照しながら、ユングのフロイトに対する違和感を重要視していた。[4]では、『ザッヘル＝マゾッホ紹介』におけるユングの不在は何を意味するか。ドゥルーズにおけるユングの位置は未だ明らかにされていないと言わねばならない。

　もうひとつトピックを加えよう。ドゥルーズにおけるユングの位置を考える上で、原註一六、「フロイトとユングについて」とタイトルまで振られたこの註は極めて重要なものであると思われる。おそらくこれは、ドゥルーズがまとまった形で両者を比較した唯一のテクストである。それだけではない。ドゥルーズとは無関係に単にユングを読み直すためにも、そして、ユングとは無関係にドゥルーズを読み直すためにも、そこでの指摘は実に貴重なものであると言わねばならない。ドゥルーズは、ユングの思想はあくまでも治療という課題から導き出されたものであること、そして、フロイトとユングの差異はふたりが扱った患者の違い、ふたりがそれぞれ特権視した臨床上の素材の違いに基づくものであることを強調する。ドゥルーズによれば、ユングのイメージ論は机上の空論ではなく、臨床上の可能性を秘めたものであるのだ。そして、ドゥルーズは、フロイトの手法を「分析的方法」と、ユングのそれを「総合的方法」と呼ぶ。唐突に聞こえるかもしれないが、この名称は基本的にデカルトに由来するものだ。デカルトは『省察』の中でこれら二つの方法を区別し、自分は分析的方法に基づいて自らの思惟を記述しているのだとした。ドゥルーズは『スピノザと表現の問題』の中で、分析的方法と総合的方法の対立をデカルトとスピノザの対立に重ね、総合的方法はデカルトが説明したそれに留まらないこと、真の認識は総合的方法に基づいてこそ得られるのであり、スピノザこそはこの総合的方法を『エチカ』によって完成させた哲学者に他ならないと結論した。[5]簡単に説明しよう。分析的方法は与えられた事実そのものから出発し、それを細かく分けていく（＝分析）ことで真理に到達しようとする。対し、総合的方法は、あらゆる事物がそこから出来するような原理、あらゆる認識がそこから演繹できるような原理、つまりすべてを総合する原理を求める。スピノザにおいてはその原理とは、当然、神即自然のことである。更にドゥルーズはこの対立を、カントとフィヒテの対立にも重ねる。[6]フィヒテの場合は、〈私 Ich〉がその原理である。

先の註16を額面通りに受け取るのなら、我々はここに、フロイトとユングの対立をも重ねることができることになる。そしてそれは我々の説明に実にぴたりとくるものではないだろうか。ユングの言う普遍的無意識こそは、すべてを説明し得る原理に他ならないからである。ここで我々はドゥルーズを通じ、デカルト＝カント＝フロイト対スピノザ＝フィヒテ＝ユングの図式を得ることになる。単なる傍証に過ぎないが、我々はつぎのような事実を挙げることもできる。フロイトは或る箇所で、カントの定言命法はエディプス・コンプレックスの直系の遺産相続人であると述べている。よく知られているように、フロイトの超自我理論によれば、良心や道徳はエディプス・コンプレックスの非性愛化によって得られるものであった。「エスのリビドー的蠢きの向かう最初の対象、すなわち両親が自我の内へと取り入れられ、そのさい両親に対する関係は脱性化され、直接の性目標から逸らされることによって、超自我が発生したのである。このような仕方によって、はじめてエディプス・コンプレックスの克服が可能になったのである。〔……〕カントの定言命法は、エディプス・コンプレックスの直系の遺産相続人なのである」[7]。フロイトによればカントは正しかったわけだ。もちろん——古い用語を使って説明するなら——、以上のフロイトの論理は記述的であって規範的ではなく、カントのそれは規範的であって記述的でないのだから、単純な接合は慎むべきであろうが、とにかく重要なのは発想の根本における一致である。分析的方法の系譜においては、義務と命令が大きな位置を占めている。デカルトもまた「精神指導の規則」を論じた哲学者だった。対し、総合的方法の系譜は義務や命令こそを疑問に付す。おそらくこの対立を切断と連続という言葉でまとめることが出来るだろう。スピノザやフィヒテは総合的方法に基づいて、認識も実践もすべてがそこから導き出せるような原理を求める。すなわち、自然界を一つの連続体の中に収めようとする。対し、分析的方法の観点からすればそのようなことは不可能である。規則や定言命法による自然界の切断は不可避であり、それ故、義務と命令に与えられる場所は限りなく大きくなる。ドゥルーズはこの義務と命令に苛立って、切断派の総合的方法に注目したように思われる。義務でも命令でもなく、欲望と至福を掲げるスピノザ。定言命法に基づかないそれ自体で自由な自由をもとめるフィヒテ。では以上のように分析的方法と総合的方法とを対立させたとき、フロイトとユングにおける臨床上の方法の違いはどのようなものとして現れることになるだろうか。ユングに注目するドゥルーズは、いかなる治療を思い描いていたのだろうか。そこに思い描かれる精神分析とは、どのようなかたちで実践されうるのであろうか。

解題注

1 Gilles Deleuze, *L'ile déserte et autres textes*, Minuit, 2002, p. 405〔邦訳、『無人島 1969-1974』、小泉義之他訳、河出書房新社、二〇〇三年、三二〇頁〕

2　Gilles Deleuze & Felix Guattari, *Mille plateaux*, 1980, p. 317.〔邦訳、『千のプラトー』、宇野邦一他訳、河出文庫、二〇一〇年、中巻、二〇五頁〕。強調は引用者。

3　Edward Armstrong Bennet, *What Jung really said*, Schocken Books, 1966.〔仏訳、*Ce que Jung a vraiment dit*, traduction de Monique Salzmann, Stock, 1968. 邦訳、『ユングが本当に言ったこと』、鈴木晶・入江良平訳、思索社〕。

4　*Mille plateaux*, p. 42〔邦訳、上巻、七二頁〕。Gilles Deleuze & Claire Parnet, *Dialogue*, Flammarion, 1977 ; rééd. augmentée, coll. « Champs », 1996, p. 98.〔邦訳、『ディアローグ――ドゥルーズの思想』、江川隆男＋増田靖彦訳、河出文庫、一三七頁〕。

5　Cf. Gilles Deleuze, *Spinoza et le problème de l'expression*, Minuit, 1968, chap. X.〔邦訳、『スピノザと表現の問題』、工藤喜作他訳、法政大学出版局、第十章〕。

6　Ibid., p. 121, n. 23.〔同前、三九五頁、註二三〕

7　Sigmund Freud, "Das ökonomische Problem des Masochismus" in *Gesammelte Werke*, Fischer, 1999, XIII, S. 380〔「マゾヒズムの経済論的問題」、『フロイト全集』、岩波書店、第六巻、二〇〇七年、二九六頁〕。

解説

國分功一郎

本書はフランスの哲学者ジル・ドゥルーズの初期の講義、入手が難しかった論文を独自にセレクトした日本語版オリジナルの翻訳書である。タイトルはその中でも最も大部な講義からとった。詳しい書誌情報については各テキストの冒頭を参照されたい。この解説ではこれら五つのテキストを読み解くにあたっての一助となるような視座の提供を目指したい。

哲学研究において取り上げられる哲学者というのはほとんどが既に死んでいる。したがって、その人生全体が俯瞰できる。すると読者は、後に「結実」するその哲学者の哲学体系や著作の観点から人生全体を眺めてしまう。そうやって、幼年期や若書きなどに後の思想の「萌芽」が発見される。しかし、各人が自分の人生を振り返って見さえすれば容易に理解できるように、人生はそのように直線的に進むものではないし、「萌芽」として発見される要素は実のところ、「結実」してもよかったはずの他の無数の要素とともにある。ちょうど、タンポポが数えきれぬ程の種を飛ばしても、花を咲かせるのはほんのわずかであるように。

たとえばミシェル・フーコーは近年の講義録の出版により、書物の形で世に問われてもおかしくない研究テーマをいくつも抱えていたことが知られるようになった。マネ論、統治論、新自由主義論などは十分に書物の形をとりうるテーマである。しかし石岡良治が指摘するように、「たとえ潜在的には豊かなテーマ系であろうとも、それが書物という形を取るかどうかは、明証性が切断され、新たな対象が構築されるか否かについての彼の判断にかかっている」[1]。フーコーの歴史研究はその著作が執筆される度毎に新たな対象領域が切り開かれるところに特徴がある。おそらくフーコーは当該領域の通念を決定的に打破できることが確信された場合にかぎって書物という形を選択した。

一人の哲学者の中で、いかなる要素がいかなる判断で後の中心的研究テーマとなるのかは、実に様々な要因によって左右される[2]。したがって、哲学者の人生全体を後ろから眺める視線に我々は常に警戒しなければならない。一人の哲学者の思想はこんにち知られているようなものでなくてもよかった。そうならない可能性も十分にあった。これはつまり、哲学者の人生には実現されなかった他のプロジェクトが埋没しているかもしれないということだ。

日本語版オリジナル論集である本書が目指しているのは、まさしく、ジル・ドゥルーズという哲学者について、彼が今知られているような哲学者ではなかったかもしれない可能性を示してみることである。ドゥルーズがおそらくは構想しつつも果たすことのなかったプロジェクトに光を当ててみたい。そして、それを我々後世の読者が引き受け、展開する、そうした営みが現れることを期待して本書は編まれた。

*

本書でおそらく最も注目を集めるのは、一九五六～五七年（元号に直すと昭和三一～三二年である）、当時三〇歳代に入ったばかりのドゥルーズがルイ＝ル＝グラン高校で行った講義、「基礎づけるとは何か」であろう。これはドゥルーズ自身の手によるテキストではなく受講者のノートである。したがって不正確な部分が残る可能性は否定できない。訳文では参照されている原著を当たるなどして、できる限り正確になるよう努めたが、その点は了解の上でお読み頂きたい。とはいえ、ウェブで公開されているフランス語原文を読むよりはずっと筋が通るように翻訳してあることは付け加えておく。

ここに現れている若きドゥルーズの思想は、あふれんばかりのアイディアではち切れそうになっていると言わねばならない。ドゥルーズは「基礎」をテーマに、自分がこの時点までに勉強してきた様々な哲学を総動員しているように見える。そこでは、ヒューム哲学がカントに受け継がれ、更にその哲学がポストカント派の哲学者たちによって様々に批判され、後にハイデガー（当時は存命である）によって独自に展開されるという近代哲学史の王道が対象になっている。そして、そこに現れているドゥルーズの思想は、後の彼の哲学とは少し異なっているように思われる。

ドゥルーズの哲学は「超越論的経験論」として知られている。これは経験の可能性の条件を問うカントの超越論哲学の達成を最大限に認めた上で、それが取りこぼした論点を、ヒュームに代表される経験論哲学によって補うことを目指したものである。[3] この哲学の最大の特徴は、一般的には対立させられている経験論哲学と超越論哲学を結合してしまうところにある。一般的な哲学史の考え方からすれば、「超越論的経験論」といういい方は矛盾した撞着語法《オクシモロン》である。しかし、ドゥルーズはそれこそがカント哲学以降の哲学を前進させるために必要だと考えた。「基礎づけるとは何か」に、この超越論的経験論の「萌芽」を読み取ることは容易である。そもそも登場人物が大きく重なっているからである。しかし力点はややズレているように思われる。ドゥルーズは自然と理性、あるいは自然と文化というテーマをその出発点としているからである。

基礎はまず、人間にとっての目的という観点から論じられている。人間は確かに自然の目的を追求する。この場合、自然の目的とは、自然が人間に与える傾向性と考えればよい。

たとえば人は誰かに欲情を抱く（「君に対して欲情を抱いている〔je te désire〕」）。その欲情がそのまま実現されるならば、自然が人間に与えた再生産あるいは生殖という目的が達成されることになる。しかし、人間は動物のようにその欲情をそのまま実現しようとはしない。人間は文化がもたらした制度や儀式を経由してこれを実現しようとする。たとえば欲情は愛に変形される（「君を愛している〔je t'aime〕」p. 12-13）。更にそれは結婚制度や家族、家族が有する様々なしきたりへと変形されていく。人間は死という究極的に自然的な出来事ですら、それを記憶の中に蓄え、文化的な制度や儀式の中へと取り込む（葬式や墓）。人間は自然から自由であるわけではない。確かに人間は自然の目的を実現しようとする。しかし、その目的は必ず変形されてしまう。ドゥルーズが論じる「基礎づける fonder」は「創設する」とも翻訳できるのであって、文化的な人工物が創設される様が、この語を通じて論じられているのである。

文化の中で行為する際には、基礎は引き合いに出される対象であるという論点がそこに付け加わる。たとえば何ごとかを請求する者は、自分の行為は基礎づけられていて、根拠があるのであって、だからこそ自分には権利があると主張しなければならない。基礎はその意味で権利を与えることができる。ここからドゥルーズの議論は急速に抽象度を増し、本格的に哲学史が議論の対象となる。取り上げられるのはカントである。カントはその認識論の中で、事実問題と権利問題という法律用語を使って問題を腑分けした。認識が成立しているという事実を事実として取り上げ、その内容を解明するのではなくて、我々の認識が客観的妥当性を持つための権利あるいは基礎を論ずるのが認識論だというのがカントの主張したところである。つまり認識はいかなる基礎を引き合いに出し、客観的妥当性への権利を手にすることができるのか、それをカントは論じた。

超越論的経験論はカントとヒュームをいわば同列に扱うことで成立した哲学的立場である。しかしここでドゥルーズはヒュームが基礎の問題を扱いきれなかったことに注意を促している。なぜならば、ヒュームは認識が成立しているという事実を事実として扱うに留まったからである（p. 26–28）。ドゥルーズはカントの方に分があるとみているのであって、その立場は後のものとはかなり異なっていると言わねばならない。

ハイデガー、特にその有名なカント論、『カントと形而上学の問題』が正面から論じられている箇所は、哲学史に関心のある者には実に魅力的であろう（p. 36）。ハイデガーのおかげでカント哲学を誤解せずにすむとか、カントの言う「現象」とはハイデガーの言う存在者のことであって、カントこそは存在者と存在者の存在を混同しなかった最初の哲学者であるなど、ドゥルーズがハイデガーに強い関心を示すと同時に、かなり踏み込んだ解釈を示している点は大変興味深い。但し、そこでもドゥルーズは、ハイデガーにおいて超越性と超越論性が同一視され、基礎づけるものと基礎づけられるものが区別されなくなってしまっていることに注意を促す。カントに付与された高い地位はここでも揺らいでいない。

ここでドゥルーズがそもそもカント哲学を自然と文化の対立から読み解いていたことが思い起こされる。一九六〇年の著作『カントの批判哲学』は、カントが、目的を自然に由来するものと考える経験論と、理性的目的を追求することを課題としつつも、それを理性にとって外的で超越的なもの（存在や善や価値など）にしてしまった合理論との双方に闘いを挑んでいたことを強調するところから議論が始まっていた。

一九五〇年代のドゥルーズはこの文化と自然という問題に強い関心を抱いていたものと思われる。ここに現れている思想を仮に、先の「超越論的経験論」に似た仕方で、「文化主義的自然主義 naturalisme culturaliste」という撞着語法で名指すことができるだろう。この時点でドゥルーズがカント主義者であったというより、カントが文化主義的自然主義の哲学者であったが故に、ドゥルーズがカントに非常に高い地位を与えていると言うことができるのではないだろうか。ヒューム哲学とカント哲学を並置するのではなく、あくまでも後者に定位するドゥルーズの姿勢もそこに由来するように思われる。

二〇〇二年に出版された単行本未収録論文集、『無人島』で広く知られるようになった「本能と制度」[4]は、一九五五年にドゥルーズが編んだアンソロジー形式の哲学教科書のための序文であるが、[5]これは文化主義的自然主義の問題意識を明確に伝えるものであろう。ドゥルーズは本能も制度もどちらも満足を得るための手段であると定義する。その上で、前者は直接的なのに対し、後者は間接的であり、人間は制度に頼る存在であるが故に、その本能が壊れつつあるのだと結論する。本能も制度も満足を得るための手段であるという点では変わらない。しかし、人間は制度を通じて自然の目的を変形してしまう。

ドゥルーズはどちらかと言えば、その自然主義的側面が知られているかもしれない。ドゥルーズが生涯大切にし続けたスピノザ哲学は自然主義的と言いうるし、『意味の論理学』に補遺として収録されている「ルクレチウスとシミュラークル」では、自然主義が哲学の本質として論じられていた。

このルクレチウス論は「基礎づけるとは何か」に見出されるプロジェクトを考える上で大いに参考になる。ドゥルーズはその中で次のように断言する。「最初の哲学者は自然主義者である。彼は神々について説く代わりに、自然について説く[6]」。ではここで自然とは何か? ドゥルーズはそれを次のように定義する。自然は慣習にも約束事にも発明にも対立しない。しかし自然は神話には対立する。神話も哲学も同じく万物の始原を探究するけれども、哲学は自然を発見する点において、神話と決定的に異なるのである[7]。「基礎づけるとは何か」では冒頭部の欠落の故に、ドゥルーズが神話と哲学の関係について語ったことは必ずしも明確ではないが、「神話から哲学への移行」が何度も語られていることから、ドゥルーズが本講義で神話との差異から哲学を定義しようとしていたことは明白である。すると、神話から区別された、本質的に自然主義的である哲学なる営みが、自然を文化と矛盾しない形で探究するという文化主義的自然主義の図式が見えてくる。

一九五九〜六〇年にかけてのソルボンヌでの講義、「ルソー講義」にも同様の図式を見出すことができる。ドゥルーズには一つだけ短いルソー論があるが、[8] この講義はルソーの思想全体を扱おうとしている。また、すぐれた文学の読み手でもあったドゥルーズの面目躍如と言うべきか、『新エロイーズ』の読解が議論の重要な部分を占めていることが目を引く。おそらくルソー研究の中でも、同書をこれほど大々的に論じながら、ルソーにとっての重大テーマであった自然や契約を論じたものは珍しいのではなかろうか。

ドゥルーズは『エミール』第四編に挿入されている「サヴォワ助任司祭の信仰告白」に注目しながら、ルソーにおいて、「自然」という語には二つの意味があることに注目する。一つは原始的とか生来といった意味である。これは読者がすぐに思いつく意味である。ところが、ルソーにおいてこのキータームはそこに留まらない意味をもっている。すなわち、「人間は自然によって〔生まれつき〕社会的である」と言われる場合の「自然」である。ドゥルーズは『新エロイーズ』の登場人物であるジュリとサン＝プルーの愛について語られる「私たちの愛はお互いのために作られているんだ、それを望んでいるのは自然なのだ」という一節も併せて引いている。この場合、自然とは単に原始的ということを意味しない。それは、もともとあった潜在的な指示に従って発達することを意味する（p. 206-207）。たとえば、自然人とは、「生来の状態に刻み込まれていた潜在性が発達する際の法に従うもの」としての人間である。

後にドゥルーズ哲学の代名詞となる「潜在性」の概念が既に姿を現していることも注目されるが、重要なのはドゥルーズが自然を文化の中でその潜在性を実現するものとして捉えているところである。そこでは、一度も存在したことがなく、いまも存在しておらず、これからも存在することはないと言われる自然状態の概念では捉えきれない自然の概念が論じられている（したがってドゥルーズは、自然状態が虚構かどうかはあまり重要でないと断言するのである（p. 211））。自然は社会的なもの、あるいは文化的なものと単純に対立するものとしては捉えられていない。

ドゥルーズの「自然」に対する関心は揺るぎない。だがその関心を自然主義に還元することはできない。したがってドゥルーズは確かに自然主義的な傾向が強い哲学者ではあるけれども、その発想には明確に文化主義的側面がある。その傾向をかなりハッキリと示しているのが、「ザッヘル＝マゾッホからマゾヒズムへ」であろう。

ドゥルーズのマゾヒズムに対する関心はその著書、『ザッヘル＝マゾッホ紹介』[9]によって知られている。ドゥルーズはマゾッホを明確に文化主義的な作家として位置づけている。「マゾッホの文化主義は審美的である以上に法的であるかのようだ」（p. 318）。ドゥルーズの言うように、法という論点から眺めるならば、マゾヒズムに対してサディズムは明確に自然主義的であるように思われる。サディズムは法を破壊することによって快楽を得る。そこでは文化的な人為は、人間の自然＝本性に接近するための障害物と捉えられている。それに対しマゾヒズムは、法に律儀に従うことによって、法によって禁じられていた快楽を味わう。サディズムが直接的であるならば、マゾヒズムは間接的である。

初期のドゥルーズが文化と自然というある意味ではオーソドックスなテーマに正面から取り組んでいたことはもっと注目されてよいように思われる。そこには超越論的経験論の立場からは見逃されてしまうアイディアが見出されるからである。

＊

もう一つ、ドゥルーズが正面から取り組むこともあり得たと思われるテーマが、「女性の記述」と「口にすることと輪郭」の二つの論考において示されている他者論である。二つは一九四五年、四六年に『ポエジー』誌に掲載されており、これは推測の域を出ないけれども、テーマの共通性に鑑みるに、一続きの論考として構想されていたものではないかと思われる。

両論考についてまず指摘しておかねばならないのは、そこでのドゥルーズの議論が性差別的だということである。「女性はわれわれ男性に提示すべき外的世界を持っていない」(p. 266)。「女性たちの場所は外部にはない。女性の場所は家に、つまり内側にある」(p.

269)。いくらでも例を挙げることができるが、男性はこうであり、女性はこうであるという議論が臆面もなく書き付けられていることには、これらの論文が書かれた年代のことを考慮したとしても、やはり驚かざるを得ない。これらの論文はドゥルーズ哲学にとってのスキャンダルになってもおかしくないものであって、そうした指摘が今のところ目に付かないのは気になる。もちろん、この二つの論考での議論をもってドゥルーズ哲学を断罪するのは皮相すぎる。ただ、ドゥルーズという哲学者がもともと性について革新的な見解をもっていたわけではないこと、当時、男性の間では一般的に共有されていたであろう性差別的な意識をこの哲学者も免れていたわけではないことは一応指摘しておかねばならない。このことは彼の思想にしばしば垣間見られる保守性と無縁ではないだろう。

以上を踏まえた上で言えば、他者や現存在や主体が論じられる際にいつも性別が無視されていることを問題視し、それを何とか論じようとしているこれら両論考の問題意識が、性差別的と言われかねない議論を招き寄せざるを得なかったと考えることもできる。そして、その他者論が非常に興味深いものであることは論を俟たない。ドゥルーズは事物そのものが意味をもつことを確認するところから議論を起こし、他者を、そうした意味を覆す「可能世界の表現」として位置づける。この議論はドゥルーズが残した他者論としては唯一まとまったものである「ミシェル・トゥルニエと他者なき世界」[10]にまで継承される論点である。

簡単に復習しておくならば、ドゥルーズはその中で無人島という形象を論じながら、知覚構造を可能にするものとして他者を論じている。今、目に見えていないもの、たとえば建物の裏側を、それにもかかわらず存在していると信じることができるのは、自分には見えていない部分を他者が知覚しているはずだと信じることができるからだとドゥルーズは言う。これを拡張すれば、他者を構造として内面化しているからこそ、我々は世界が存在していると信じられるということになる。

ドゥルーズはこのような構造としての他者を「アプリオリな他者」と呼び、それを「可能世界の表現」と規定している。したがって、他者が消えてしまうと、我々はそのような表現を得ることができないから、世界は今自分に見えているものへと縮減されてしまう。つまり見えていないものは存在していないものになる。無人島とはそのような他者のいない世界を想像するために導入された形象である。無人島を巡る、これと類似した議論が、五〇年代に執筆された「無人島の原因と理由」でも展開されている。同論考は未発表のままであったが、二〇〇二年に論集『無人島』に収録されて、我々読者の知るところとなった[11]。

興味深いのは、「口にすることと輪郭」が他者論をある種の倒錯論へと接続していることである。ドゥルーズが他者の問題を倒錯の問題と結びつけて考えていたことは、「ミシェル・トゥルニエと他者なき世界」から知られるところである。そこでは倒錯者における他者の不在、他者の破棄が論じられている。同論考はラカンに言及していることから、倒錯は神経症および精神病とならぶラカン派の三つの診断カテゴリーに対応するものとして厳密に位置づけられていると考えることができる。

ラカン派の理論によれば、子どもの無意識は、母親が父親を欲望するのは父親にはファルスがあって母親にはそれがないからだと考える。そこで子どもは「ファルスでありたい」という欲望を抱く。だが、その欲望は父の「否」によって禁止されてしまう。「ファルスでありたい」という欲望はこうして断念され、「ファルスをもちたい」という欲望へと変換される。ここから、ファルスの代替物を手に入れようとする欲望の連鎖が始まる。ラカンはこのようにして、フロイトにおける去勢、原抑圧、エディプス・コンプレックスを理論化した。

神経症は過度の抑圧によって、精神病は原抑圧の失敗によって起こるとされている。それに対し倒錯は、象徴的な父が課してくる「否」を認めつつも、それを無視するという中途半端なものとして定義されている。どういうことかと言うと、倒錯者は、母親に想像的にファルスを付与することでこのエディプス的状況をやり過ごしてしまうのである。倒錯者は想像的に去勢を否認することで自らの表象の内に閉じこもる。したがって、そこでは少なくとも神経症や精神病におけるようには他者という難題が現れないことになる。他者の問題、あるいは、他者の不在のもたらす効果という問題が、倒錯の問題と通底していることは明らかである。[12]

ここからドゥルーズが「口にすることと輪郭」の後半で、自慰行為や少年愛など、精神分析が言うところの「倒錯」について執拗に論じていることの意味を考えることができるだろう。この時点でドゥルーズがどれだけフロイトとラカンの精神分析について知っていたのかは分からないが、倒錯と他者の問題が関係することにドゥルーズは気付いていたものと思われる。この論点はしかし、先のトゥルニエ論を除いてはほとんど論じられることがなかった。最晩年の『哲学とは何か』でも可能世界としての他者という論点は繰り返されている。但し、あくまでも概念とは何かを説明するための一例として出現しているに過ぎない。[13]ドゥルーズがこの論点をより本格的に展開していたならば、どのような哲学が現れ出たのだろうか。

＊

本書の構想は二〇一一年頃に遡る。慶應義塾大学で非常勤講師として教鞭を執っていた私はフランス語講読の授業で「基礎づけるとは何か」を取り上げることにした。その際、他の学生とともに授業に参加してくれていたのが共訳者である長門裕介君と西川耕平君であった。

彼らの哲学史に関する知識は、授業ノートであってとても完全とは言えないこのテキストを読み解くことを可能にしてくれた。私一人ではとても全体を理解することはできなかったであろうし、翻訳しようなどとは考えもしなかったであろう。だが、彼らを含めた学生たちとこのテキストに取り組みながら、私は次第にこの成果を是非とも形にして残したいと考えるようになった。そこで私は彼らに翻訳出版を提案した。

私の怠慢のせいで思っていた以上の時間がかかってしまった。彼らを何度も心配な気持ちにさせてしまったことを本当に心から申し訳なく思っている。また、こうして出版にこぎ着けることができたことを本当にうれしく思っている。

「基礎づけるとは何か?」「ルソー講義」「女性の記述」「口にすることと輪郭」は國分、長門、西川三人の手による翻訳である。詳細な訳注はすべて長門、西川、両氏によるものである。

「ザッヘル・マゾッホからマゾヒズムへ」はかつて『みすず』(二〇〇五年四月号)に掲載された國分の手による翻訳をそのまま再録している。当時の訳者解説もそのまま「解題」として収録した。

翻訳にあたり多くの方から訳語や内容についての助言を賜った。なかでも「基礎づけるとは何か」に関しては丸山文隆氏(東京大学)に、「ルソー講義」に関しては吉田修馬氏(東京大学)のコメントから得たところが多い。この場を借りて感謝申し上げる。

編集ではこれまで様々な仕事でご一緒させていただいた天野裕子さんにお世話になった。

心からお礼を言いたい。

國分功一郎

1　石岡良治、「ミシェル・フーコーと「手法外」の作品」、『現代思想　総特集＝フーコー』二〇〇三年一二月臨時増刊号、青土社、九四ページ

2　たとえば、哲学史に燦然と輝く『存在と時間』は、ハイデガーが一九二五年、ニコライ・ハルトマンの後任としてマールブルク大学に推薦された際、業績不足を理由に文部省によってその提案が却下されたため、大急ぎで著作を刊行する必要に迫られて急遽書き上げたものである。文部省の担当者が「業績十分」と判断していたら、この本はまったく別のものになっていただろうし、書かれなかったことすら十分に考えられるのである（木田元、『ハイデガー『存在と時間』の構築』、二〇〇〇年、岩波現代文庫、一四ページ）。

3　超越論的経験論のごく簡単な説明としては、以下を参照していただければ幸いである。國分功一郎、『ドゥルーズの哲学原理』、二〇一三年、岩波書店。またその詳細を論じた研究書としては次のものがある。*Anne Sauvagnargues, Deleuze: L'empirisme transcendantal*, 2010, PUF.

4　« Instincts et institutions », *L'île déserte et autres textes: textes et entretiens 1953-1974*, édition préparée par David Lapoujade, Minuit, 2002／「本能と制度」、『無人島 1953-1968』、宇

野邦一ほか訳、河出書房新社、二〇〇三年。

5 *Instincts & institutions*, textes choisis et presents par G. Deleuze, Hachette, 1955／『哲学の教科書――ドゥルーズ初期』、加賀野井秀一訳、河出文庫、二〇一〇年。

6 « Lucrèce et le simulacre », *Logique du sens*, Minuit, 1969, p. 323／『意味の論理学』、小泉義之訳、河出文庫、二〇〇七年、下巻、一七九頁。

7 この論点についてドゥルーズが意外にもレオ・シュトラウスの思想に関心を示していた事実を筆者は論じたことがある（「自然主義者の運命――シュトラウス、ドゥルーズ」、『思想』、岩波書店、二〇〇八年一〇月号）。シュトラウスによれば、哲学とは自然の発見によって始まるけれども、その自然とは単なる「現象の総体」ではない。自然の発見は、その総体を自然的現象と非自然的現象へと分割することにおいて成り立つ。自然の発見以前は、たとえば、「吠えたり尻尾を振ったりするのが犬の仕方」であることと、「葡萄酒を飲まないのがムスリムの習わしである」こととの間に何の区別もなかった。自然とはいつでもどこでも変わらないもののことであり、したがってそれは区別を表す言葉である（Leo Strauss, *Natural Right and History*, The University of Chicago Press, 1953, Paperback edition 1965, p. 82／レオ・シュトラウス、『自然権と歴史』、塚崎智・石崎嘉彦訳、ちくま学芸文庫、二〇一三年、一二〇～一二一頁）。この考え方はドゥルーズのルクレチウス論に明確に反映されている。ドゥルーズは『スピノザと表現の問題』でもシュトラウスに言及している（Gilles Deleuze, *Spinoza et le problème de l'expression*, Minuit, 1968, p. 237-238／『スピノザと表現の問題』、工藤喜作他訳、法政大学出版局、一九九一年、二六八～二七〇頁、四一六頁註一〇）。また、フランソワ・ドッスの浩瀚な評伝によれば、「基礎づけるとは何か」の講義を行っていた際、ドゥルーズは学生たちにシュトラウスの『僭主政治について』を読ませていたという(François Dosse, *Gilles Deleuze Félix Guattari: Biographie croisée*, La découverte, 2007, p. 146／『ドゥルーズとガタリ——交差的評伝』、杉村昌昭訳、河出書房新社、二〇〇九年、一二三ページ)。同書のフランス語訳は、ガリマール社から一九五四年に出版されている。五〇年代のドゥルーズが、シュトラウスに傾倒とまでは言わないものの、相当な関心を払っていたことを証し立てる事実である。

8 Gilles Deleuze, « Jean-Jacques Rousseau précurseur de Kafka, de Céline et de Ponge », *L'île déserte et autres textes*, Minuit, 2002／「カフカ、セリーヌ、ポンジュの先駆者、ジャン＝ジャック・ルソー」、『無人島 1953-1968』、宇野邦一他訳、河出書房新社、二〇〇三年。

9 Gilles Deleuze, *Présentation de Sacher-Masoch: le froid et le cruel*, Minuit, 1967／『ザッヘル＝マゾッホ紹介』、堀千晶訳、河出文庫、二〇一八年。

10 Gilles Deleuze, « Michel Tournier et le monde sans autrui », *Logique du sens*, Minuit, 1969／「ミシェル・トゥルニエと他者なき世界」、『意味の論理学』、小泉義之訳、下巻、河出文庫、二〇〇七年。

11 Gilles Deleuze, « Causes et raisons des îles désertes », *L'île déserte et autre textes*, Ibid.／「無人島の原因と理由」、『無人島 1953-1968』、既出。

12 神経症と精神病の差異についての簡単な説明は、國分功一郎『ドゥルーズの哲学原理』(前掲書)の第四章を参照されたい。ラカン派における三つの診断カテゴリーについては、次の二つの辞典が参考になる。ラプランシュ／ポンタリス、『精神分析用語辞典』、村上仁監訳、みすず書房、二〇〇三年。ピエール・コフマン編、『フロイト&ラカン事典』、佐々木孝次監訳、弘文堂、一九九七年。

13　Gilles Deleuze, *Qu'est-ce que la philosophie?*, Minuit, 1991, p. 22-23／『哲学とは何か』、財津理訳、河出文庫、二〇一二年、三一～三三頁。

本書は、ちくま学芸文庫のために、訳出・編集されたものである。

論語 土田健次郎訳注

至上の徳である仁を追求した孔子の言行録『論語』。原文に、新たな書き下し文と明快な現代語訳、解釈史を踏まえた注と補説を付した決定版訳注書。

声と現象 ジャック・デリダ 林好雄 訳

フッサール『論理学研究』の綿密な読解を通して、「脱構築」「痕跡」「差延」「代補」「エクリチュール」など、デリダ思想の中心的〝操作子〟を生み出す。

歓待について ジャック・デリダ アンヌ・デュフールマンテル序論 廣瀬浩司 訳

異邦人=他者を迎え入れることはどこまで可能か？ ギリシャ悲劇、クロソウスキーなどを経由し、この喫緊の問いにひそむ歓待の（不）可能性に挑む。

動物を追う、ゆえに私は（動物で）ある ジャック・デリダ マリ=ルイーズ・マレ編 鵜飼哲 訳

動物の諸問題を扱った伝説的な講演を編集したデリダ晩年の到達点。聖書や西洋哲学における動物観を分析し、人間の「固有性」を脱構築する。（福山知佐子）

省察 ルネ・デカルト 山田弘明 訳

徹底した懐疑の積み重ねから、確実な知識を探り世界を証明づける。哲学入門者が最初に読むべき、近代哲学の源泉たる一冊。詳細な解説付新訳。

哲学原理 ルネ・デカルト 山田弘明／吉田健太郎／久保田進一／岩佐宣明訳・注解

『省察』刊行後、その知のすべてが記された本書は、デカルト形而上学の最終形態といえる。第一部の新訳と解題・詳細な解説を付す決定版。

方法序説 ルネ・デカルト 山田弘明 訳

「私は考える、ゆえに私はある」。近代以降すべての哲学は、この言葉で始まった。世界中で最も読まれている哲学書の完訳。平明な徹底解説付。

社会分業論 エミール・デュルケーム 田原音和 訳

人類はなぜ社会を必要としたか。社会はいかにして発展するか。近代社会学の嚆矢をなすデュルケーム畢生の大著を定評ある名訳で送る。（菊谷和宏）

公衆とその諸問題 ジョン・デューイ 阿部齊 訳

大衆社会の到来とともに公共性の成立基盤は衰退した。民主主義は再建可能か？ プラグマティズムの代表的思想家がこの難問を考究する。（宇野重規）

旧体制と大革命
A・ド・トクヴィル
小山勉訳
中央集権の確立、パリ一極集中、そして平等を自由に優先させる精神構造——フランス革命の成果は、実は旧体制の時代にすでに用意されていた。

ニーチェ
ジル・ドゥルーズ
湯浅博雄訳
〈力〉とは差異にこそその本質を有している——ニーチェのテキストを再解釈し、尖鋭なポスト構造主義的イメージを提出した、入門的な小論考。

カントの批判哲学
ジル・ドゥルーズ
國分功一郎訳
近代哲学を再構築してきたドゥルーズが、三批判書を追いつつカントの読み直しを図る。ドゥルーズ哲学が形成される契機となった一冊。新訳。

基礎づけるとは何か
ジル・ドゥルーズ
國分功一郎／長門裕介／西川耕平編訳
より幅広い問題に取り組んでいた、初期の未邦訳論考集。思想家ドゥルーズの「企画の種子」群を紹介し、彼の思想の全体像をいま一度描きなおす。

スペクタクルの社会
ギー・ドゥボール
木下誠訳
状況主義——「五月革命」の起爆剤のひとつとなった芸術＝思想運動——の理論的支柱で、最も急進的かつトータルな現代消費社会批判の書。

ニーチェの手紙
茂木健一郎編・解説
塚越敏／眞田収一郎訳
哲学の全歴史を一新させた偉人が、思いを寄せる女性に綴った真情溢れる言葉から、手紙に残した名句まで——書簡から哲学者の真の人間像と思想に迫る。

生のなかの螺旋
ロバート・ノージック
井上章子訳
吟味された人生を生きることは自らの肖像画をつくること。幸福、死、性、知恵など、多様な問題をめぐって行われた一級の哲学的省察。（吉良貴之）

存在と時間（上）
M・ハイデッガー
細谷貞雄訳
哲学の根本課題、存在の問題を、現存在としての人間の時間性の視界から解明した大著。刊行時すでに哲学の古典と称された20世紀の記念碑的著作。

存在と時間（下）
M・ハイデッガー
細谷貞雄訳
第一編で「現存在の準備的な基礎分析」をおえたハイデッガーは、この第二編では「現存在と時間性」として死の問題を問い直す。（細谷貞雄）

「ヒューマニズム」について
M・ハイデッガー
渡邊二郎訳

『存在と時間』から二〇年、沈黙を破った哲学者の後期の思想の精髄。「人間」ではなく「存在の真理」の思索を促す、書簡体による存在論入門。

ドストエフスキーの詩学
ミハイル・バフチン
望月哲男／鈴木淳一訳

ドストエフスキーの画期性とは何か？《ポリフォニー論》と《カーニバル論》という、魅力にみちた二視点を提起した先駆的著作。（望月哲男）

表徴の帝国
ロラン・バルト
宗左近訳

「日本」の風物・慣習に感嘆しつつもそれらを〈零度〉に解体し、詩的素材としてエクリチュールとシーニュについての思想を展開させたエッセイ集。

エッフェル塔
ロラン・バルト
宗左近／諸田和治訳
伊藤俊治図版監修

塔によって触発される表徴を次々に展開させることで、その創造力を自在に操る、バルト独自の構造主義的思考の原形。解説・貴重図版多数併載。

エクリチュールの零度
ロラン・バルト
森本和夫／林好雄訳註

哲学・文学・言語学など、現代思想の幅広い分野に怖るべき影響を与え続けているバルトの理論的主著。詳註を付した新訳決定版。（林好雄）

映像の修辞学
ロラン・バルト
蓮實重彥／杉本紀子訳

イメージは意味の極限である。広告写真や報道写真、そして映画におけるメッセージの記号を読み解き、意味を探り、自在に語る魅惑の映像論集。

ロラン・バルト モード論集
ロラン・バルト
山田登世子編訳

エスプリの弾けるエッセイから、初期の金字塔『モードの体系』に至る記号学的モード研究まで。初期のバルトの才気が光るモード論考集。オリジナル編集・新訳。

呪われた部分
ジョルジュ・バタイユ
酒井健訳

「蕩尽」こそが人間の生の本来的目的である！思想界を震撼させ続けたバタイユの主著、45年ぶりの待望の新訳。沸騰する生と意識の覚醒へ！

エロティシズム
ジョルジュ・バタイユ
酒井健訳

人間存在の根源的な謎を、鋭角で明晰な論理で解き明かす、バタイユ思想の核心。禁忌とは、侵犯とは何か？待望久しかった新訳決定版。

聖なる天蓋

ピーター・L・バーガー
薗田稔訳

全ての社会は自らを究極的に審級する象徴の体系、「聖なる天蓋」をもつ。宗教について理論・歴史の両面から新たな理解をもたらした古典的名著。

人知原理論

ジョージ・バークリー
宮武昭訳

「物質」なるものなど存在しない――。バークリーの思想的核心が、平明このうえない訳文と懇切丁寧な注釈により明らかとなる。主著、待望の新訳。

ポストモダニティの条件

デヴィッド・ハーヴェイ
吉原直樹監訳
和泉浩／大塚彩美訳

モダンとポストモダンを分かつものは何か。近代世界の諸事象を探査し、その核心を「時間と空間の圧縮」に見いだしたハーヴェイの主著。改訳決定版。

ビギナーズ 倫理学

デイヴ・ロビンソン文
クリス・ギャラット画
鬼澤忍訳

正義とは何か？ なぜ善良な人間であるべきか？ 倫理学の重要論点を見事に整理した、道徳的カオスの中を生き抜くためのビジュアル・ブック。

宗教の哲学

ジョン・ヒック
間瀬啓允／稲垣久和訳

古今東西の宗教の多様性と普遍性は、究極的実在に対する様々に異なるアプローチであり応答である。「宗教的多元主義」の立場から行う哲学的考察。

自我論集

ジークムント・フロイト
竹田青嗣編
中山元訳

フロイト心理学の中心、「自我」理論の展開をたどる新編・新訳のアンソロジー。「快感原則の彼岸」「自我とエス」など八本の主要論文を収録。

明かしえぬ共同体

モーリス・ブランショ
西谷修訳

G・バタイユが孤独な内的体験のうちに失うという形で見出した〈共同体〉。そして、M・デュラスが描いた奇妙な男女の不可能な愛の〈共同体〉。

フーコー・コレクション
（全6巻＋ガイドブック）

ミシェル・フーコー
小林康夫／石田英敬／
松浦寿輝編

20世紀最大の思想家フーコーの活動を網羅した『ミシェル・フーコー思考集成』。その多岐にわたる思考のエッセンスをテーマ別に集約する。

フーコー・コレクション1
狂気・理性

ミシェル・フーコー
小林康夫／石田英敬／
松浦寿輝編

第1巻は、西欧の理性がいかに狂気を切りわけてきたかという最初期の問題系をテーマとする諸論考。〝心理学者〟としての顔に迫る。（小林康夫）

フーコー・コレクション2 文学・侵犯
ミシェル・フーコー 小林康夫／石田英敬／松浦寿輝編
狂気と表裏をなす「不在」の経験として、文学がフーコーによって読み解かれる。人間の境界＝極限を、その言語活動に探る文学論。（小林康夫）

フーコー・コレクション3 言説・表象
ミシェル・フーコー 小林康夫／石田英敬／松浦寿輝編
ディスクール分析を通しフーコー思想の重要概念も精緻化されていく。『言葉と物』から『知の考古学』へ研ぎ澄まされる方法論。（松浦寿輝）

フーコー・コレクション4 権力・監禁
ミシェル・フーコー 小林康夫／石田英敬／松浦寿輝編
政治への参加とともに、フーコーの主題として「権力」の問題が急浮上する。規律社会に張り巡らされた巧妙なるメカニズムを解明する。（松浦寿輝）

フーコー・コレクション5 性・真理
ミシェル・フーコー 小林康夫／石田英敬／松浦寿輝編
どのようにして、人間の真理が〈性〉にあるとされてきたのか。欲望的主体の系譜を遡り、「自己の技法」の主題へと繋がる論考群。（石田英敬）

フーコー・コレクション6 生政治・統治
ミシェル・フーコー 小林康夫／石田英敬／松浦寿輝編
西洋近代の政治機構を、領土・人口・治安など、権力論から再定義する。近年明らかにされてきたフーコー最晩年の問題群を読む。（石田英敬）

フーコー・コレクション
フーコー・ガイドブック
ミシェル・フーコー 小林康夫／石田英敬／松浦寿輝編
20世紀の知の巨人フーコーは何を考えたのか。主要著作の内容紹介・本人による講義要旨・詳細な年譜で、その思考の全貌を一冊に完全集約！

マネの絵画
ミシェル・フーコー 阿部崇訳
19世紀美術史にマネがもたらした絵画表象のテクニックとモードの変革を、13枚の絵で読解。フーコーの伝説的講演録に没後のシンポジウムを併録。

間主観性の現象学 その方法
エトムント・フッサール 浜渦辰二／山口一郎監訳
主観や客観、観念論や唯物論を超えて「現象」そのものを解明したフッサール現象学の中心課題。現代哲学の大きな潮流「他者」論の成立を促す。本邦初訳。

間主観性の現象学II その展開
エトムント・フッサール 浜渦辰二／山口一郎監訳
フッサール現象学のメインテーマ第II巻。自他の身体の構成から人格的生の精神共同体までを分析し、真の関係性を喪失した孤立する実存の限界を克服。

間主観性の現象学Ⅲ　その行方
エトムント・フッサール
浜渦辰二／山口一郎監訳
間主観性をめぐる方法、展開をへて、その究極の目的（行方）が、真の人間性の実現に向けた普遍的目的論として呈示される。壮大な構想の完結篇。

内的時間意識の現象学
エトムント・フッサール
谷　徹　訳
時間は意識のなかでどのように構成されるのか。哲学・思想・科学に大きな影響を及ぼしている名著の新訳。詳密な訳注を付し、初学者の理解を助ける。

リベラリズムとは何か
マイケル・フリーデン
山岡龍一監訳
寺尾範野／森達也訳
政治思想上の最重要概念でありながら、どこか曖昧でつかみどころのないリベラリズム。その核心をこのうえなく明快に説く最良の入門書。本邦初訳。

テクノコードの誕生
ヴィレム・フルッサー
村上淳一　訳
テクノ画像が氾濫する現代、コミュニケーションのコードを人間へと取り戻すにはどうすれば良いか。メディア論の巨人による思考体系。（石田英敬）

風土の日本
オギュスタン・ベルク
篠田勝英　訳
自然を神の高みに置く一方、無謀な自然破壊をする日本人の風土とは何か？　フランス日本学の第一人者による画期的な文化・自然論。（坂部恵）

ベンヤミン・コレクション1
ヴァルター・ベンヤミン
浅井健二郎編訳
久保哲司　訳
ゲーテ『親和力』論、アレゴリー論からボードレール論を経て複製芸術論まで、ベンヤミンにおける近代の意味を問い直す、新訳のアンソロジー。

ベンヤミン・コレクション2
ヴァルター・ベンヤミン
浅井健二郎編訳
三宅晶子ほか訳
中断と飛躍を恐れぬ思考のリズム、巧みに布置された理念やイメージ。手仕事的細部に感応するエッセイの思想の新編・新訳アンソロジー、第二集。

ベンヤミン・コレクション3
ヴァルター・ベンヤミン
浅井健二郎編訳
久保哲司　訳
過去／現在を思いだすこと――独自の歴史意識に貫かれた《想起》実践の各篇「一方通行路」「ドイツの人びと」「ベルリンの幼年時代」などを収録。

ベンヤミン・コレクション4
ヴァルター・ベンヤミン
浅井健二郎編訳
土合文夫ほか訳
〈批評の瞬間〉における直観の内容をきわめて構成的に叙述したベンヤミンの諸論考――初期の哲学的思索から同時代批評まで――を新訳で集成。

創造的進化　アンリ・ベルクソン　合田正人／松井久訳

生命そして宇宙は「エラン・ヴィタル」を起爆力に、自由な変形を重ねて進化してきた――。生命概念を刷新したベルクソン思想の集大成的主著。

道徳と宗教の二つの源泉　アンリ・ベルクソン　合田正人／小野浩太郎訳

閉じた道徳／開かれた道徳、静的宗教／動的宗教への洞察から、個人のエネルギーが人類全体の倫理的行為へ向かう可能性を問う。最後の哲学的主著新訳。

笑い　アンリ・ベルクソン　合田正人／平賀裕貴訳

「おかしみ」の根底には何があるのか。主要四著作に続き、多くの読者に読みつがれてきた本著作の最新訳。主要著作との関連も俯瞰した充実の解説付。

精神現象学（上）　G・W・F・ヘーゲル　熊野純彦訳

人間精神が、感覚的経験という低次の段階から「絶対知」へと至るまでの壮大な遍歴を描いた不朽の名著。平明かつ流麗な文体による決定版新訳。

精神現象学（下）　G・W・F・ヘーゲル　熊野純彦訳

人類知の全貌を綴った哲学史上の一大傑作。四つの原典との頁対応を付し、著名な格言を採録した索引を巻末に収録。従来の解釈の遥か先へ読者を導く。

道徳および立法の諸原理序説（上）　ジェレミー・ベンサム　中山元訳

快と苦痛のみに基礎づけられた功利性の原理から、個人および共同体のありようを分析する。近代功利主義の嚆矢をなす記念碑的名著をついに完訳。

道徳および立法の諸原理序説（下）　ジェレミー・ベンサム　中山元訳

法とは何のためにあるのか？　科学に立脚して立法と道徳を問いなおし、真に普遍的な法体系を打ち立てんとするベンサムの代表作を清新な訳文で送る。

象徴交換と死　J・ボードリヤール　今村仁司／塚原史訳

すべてがシミュレーションと化した高度資本主義像を鮮やかに提示し、〈死の象徴交換〉による、その内部からの〈反乱〉を説く、ポストモダンの代表作。

経済の文明史　カール・ポランニー　玉野井芳郎ほか訳

市場経済社会は人類史上極めて特殊な制度的所産である――非市場社会の考察を通じて経済人類学に大転換をもたらした古典的名著。（佐藤光）

ちくま学芸文庫

基礎《きそ》づけるとは何《なに》か

二〇一八年十一月十日　第一刷発行
二〇二五年一月三十日　第二刷発行

著者　ジル・ドゥルーズ
編訳者　國分功一郎（こくぶん・こういちろう）
長門裕介（ながと・ゆうすけ）
西川耕平（にしかわ・こうへい）

発行者　増田健史

発行所　株式会社　筑摩書房
東京都台東区蔵前二―五―三　〒一一一―八七五五
電話番号　〇三―五六八七―二六〇一（代表）

装幀者　安野光雅
印刷所　信毎書籍印刷株式会社
製本所　株式会社積信堂

ISBN978-4-480-09887-0 C0110